Lasko · Stammkunden-Management

Wolf W. Lasko

Stammkunden-Management

Strategien zur Umsatzsteigerung

GABLER

Die Deutsche Bibliothek – CIP-Einheitsaufnahme

Lasko, Wolf W.:
Stammkunden-Management : Strategien zur Umsatzsteigerung / Wolf W. Lasko. – Wiesbaden : Gabler, 1992
ISBN 3-409-19617-X

Der Gabler Verlag ist ein Unternehmen der Verlagsgruppe Bertelsmann International.

Lektorat: Ulrike M. Vetter

Umschlaggestaltung: Schrimpf und Partner, Wiesbaden
Satz: Satzstudio REShulz, Dreieich-Buchschlag
Druck: Wilhelm & Adam, Heusenstamm
Buchbinder: Osswald + Co., Neustadt/Weinstr.
Printed in Germany

ISBN 3-409-19617-X

Inhaltsverzeichnis

Prolog

Dieses Buch ist für Action im Außendienst, im Innendienst, in der Geschäftsführung und im Vorstand – denn es ist vom Vertrieb her entwickelt worden. Es ist ein Buch für Verkäufer, die mit Haut und Haaren, Spaß und Vergnügen, Begeisterung und Faszination anpacken, umsetzen und realisieren. Ein Buch für Macher, die Ziele und Visionen praktisch meßbar umsetzen wollen. Dieses Buch ist nicht für Diplomaten, die offen das aussprechen, was sie nicht denken und auch nicht tun wollen.

Dieses Buch ist nicht geeignet für Unternehmen, die die Sonne des unternehmerischen Wagemuts so niedrig gehangen haben, daß selbst Zwerge lange Schatten werfen. Sicher, wer kriecht, hat den Vorteil, daß er nicht stolpern kann. Aber in solchen Unternehmen werden die Chancen und Möglichkeiten aus der Froschperspektive beurteilt. Brunnenfrösche beurteilen das Ausmaß des Himmels nach dem Brunnenrand.

Dieses Buch ist mutig geschrieben, es braucht keine mißmutigen Leser.

Meßbare Ergebnisse

Es gehört nicht in die Nachbarschaft irgendwelcher Standard-Verkaufs-Trainings, die vor allem Alibifunktion haben. Dieses Buch will Sie instand setzen, Verkaufsmaßnahmen zu entwickeln, Ziele zu definieren und Ergebnisse zu messen.

Es ist unsinnig, Trainings nach der flüchtigen Qualität der Seminartage zu beurteilen. Das Maß aller Dinge sind die meßbaren Ergebnisse des Tagesgeschäftes. Intern entwickelte Vertriebsprojekte und Standardtrainings sind zwar durchaus erleuchtend – sie unterscheiden sich aber von dem, was wirklich möglich wäre, wie das Blitzlicht vom Glühwürmchen. Projekte mit klar definierten Zielen und somit meßbaren Ergebnissen sind gefährlich und unbeliebt. Allgemeines Grundlagentraining im Vertrieb ist nur für den Personalchef aktuell, der nach dem Motto lebt, keine Ziele und dadurch auch keine Erfolgsmessung.

Ganzheitliche Projekte

Dieses Buch wird Ihnen helfen, ganzheitliche Vertriebsprojekte zu entwickeln. Diese Projekte umfassen konkret:

- das Key-account-Management
- die Definition von Prioritätskunden
- ein exzellentes Zeitmanagement
- die Entwicklung von kreativen Maßnahmen
- intelligente Feedback-Systeme
- Führung und Coaching
- die Motivation der Mannschaft für das Tagesgeschäft, – die Liebe zum Kunden, – ständiges Kontakttraining, – ständige Aktualisierung des Wissens und Gesprächstraining bezogen auf konkrete Kunden.

Es geht in diesem ganzheitlichen Ansatz immer wieder um die harmonische Integration der individuellen Power der Mitarbeiter in die Unternehmensziele. Oft wird hier ein Seminar und dort ein Seminar angeboten. Verschiedene Einzelkonzepte laufen nebeneinander her oder auch gegeneinander. Nichts ist koordiniert, und es ist in Frage zu stellen, ob überhaupt noch ein additiver Effekt garantiert werden kann. Zu Synergien und Spitzenergebnissen kommt es so auf keinen Fall.

Wenn Sie sich die Struktur eines Vertriebes wie ein Netz vorstellen, werden Sie sehen, daß einzelne, punktuelle Aktivitäten sich immer auf das ganze Netz auswirken und zu gefährlichen Verspannungen führen können.

Realistische Projekte

Dieses Buch soll Ihnen dabei helfen, hier und jetzt mit den tatsächlich zur Verfügung stehenden Mitteln optimale Ergebnisse zu erzielen. Sie müssen Ihre Ziele mit der Mannschaft erreichen, die zur Verfügung steht. Mit der Sales-Force Ihrer Träume erreichen Sie kein einziges Ziel.

Manch schiefer Baum trägt dennoch süße Früchte – und lieber mit einem krummen Stock einen geraden Hieb führen, als ein Leben lang versuchen, den Stock gerade zu biegen. Ein entschlossener Mensch wird mit einem Schraubenschlüssel mehr anzufangen wissen als ein unentschlossener mit einem ganzen Werkzeugkasten.

Es ist eine kindische Angewohnheit, Konzepte, die nicht funktionieren, mit der fehlenden Leistung anderer zu entschuldigen. Schuldzuweisungen – und seien sie noch so intelligent – helfen nicht bei der Erreichung von Zielen. Oft sind die Tatsachen die Schwachstellen der Theorie.

Wachstum

Dieses Buch wird Ihnen keine Fische geben, es will Ihnen helfen zu lernen, wie man Fische fängt. Dieses Buch ist eine konstruktive Herausforderung, an der Sie wachsen sollen.

Kreativität

Dieses Buch will Ihnen dabei helfen, zu den Ihnen bekannten Problemlösungen noch ein paar zusätzliche, vielleicht bessere Alternativen zu finden.

Kennen Sie die Geschichte vom Eisbären? Er lebte in einem kleinen Käfig mit soliden Eisenstäben vor seiner Nase. Diese Stäbe gehörten zu seinem Weltbild – und er war sogar stolz auf sie. Eines Tages waren die Stäbe vor seiner Nase verschwunden. Aber die Illusion der Stäbe war über die Zeit genauso solide geworden wie die Stäbe selbst, und so mußte er den Rest seines Lebens in einem Käfig ohne Stäbe verbringen.

Daß es äußerst schwierig ist, etwas zu verändern, etwas Neues zu etablieren und alte vorhandene Strukturen an den aktuellen Markt anzupassen, beschreibt das Krähensyndrom:

Wird ein neues Projekt präsentiert, sitzen alle Mitarbeiter wie Krähen auf ihren sicheren Ästen und warten genüßlich auf die ersten Schwachstellen des neuen Konzeptes. Sobald sich die ersten Ergebnisse einstellen, gibt es einen Riesenwirbel: Alle fliegen aufgeregt krähend hin und her – jeder versucht dann, den Erfolg auf sich und den Mißerfolg auf die anderen zu schieben. Nach einer gewissen Zeit ist dann alles wieder beim alten. Die klugen Krähen haben es immer schon gewußt und die Neuerer wissen es jetzt auch besser, sie werden kaum noch einmal gegen das Trägheitsgesetz verstoßen.

Trotzdem: Wer aufhört, besser zu werden, hat aufgehört, gut zu sein.

Wer glaubt, etwas zu sein, hat aufgehört, jemand zu werden. Wer nicht wächst, wird kleiner.

Sie haben genau 3 Chancenbündel ...

das aus diesem Buch erworbene Wissen einzusetzen.

Das 1. Chancenbündel – alles ein Höllenchaos!

Die Ziele des Unternehmens werden nicht erreicht. Das Unternehmen erscheint durch seine Pannen größer, als es ist. Alles läuft verdammt schnell, weil das Eis so dünn ist. Im Mittelpunkt der operativen Hektik steht der schutzlose Mensch. Eine kannibalische Situation. Der Markt läuft davon, und das Management hat von den Kreativwerkzeugen nur noch den Hammer im Griff.

In diesem Chaos können Sie schon mit 50 Seiten dieses Buches eine solide neue Erfolgsplattform installieren. Finden Sie heraus, welche 50 Seiten für Sie die richtigen sind.

Das 2. Chancenbündel – alles im Plan!

Die Zielsetzungen des Unternehmens werden genau erreicht. Aber was ist mit der Zukunft? Wie verhindert man mögliche Einbußen, wie kann man das Wachstum stabilisieren? Es hat sich herumgesprochen, daß Qualität und Qual möglicherweise etwas gemeinsam haben. Irgendwo kündigen sich auch schon Zahnschmerzen an. Aber wer geht schon gerne zum Zahnarzt, bevor es wirklich sein muß?

Das 3. Chancenbündel – alles wie im Paradies!

Die Ziele des Unternehmens bleiben weit hinter der paradiesischen Wirklichkeit zurück. Wachstum ist mehr als angesagt. Aber wie geht man mit einem ganzen Sack von Chancen um? SOS: Save our success!

Die Metapher des Adlers

Dieses Buch ist der beste Führer und Berater für einen steilen Aufstieg. Nachdem Sie die ausgetretenen Pfade verlassen haben und sich im Hochland durch kaum begangenes Neuland kämpfen müssen, werden Sie merken, welche innovative Potenz in Ihnen steckt. Lesen Sie dieses Buch Seite für Seite immer wieder. Sie werden sich wundern, was in Ihnen steckt.

Das Fernsehprogramm war so wie jeden Mittwoch. Plötzlich, ohne daß er hätte erklären können warum, hörte er aus seinem Innern eine deutliche Stimme, und genauso überraschend stand das Bild eines Adlers mit ausgebreiteten Schwingen vor seinen Augen. Allem Augenschein nach lebendig, aber ohne sich zu bewegen, brachte ihm der herrliche Vogel eine Botschaft, die seine weitere Zukunft bestimmen sollte wie nichts anderes vorher und nachher.

Dies ist mein Kopf. Hier entstehen die Landkarten der äußeren Welt und des Marktes. Hier werden die Ziele Deines Lebens, Deiner Arbeit und Deines Geschäftes festgelegt. Hier und nirgendwo anders entsteht die Richtung, die Du immer einhältst, egal was passiert.

Und dies ist die Steuerung, die, egal was passiert, noch nie ein Ziel verfehlte. Bei jedem Wetter, im Steigflug, im Gleitflug und im steilsten Sturzflug steuern diese Federn das, was der Kopf als Richtung vorgibt. Aber merke Dir: Ohne Richtung kannst Du nicht steuern und ohne Steuerung kannst Du keine Richtung halten.

Dies ist der 1. Pfad: Lerne auch in unübersichtlichem Gelände Dich für die richtige Richtung zu entscheiden und steuere sie flexibel, aber konsequent, nachdem Du Dich einmal entschieden hast.

Der 2. Pfad ist der Pfad Deines Herzens. Du wirst nur erfolgreich sein, wenn Du mit jeder Faser Deines Wesens bei der Sache bist. Spaß, Begeisterung und Überzeugungskraft werden Dich überall begleiten, wenn Du die Richtung mit dem Herzen gewählt hast und wenn Du Deinen Weg – auch in schwierigen Situationen – mit ganzem Herzen gehen kannst.

Der 3. Pfad ist der Pfad der Maßnahmen und der Techniken. Auf diesem Pfad gewinnst Du Kraft, Ausdauer und Schnelligkeit. Aber merke Dir: Kraft, Ausdauer und Schnelligkeit nützen Dir wenig, wenn die Richtung nicht stimmt. Kraft, Ausdauer und Schnelligkeit werden Dich sehr schnell verlassen, wenn Dein Herz nicht mitfliegt.

Benutze die Maßnahmen und Techniken wie ein paar Flügel, aber stelle sie nie über Dein Herz und vergiß nie die Richtung, die Du einmal gewählt hast. Denke immer daran, daß Du als Verkäufer weder Handlungsreisender noch Unterhändler bist. Du bist ein Krieger und der Adler ist Dein Totem.

Der 1. Pfad

Der Pfad der systematischen Orientierung

Der 1. Pfad ist der Pfad der systematischen Orientierung. Der Pfad, auf dem Du lernst, die richtige Richtung zu finden und zu steuern, denn wohin ohne Richtung steuern und wie ohne Steuer die Richtung halten?

Das Herz verzagt, wenn alle Kräfte sich im Nichts verschleudern!

Erstes Kapitel

Die Richtung

1. Viele Hasen sind des Hundes Tod

Jeder weiß, daß Hunde, die viele Hasen auf einmal jagen, letztendlich keinen fangen. Viele Hasen sind des Hundes Tod, wenn er nicht lernt, sich auf das Wesentliche zu konzentrieren, sich für den richtigen Hasen zu entscheiden.

Der Aspekt der Richtung bedeutet für den Verkäufer, sich für den richtigen Kunden zu entscheiden. Nur den Kunden intensiv zu betreuen, der einen intensiven Einsatz von Zeit, Energie und Material „verdient".

Am Anfang steht immer wieder die Frage nach der Richtung: Wer sind die Kunden, für die es sich lohnt, Zeit zu investieren und Prioritäten zu setzen?

2. Stammkunden oder Neukunden?

Die Möglichkeit, die aktuelle, bestehende Produktpalette durch Innovationen zu erweitern und damit völlig neuartige Zielgruppen zu erschließen, besteht immer. Dieser Möglichkeit, die große Investitionen voraussetzt, stehen zwei klassische Wege zur erfolgreichen Umsatzsteigerung gegenüber: der Ausbau von Stammkunden und/oder das Gewinnen von Neukunden.

Da beide Wege so unterschiedlich sind, daß jeder für sich ein Buch füllen könnte, werden wir im folgenden nur über das Stammkundenmanagement sprechen. Da, wo Schnittstellen zur Akquisition von Neukunden liegen, werden wir diese zumindest im Ansatz diskutieren.

3. Die Erfolgsplattform

Am Anfang des Stammkundenmanagements stehen die Fragen:

- Wie stehe ich bei einem Kunden?
- Wo ist das Potential – orientiert am Deckungsbeitrag – groß genug, um den Umsatz signifikant zu steigern?
- Wie kann ich meine aktuellen Kontakte beim Kunden und bei seinen Entscheidungsträgern verbessern?
- Wie sind die Hindernisse beschaffen, die die Ausweitung meines Erfolges behindern?
- Welche Maßnahmen sind wichtig und müssen zuerst ergriffen werden?
- Welche einfachen und übersichtlichen Systeme gibt es, um die wesentlichen Ansatzpunkte eines Kunden zu erkennen?

- Wie kann ich ein Stammkundensystem entwickeln, welches ein hervorragendes Selbstmanagement für den Mitarbeiter ermöglicht, dem Verkaufsleiter eine exzellente Steuerungsmöglichkeit gibt und dem Marketing praxisnahe Anregungen direkt aus dem Markt liefert?

  Eine Menge Fragen, die alle nach Antworten suchen!

Ist und Soll ergeben die Ausrichtung der Erfolgsplattform

Stellen Sie sich vor, Sie würden vor dem Abgrund stehen. Sie haben die Augen verbunden und können nicht sehen, wo Sie stehen. Ihre Entscheidung, vorwärts zu marschieren, wäre der schnellste Weg in den Abgrund. Deshalb sollte am Anfang jeder Unternehmung eine Statuserhebung stehen, die Beschreibung des Ist-Zustandes und die Definition des Soll-Zustandes – die Projektion Ihrer Ziele, die auf dem Ist-Zustand aufbaut.

Es geht also darum, das Ist eines Kunden so zu beschreiben, daß es die Ableitung einer konkreten Zielsetzung erlaubt. Das Ist professionell zu beschreiben, ist eine Frage der Kriterien. Hätten wir uns vor sechs Jahren kennengelernt, hätte ich Ihnen für die Ist-Analyse ein gigantisches Formblatt angeboten:

Es empfiehlt sich auf jeden Fall, das Spannungsfeld, das sich aus dem Potential des Kunden und unserem Umsatz mit diesem Kunden im Vorjahr ergibt, zu nutzen.

Würde beispielsweise einem Potential von 250 000 DM ein Vorjahresumsatz von nur 50 000 DM gegenüberstehen, so würde sich ein Spannungsfeld von 200 000 DM aufbauen. Diese 200 000 DM werden in uns ein Chancenpotential erzeugen, das Aktion bringt.

Weitere Kriterien für die Diagnose sind mit Sicherheit der Deckungsbeitrag und die Gewichtung des Umsatzes im Verhältnis zum Deckungsbeitrag. Diese Betrachtungen lassen den Kunden häufig in einem ganz anderen Licht erscheinen. Ein wesentlicher Teil der Diagnose liegt auch in der Integration von qualitativen Elementen wie z. B. Kontakt, Reklamation, Bonität.

Ein entscheidender Aspekt im Kontakt zum Kunden ist die Persönlichkeit des Außendienstmitarbeiters. Sie ist aus persönlicher Schamhaftigkeit in so gut wie keinem Diagnoseschema enthalten, gehört aber unbedingt zu den Kriterien jeder Ist-Analyse.

Wie wäre es, wenn bei der Erarbeitung der Erfolgsplattform, in der Ist-Analyse, jeder Mitarbeiter die Frage, wie er zum Kunden kontaktmäßig steht, ausführlich schriftlich beantworten würde? Dies wäre der Augenblick der Wahrheit, der der Schärfung des kritischen Selbstbewußtseins und dem persönlichen Wachstum des Mitarbeiters dienen würde.

Das Soll kreiert den Weg

Das Soll wird entsprechend den Zielvorgaben in DM oder Stückzahlen, spezifiziert nach den einzelnen Produkten, in die Erfolgsplattform eingetragen.

Es gibt Unternehmen, die einmal im Jahr, meist in der Hektik kurz vor Jahresende, ihre Ziele für ein Jahr im voraus beschließen. Entsprechend den Zielvorgaben wird das Budget festgelegt. Nun schauen alle wie versteinert ein ganzes Jahr lang auf die Zielvorgaben und das damit verbundene Budget. Waren die Zielvorgaben zu groß, so wird sich schon nach kurzer Zeit Frustration einstellen, waren sie zu niedrig, so werden die Außendienstmitarbeiter sehr schnell unterfordert sein und aus dem Tritt geraten.

Diese demotivierende, unproduktive Situation kann vermieden werden, wenn die Ziele und das Budget permanent dem Markt, also dem sich verändernden Kundenpotential und den eigenen Möglichkeiten angepaßt werden. Die Ziele und das Budget müssen somit jederzeit aktuell abrufbar sein.

Noch schlimmer ist es, wenn einmal im Jahr – möglichst zwischen der Weihnachtsfeier und dem Silvesterrausch – ohne Feedback zum Markt die beliebte hirnlose Wachstumsrate von 10 Prozent verkündet und gefordert wird. Wenn diese blinde Perspektive dann vollautomatisch und gleichmäßig über alle Kunden verteilt wird, hat das weder etwas mit Marketing noch mit Vertriebsführung zu tun.

Nur die exakte Einzelanalyse eines jeden Kunden und eine darauf fußende Hochrechnung kann die Richtung für die Zukunft festlegen.

Hindernisse kreieren Maßnahmen

Glücklicherweise gibt es Hindernisse, die es schwer machen, Ziele zu erreichen. Gäbe es keine Hindernisse, wären der Vertriebsleiter und seine Mitarbeiter arbeitslos.

Das bessere Wort für Hindernis ist nicht Problem, sondern Chance. Je besser ich ein Hindernis erkenne, desto eher komme ich auf eine Idee, wie ich es zum Sprungbrett, zur Triebfeder meiner Verkaufsaktivitäten machen kann.

Hindernisse haben viele Gesichter: Mal steht sich der Außendienstmitarbeiter durch schlechten Kontakt selbst im Wege, mal sind es die überstarken Aktivitäten des Wettbewerbs. Oft ist es auch ein Konflikt mit dem Kunden aus internen Gründen: zum Beispiel schlechte Lieferzeiten, Lieferungenauigkeiten, eine unattraktive Preisgestaltung.

Egal, um welche Hindernisse es geht, je konkreter der Außendienst sie kennt, desto eher kann er für die Kunden individuelle und paßgenaue Maßnahmen entwickeln. Das heißt:

Je exakter Sie den Ist-Zustand für jeden Kunden formulieren, desto besser können Sie Ihre Ziele definieren.

Die Hindernisse, besser: Chancen – egal in welchem Bereich – helfen Ihnen, die Maßnahmen zu kreieren. Je besser Sie die Hindernisse identifizieren und beschreiben können, desto individueller und desto erfolgreicher werden Ihre Maßnahmen.

Die Erfolgsplattform

In ihrer Einfachheit ist die Erfolgsplattform genial. Dort wo früher ein Wust von Formularen notwendig war, zeigt jetzt ein einfaches Schema alle für den Verkäufer und die Verkaufsleitung wichtigen Informationen auf einen Blick:

Alle Kriterien der Analyse, die genaue Beschreibung des Zieles, der Hindernisse und der Maßnahmen, ergänzt durch die qualitativen Merkmale des Kunden und eine Zeitachse, sind auf einer Ebene klar und einfach zu überschauen. So kann man sich

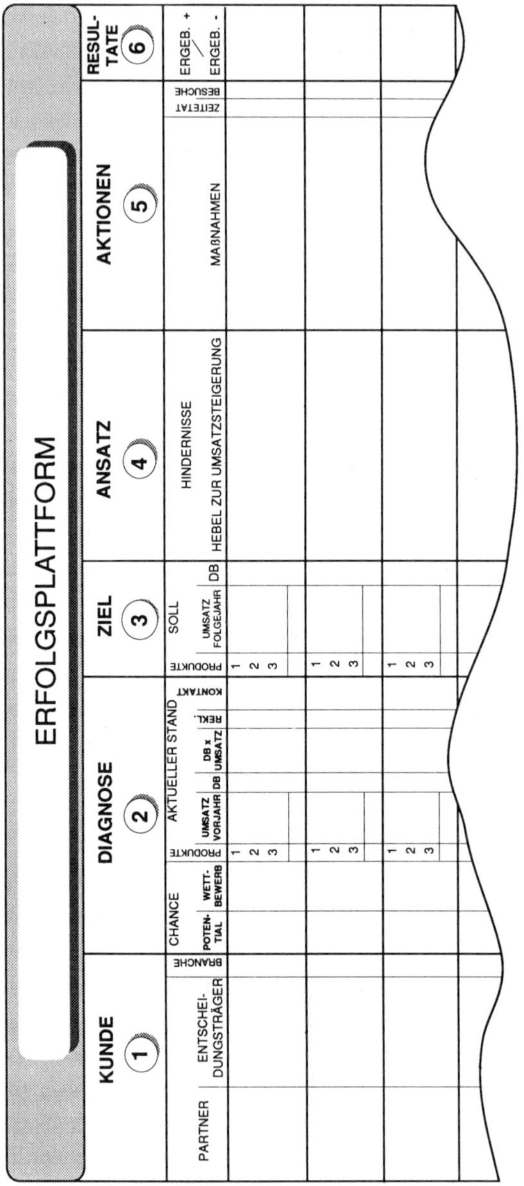

Abb. 1: Die Erfolgsplattform

durch einen einzigen Blick eine umfassende Übersicht über die Situation eines Kunden machen.

Handelt es sich um einen Großkunden, bei dem zur gleichen Zeit verschiedene Projekte laufen, kann für jedes Projekt eine eigene Erfolgsplattform angelegt werden.

Die Erfolgsplattform ist aus der Praxis heraus für die Praxis entwickelt worden. Sie ersetzt die berühmt-berüchtigten Computerlisten mit den grünen Streifen. Sie macht Schluß mit dem Overkill unhandlicher und viel zu theoretisch strukturierter Informationssysteme.

Die Erfolgsplattform ist mehr als eine Kundenkarte, sie ist ein einfaches, aber geniales Instrument des Selbstmanagements für jeden Mitarbeiter. Dabei geht es hier nicht darum, so viel Informationen wie möglich zu sammeln, denn eine Statusanalyse alleine verkauft noch nicht – und das Analysieren im nachhinein ist einfach. Intelligenz wird erst gefordert, wenn für den analysierten Kunden konkrete Maßnahmen und Strategien zu entwickeln sind. Genau das fordert die Erfolgsplattform – und jeder Mitarbeiter muß sich hier schriftlich festlegen.

Hier nun ein Beispiel, wie eine Erfolgsplattform für sieben unterschiedliche Kunden aussehen kann. Denken Sie sich erst einmal in das Grundmuster hinein, machen Sie sich mit ihm vertraut.

Sagen Sie nicht AGABU: Alles ganz anders bei uns. Falls aber bei Ihnen alles ganz anders ist, überlegen Sie anhand der Erfolgsplattform, ob es nicht gut wäre, jetzt das eine oder andere zu ändern.

Auf den folgenden Seiten gehen wir Schritt für Schritt tiefer in die Erfolgsplattform hinein, um sie Punkt für Punkt im Detail zu erläutern.

Die Nummer 1 der Erfolgsplattform – der Kunde

Der erste und wichtigste Faktor des Erfolges ist immer der Kunde. Im Kundenfeld der Erfolgsplattform gibt es zwei Spalten (vgl. Abb. 2). In die Partnerspalte tragen Sie den Namen der Firma und die Adresse ein. Die Entscheidungsträgerspalte füllen Sie mit den Namen der Personen, die hier das Sagen haben. Die Reihenfolge der Entscheidungsträger sollte ihrer Kompetenz und ihrer hierarchischen Position entsprechen.

Sie können durch Kurzzeichen (E = Einkäufer, T = Techniker, GF = Geschäftsführer) die jeweilige Qualifikation oder Position kennzeichnen. Die Branche sollte durch ein Kürzel markiert werden.

Die Diagnose

Die Schätzung eines Potentials bleibt immer eine Schätzung. Sie wird nie eine Zahl ergeben, die hundertprozentig sicher ist.

Eines ist aber sicher: Je häufiger und intensiver Sie sich mit Potentialschätzungen beschäftigen, desto genauer werden Sie im

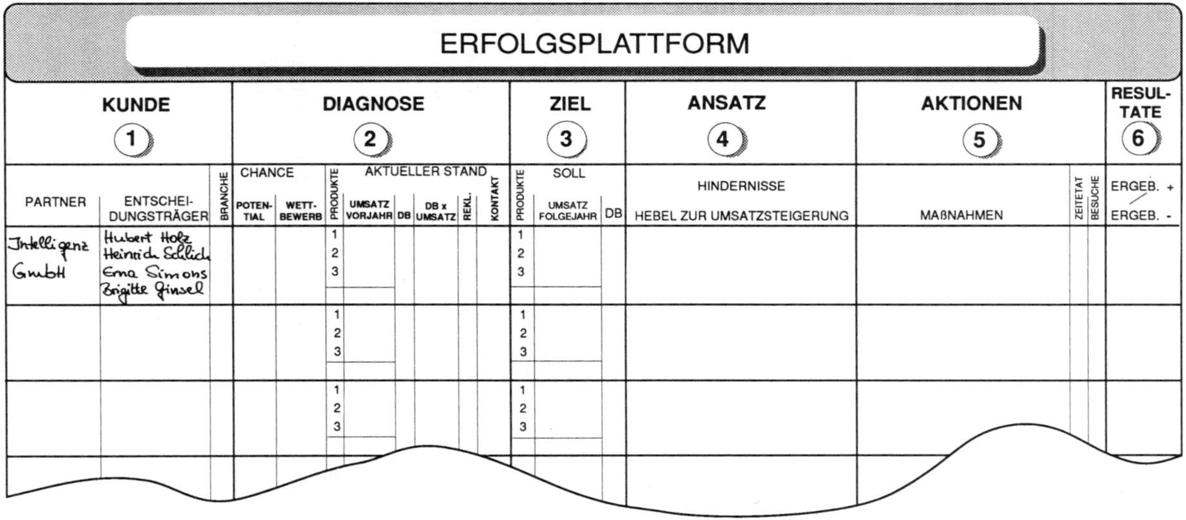

Abb. 2: Der Kunde in der Erfolgsplattform

Laufe der Zeit werden. Sie werden auch herausfinden, daß es einige recht markante Anhaltspunkte für Potentialschätzungen gibt.

Häufig ist es auch so, daß Ihr Kunde sein Potential, seinen Bedarf – von ihm her formuliert natürlich – selber nicht einschätzen kann. Irgendwie muß er es aber wissen, denn schließlich hat er ja in Mitarbeiter und Maschinen investiert. Wie auch immer, letztendlich liegt es an Ihrer Phantasie und an Ihrer Kreativität, das Potential Ihres Kunden gut einzuschätzen. Folgende Informationen lassen sich für eine Potentialschätzung nutzen:

- die Zahl der Mitarbeiter
- die Größe der Investitionsvorhaben
- die Zahl der Fahrzeuge im Betrieb
- die Lieferungen des Wettbewerbs
- die Aussagen des Inhabers
- Anregungen des technischen Leiters
- Anregungen des kaufmännischen Leiters
- Informationen anderer Kunden.

Das sind einige Anregungen, die Ihnen weiterhelfen können, wenn es um Potentialschätzungen geht. Natürlich haben diese Anregungen nur Beispielcharakter. Es dürfte Ihnen aber leicht fallen, den Grundgedanken zu übernehmen und ihn für Ihre Situation zu adaptieren.

Abgesehen von diesen Anhaltspunkten kann man das Potential aus drei Überlegungen ableiten und erhält dann drei konzentrische Potentiale:

Das kleinste Potential ist das Potential, das ich mit meinem aktuellen Sortiment abdecken könnte. Das zweite Potential entsteht durch mögliche Sortimentserweiterungen, die durch mein Unternehmen ohne größere Schwierigkeiten möglich wären und die vielleicht sogar schon zur Verfügung stehen, die ich aber noch nicht einsetze.

Das dritte und größte Potential entsteht durch Produktinnovationen, die im Außendienst schon als Visionen vorhanden sind oder die von anderen Firmen bereits realisiert werden. Dieses Potential ist ein Potential für die Zukunft.

In der Spalte Wettbewerb sollten mindestens die drei größten Wettbewerber eingetragen werden. Falls es mehr Wettbewerber gibt – z. B. 6–8 gleichwertige, was aber selten der Fall ist –, dann muß hier mit Abkürzungen gearbeitet werden.

Der aktuelle Stand wird zuerst durch den Umsatz des Vorjahres ausgewiesen. Hier ist es interessant, den Umsatz nach Hauptproduktgruppen zu gliedern. Man braucht keine Genauigkeit bis aufs letzte Komma, denn diese Einteilung soll nur helfen, Stärken und Schwächen der Produktplazierung bei jedem Kunden zu verdeutlichen. Ebenso ist natürlich eine Unterteilung der Potentiale nach Produkten sinnvoll.

Weiter geht es mit dem Deckungsbeitrag. Er sollte mit dem Umsatz gewichtet werden. Dies schärft die Augen für die wahre Qualität des Kunden, denn der Umsatzstrip, bei dem allein Geld gewechselt wird, verschleißt nur die Kraft der Mitarbeiter.

Das Diagnosekriterium Bonität gliedert die Kunden in drei Gruppen:

- Zur ersten Gruppe gehören die Kunden, die sich an die getroffenen Vereinbarungen halten. Natürlich kann es einmal vorkommen, daß auch hier ein Zahlungsverzug entsteht, doch das ist dann wirklich die Ausnahme.
- Zur zweiten Gruppe gehören die, die sich systematisch nicht an die Zahlungsvereinbarungen halten.
- Zur dritten Gruppe gehören die, die grundsätzlich schlechte Zahler sind – aber auch nicht so schlechte Zahler, daß Sie sie nicht mehr betreuen würden.

Auch in der Spalte Reklamationen empfiehlt sich eine Unterteilung in drei Gruppen:

- Zur ersten Gruppe gehören solche Kunden, die nur faire und wirklich begründete Reklamationen haben.
- Zur zweiten Gruppe gehören diejenigen, die zwar moderat aber häufiger reklamieren.
- In die dritte Gruppe gehören alle, die systematisch immer etwas zu reklamieren und zu nörgeln haben.

Zu guter Letzt muß noch erwähnt werden, daß oft erzählt wird, ein Kunde würde ein Fehlverhalten niemals vergessen. Das ist ein typisches Beispiel für übermäßige Negativität und Angst. Kunden sind Menschen, und deshalb liegt auch hier in jedem Fehler eine Chance – ein Anknüpfungspunkt für die Erfüllung aller Kundenwünsche!

Die Spalte mit dem Diagnosefaktor Kontakt zielt auf einen der wundesten Punkte in allen Informations- und Berichtssystemen.

Fragt man einen Mitarbeiter im Außendienst oder in der Kundenbetreuung, was das wichtigste Kriterium für Erfolg ist, so wird man immer eine Antwort hören: der Kontakt!

Wenn das wirklich so ist – und wir gehen davon aus, daß es so ist –, erscheint es seltsam, daß sich so gut wie jedes Berichtssystem um eine wirkliche Definition der Kontaktqualität herumdrückt. Es geht hier nicht um die jovialen Hinweise, ob und wann der Kunde Geburtstag hat oder welchem Hobby er fröhnt, es geht hier einzig und allein um eine Definition der Kontaktqualität im Sinn des Verkaufens.

Wenn man eine Firma betrachtet, betreut man keine „Firma", sondern eine Gruppe von Entscheidungsträgern. Manchmal ist es nur ein Entscheidungsträger, aber in der Regel sind es mehrere. Gehen wir von dem simplen Fall aus, wo es vielleicht einen Geschäftsführer, einen Einkäufer, einen Techniker und den heranwachsenden Junior oder Kronprinzen gibt. Da diese vier Entscheidungsträger natürlich in unterschiedlicher Priorität für die Auftragserteilung entscheidend sind, ist es überlebenswichtig zu wissen, wie der Mitarbeiter kontaktmäßig zu diesen vier Entscheidungsträgern steht.

Wenn Sie einen Mitarbeiter, der eine Firma betreut, bei der alles gut läuft, fragen, warum es so gut läuft, wird er Ihnen in den meisten Fällen sagen: „Es liegt einfach daran, daß ich toll mit dem Kunden kann, daß ich mich gut mit ihm verstehe und daß ich auf dieser Basis die Geschäfte abwickeln kann."

Fragen Sie dagegen einen Mitarbeiter, der nur wenig Erfolg bei seinen Kunden hat, woran das liegt, so werden Sie in den meisten Fällen eine Antwort erhalten, in der der Begriff Kontakt nicht auftaucht. Der Mitarbeiter wird Ihnen sagen, daß es hier am Preis liegt, daß die Lieferzeiten zu lang sind und er wird noch 1000 andere Argumente haben, warum es schlecht geht.

Dieses Beispiel zeigt, wie wichtig es ist, den Aspekt des Kontaktes klar und deutlich zu definieren – und zwar mit ganz harten, verkaufsorientierten Bandagen, und sei es durch einen Lieferanteil von mindestens 60 Prozent.

Für die Spalte Kontakt empfiehlt sich eine Vierteilung:

Zur ersten Gruppe gehören die Kunden, die mit Ihnen mindestens 60 Prozent des Potentials ausschöpfen. Das mag ein sehr hartes quantitatives Kriterium sein, doch es macht deutlich, um was es beim Kontakt eigentlich geht.

Letztendlich zählen Resultate! Es kommt nicht darauf an, freundliche Kontakte zu haben, sondern es kommt darauf an, freundliche Kontakte mit entsprechend freundlichen Resultaten zu haben. Und ein Kunde gehört erst dann in die 1. Gruppe, wenn er 60 Prozent seines Potentials mit Ihnen ausschöpft.

In die 2. Gruppe gehören Kunden, zu denen Sie neutrale Beziehungen haben. Die Kontakte in der 3. Gruppe sind ganz gut, könnten aber besser sein. In die 4. Gruppe gehören Kunden, mit denen ein Konflikt vorliegt.

Somit wäre, auch wenn noch einige Aspekte, die Sie im Moment für wichtig halten, fehlen, die Diagnose abgeschlossen. Denken Sie daran, es geht hier um eine prägnante, konzentrierte Kurzdarstellung, die dem Mitarbeiter ein Selbstmanagement ermöglicht und einer Führungskraft, einem Vertriebs- oder Gruppenleiter bei der Mitarbeitersteuerung helfen soll. Es kommt hier nicht darauf an, 1 000 Details aufzuzählen und diese Details später, weil sie insgesamt einfach zu komplex sind, unkoordiniert oder falsch zu interpretieren.

Hier in der Erfolgsplattform (Abb. 3) steht alles übersichtlich auf einer Linie: Entscheidungsträger-Kontakt, Diagnose-Ziel, Hindernis-Maßnahme, Besuch-Zeitetat, Einsatz-Ergebnis.

Das Ziel

Für manch einen mag es naheliegen, mit der zukünftigen Zielplanung nicht über den derzeitig erreichten Ist-Zustand hinauszugehen. Aber wer nicht mehr wächst, wird kleiner! Daß das zukünftige Ziel vom derzeitigen Ist-Stand abhängt, ist klar, aber ein wirklicher Erfolg braucht immer ein Wachstum auf den aktuellen Soll-Zustand.

Treffen Sie mit sich und Ihren Mitarbeitern eine Vereinbarung über die Ziele des nächsten Jahres und denken Sie daran, daß diese Ziele auch eine Auswirkung auf Ihre Maßnahmen und Ihr Maßnahmenbudget haben werden.

Zur Überprüfung Ihrer Vereinbarungen gibt es verschiedene Kundenaktionen, auf die hier nicht näher eingegangen werden muß – jedenfalls ist es kein Problem zu ermitteln, welche Umsatzvorstellungen Ihr Kunde für das kommende Jahr hat.

Die so erarbeitete Zahl tragen Sie nun in die Zielspalte der Erfolgsplattform ein (Abb. 4). Auch hier empfiehlt sich wieder ein Produktsplit, damit sichtbar wird, in welchen Produktsegmenten welche Umsätze erwartet werden. So wird auch klar, auf welche Produkte Sie Ihren Schwerpunkt legen. Hier geht es nicht um Beträge in Mark und Pfennig, sondern einfach um eine Basisorientierung. Das Erstellen von genauen Produktzielplanungen im Rahmen von Produktionslisten wird hiervon nicht berührt.

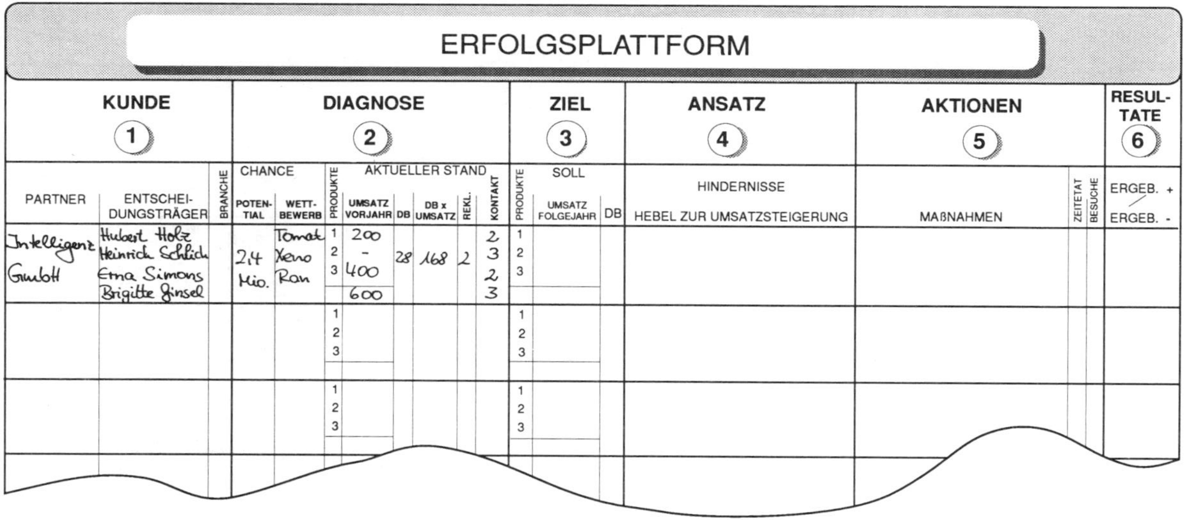

Abb. 3: Die Diagnose in der Erfolgsplattform

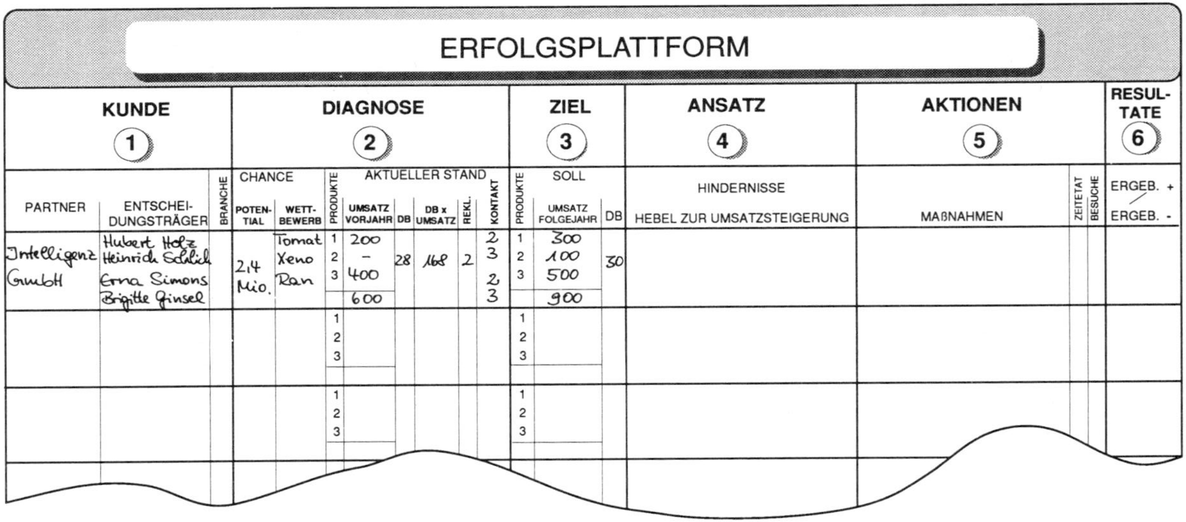

ERFOLGSPLATTFORM

KUNDE (1)			DIAGNOSE (2)								ZIEL (3)			ANSATZ (4)	AKTIONEN (5)			RESULTATE (6)
			CHANCE		AKTUELLER STAND						SOLL							
PARTNER	ENTSCHEIDUNGSTRÄGER	BRANCHE	POTENTIAL	WETTBEWERB	PRODUKTE	UMSATZ VORJAHR	DB	DB x UMSATZ	REKL.	KONTAKT	PRODUKTE	UMSATZ FOLGEJAHR	DB	HINDERNISSE / HEBEL ZUR UMSATZSTEIGERUNG	MAßNAHMEN	ZEITETAT	BESUCHE	ERGEB. + / ERGEB. -
Intelligenz	Hubert Holz			Tomat	1	200				2	1	300						
Intelligenz	Heinrich Schlich		2,4	Xeno	2	–	28	168	2	3	2	100	30					
GmbH	Erna Simons		Mio.	Ran	3	400				2	3	500						
	Brigitte Ginsel					600				3		900						
					1						1							
					2						2							
					3						3							
					1						1							
					2						2							
					3						3							

Abb. 4: Das Ziel in der Erfolgsplattform

Selbstverständlich steht auch in der Zielspalte der Erfolgsplattform der Deckungsbeitrag an wichtiger Stelle, denn schließlich ist es so, daß sich nur Gewinne, nicht aber Umsätze in harter Währung ausdrücken lassen.

Strom kommt eben nicht aus der Steckdose!

Hindernisse

Die Hindernisse klar und deutlich zu erkennen, sie als Chancen zu definieren und so den richtigen Hebel für erfolgreiche Aktionen anzusetzen, ist eine Kunst. Hier offenbart sich, wie Ihre Mitarbeiter und Sie selber denken.

Benennen Sie ein Hindernis nur durch Schlagworte wie z. B. Preis oder Lieferzeit, dann dürfen Sie für sich nicht in Anspruch nehmen, besonders wach zu sein. Es läßt sich mit Sicherheit genau quantifizieren, welcher Preis bei welchem Produkt und welche Lieferzeit genau sich als Hindernis für Ihren Verkauf darstellt. Sicher werden Sie genau definieren können, wo, in welchen strategisch wichtigen Punkten und durch welche Konditionen der Wettbewerb besser ist. Außerdem muß hier auch der Kontaktaspekt auf die Goldwaage gelegt werden. Eine exakte, ja penible Beschreibung der Hindernisse ist die beste Basis für erfolgreiche Aktionen. Denn je ungenauer die Definition der Hindernisse ist, um so ungenauer werden auch die auf die Hindernisse angesetzten Maßnahmen sein und um so oberflächlicher werden auch Ihre Mitarbeiter mit einem solchen Kunden umgehen.

Die Wurzeln, aus denen Hindernisse erwachsen, sind vielfältig. Genauso vielfältig sind auch die Chancen, in die diese Hindernisse umgemünzt werden können.

Egal, ob das Hindernis im Service liegt, ob der Wettbewerber einfach größer und potenter ist, ob das Preisniveau einfach zu unterschiedlich ist, ob ein Konflikt vorliegt oder aber die Wellenlänge des Mitarbeiter zum Kunden einfach nicht die richtige ist: Das Hindernis muß genau und plastisch beschrieben werden. Denn nur so wird die Erfolgsplattform zu einem Instrument des Selbstmanagement für den Mitarbeiter und für den Verkaufsleiter zu einem Instrument der Mitarbeitersteuerung. Nur so läßt sich auf einem Blick erkennen, wie bei den verschiedenen Kunden gearbeitet wird. Aus der Korrelation aller Hindernisse läßt sich auch für den Mitarbeiter und den Verkaufsleiter erkennen, inwiefern die Hindernisse durch den Mitarbeiter, durch den Kunden oder durch Faktoren, die im Produkt liegen, produziert worden sind.

Maßnahmen

Der Augenblick der Wahrheit liegt lange vor dem Kundenbesuch. Der Moment, in dem über Erfolg und Mißerfolg entschieden wird, ist gekommen, wenn aus Hindernissen Maßnahmen und Aktionen abgeleitet werden. Hier hat sich die Erfolgsplattform als Führungsinstrument für Verkaufs- oder Gruppenleiter bewährt. Auch der Mitarbeiter kann hier – im Sinne des Selbstmanagements – mit selbstkritischem Blick eine Menge über sich und darüber lernen, wie er seine Kunden betreut:

Liegen z. B. Schwierigkeiten im Bereich Kontakt vor, dann dürfte es dilettantisch sein, mit dem Kunden essen zu gehen. Wie viele Möglichkeiten ein Mitarbeiter hat, einen unbefriedigenden Kontakt zu verbessern, kann der Verkaufsleiter hier in der Maßnahmenspalte der Erfolgsplattform auf einen Blick sehen (Abb. 6).

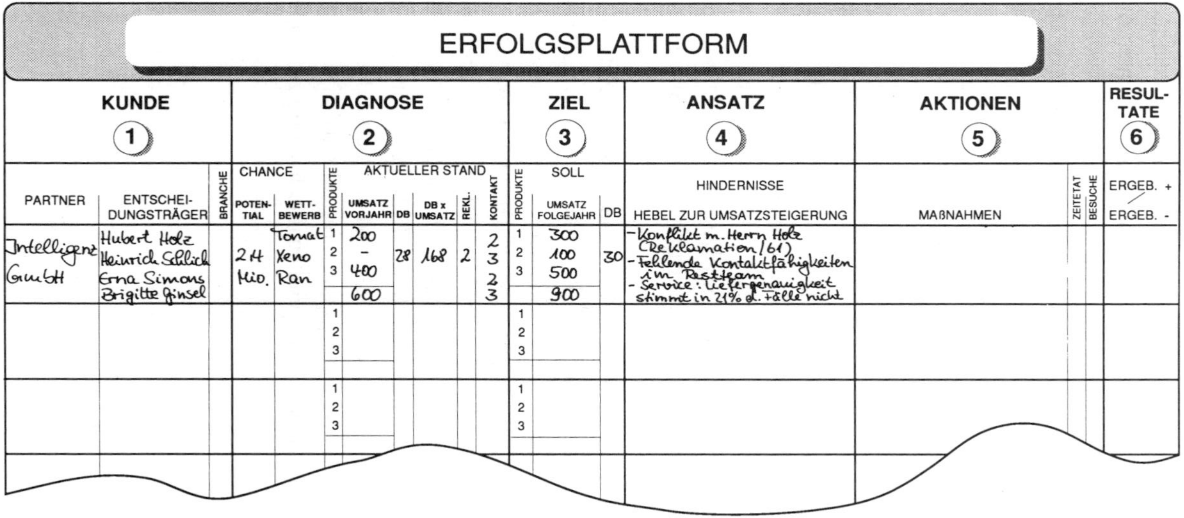

Abb. 5: Das Hindernis in der Erfolgsplattform

Er kann dann zusammen mit seinem Mitarbeiter alternative und bessere Maßnahmen zur Überbrückung des schlechten Kontaktes erarbeiten.

Der Mitarbeiter wird so nicht nur merken, daß er überwacht und geführt wird, er wird auch unter der Anleitung seines Verkaufs- oder Gruppenleiters lernen, bessere – also erfolgreichere – Maßnahmen zu entwickeln. Hier ist die Erfolgsplattform die Basis für ein Coaching der Mitarbeiter.

Das Allerwichtigste aber ist, die Erfolgsplattform funktioniert präventiv: Schon bevor ein Mitarbeiter seine Chance bei einem Kunden verspielt hat, kann der Verkaufsleiter ihn vor diesem Desaster bewahren. Mit der Erfolgsplattform vor Augen ist er in der Lage, ohne den einzelnen Kunden zu kennen, exakt zu wissen, wie der Mitarbeiter mit diesem Kunden umgeht oder umgehen will – diese Vorabinformation ist im wahrsten Sinne des Wortes Gold wert.

Ein anderer Aspekt aller Aktionen sind der Zeitetat und die Zahl der Besuche. Hier muß der Mitarbeiter sich schriftlich festlegen. Hier muß er Farbe bekennen und ist, gemessen an seinen Zielen, in seinem Aufwand kontrollier- und steuerbar.

Es ist nicht nur so, daß der Mitarbeiter durch die Erfolgsplattform kontrollier- und steuerbar wird. Durch die Auswertung und Korrelation der Daten sämtlicher Mitarbeiter entsteht auch ein gutes Bild von der Führungstätigkeit des Verkaufsleiters und der Gruppenleiter. Die Erfolgsplattform hilft dabei, den gesamten Vertrieb und alle seine Aktivitäten durchsichtig zu machen.

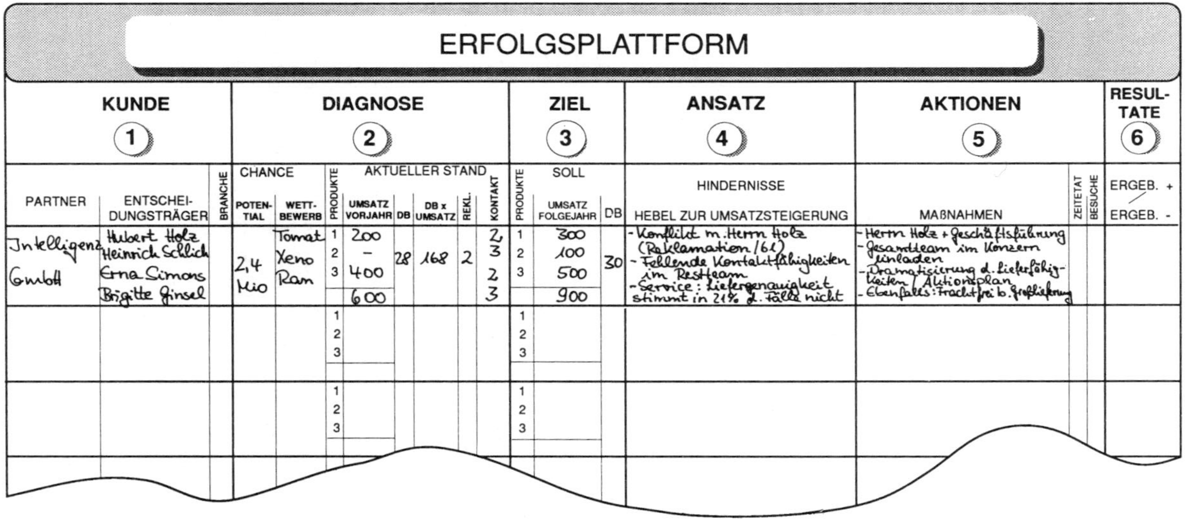

Abb. 6: Die Maßnahmen in der Erfolgsplattform

Resultate

Am Ende des Jahres, bei einem sehr erfolgreichen Abschluß mit einem Kunden oder aber bei deutlichen Rückgängen, ist immer wieder die Diskussion der Ergebnisse notwendig:

- Bei welchem Kunden sind die Ziele erreicht worden?
- Warum war das bei diesem Kunden möglich?
- Was hat funktioniert und was hat nicht funktioniert?
- Was können wir aus all dem lernen?
- Welche Meetings sind notwendig, um den Lerntransfer erfolgreicher und wenig erfolgreicher Kundenbetreuung zu leisten?
- Wie kann man die Ergebnisse und die Faktoren, auf denen diese Ergebnisse entstanden sind, dokumentieren und vermitteln?

Auf all diese Fragen gibt es eine Antwort: Die Erfolgsplattform ist nicht nur ein Instrument des Selbstmanagements und der Führung, sie ist auch ein ausgezeichnetes Medium der Ergebnisdokumentation, der Ergebnisdiskussion und der Vermittlung im Markt erworbener Erfahrungen. Im folgenden die Leistungen der Erfolgsplattform auf einen Blick:

- Sie verbindet qualitative mit quantitativen Faktoren ganzheitlich, z. B. Kontakt mit Reklamationen und Bonität
- Sie hat nur eine Ebene, auf der Sie überschaubar und markant alles auf einen Blick darstellen und vermitteln können: Das Ist verbindet sich auf einen Blick mit dem Soll, die Hindernisse mit den Maßnahmen, die Entscheidungsträger mit dem Kontakt, der Zeiteinsatz läßt sich mit dem Zeitmanagement vergleichen, der Einsatz mit den Ergebnissen
- Es lassen sich mehrere Kunden auf eine Seite schreiben und so der Gesamtzusammenhang darstellen; man wird ganzheitlich orientiert.

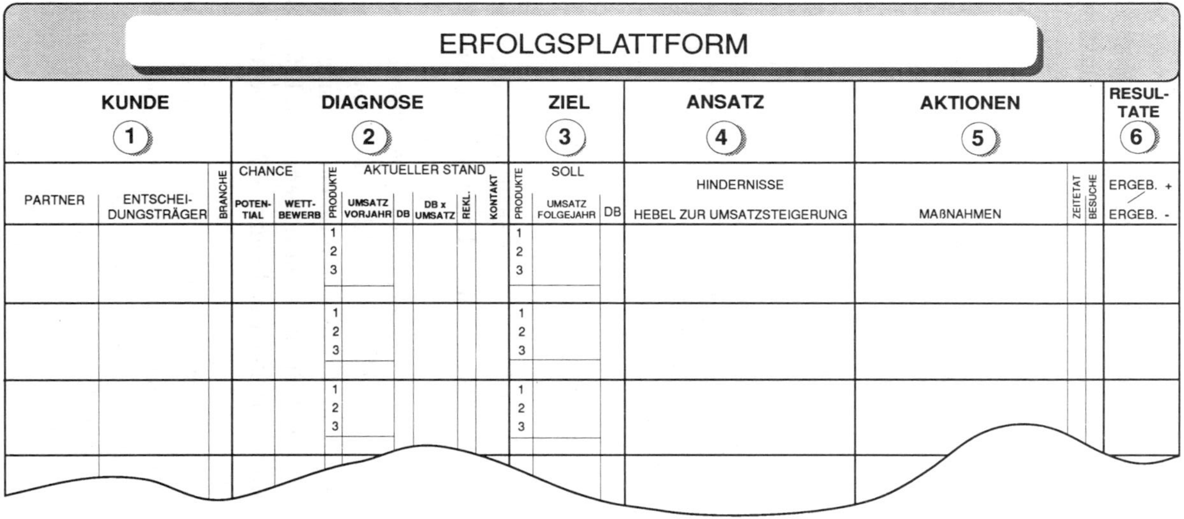

Abb. 7: Die Erfolgsplattform im generellen Überblick

- Der Mitarbeiter erkennt die Zusammenhänge seiner operativen Arbeit vor Ort: Den Zusammenhang der Hindernisse mit den Maßnahmen und den Zusammenhang des Ist mit dem Soll.
- Die Erfolgsplattform ist ein exzellentes Instrument des Selbstmanagements und der Führung und funktioniert als Marketinginstrument.
- Die Führungskraft kann deutlich sehen, wo dem Mitarbeiter geholfen werden muß, ohne den Kunden zu kennen.
- Und last, but not least: Sie können aus der Addition der Hindernisse die konsequenten Maßnahmen pro Kunden ableiten, dann können Sie ein entsprechendes Training durchführen und den Erfolg des Trainings in unmittelbarem Zeitzusammenhang messen. Jetzt sind Trainings sinnvoll – und es geht auch nicht mehr um Standardtrainings, die losgelöst vom konkreten Problembezug absurd sind.

4. Die Erfolgsmatrix

Wenn Sie ein komplexes Gebiet anfangen zu durchdenken, in diesem Falle die Gesamtsumme der Kunden, macht es Sinn, die Kunden so zu filetieren, daß sie überschaubar werden. Die dann so herausgearbeiteten filetierten Kundensegmente lassen sich besser durchdenken, als wenn Sie alles auf einmal sehen.

Sie haben in der Erfolgsplattform ein Instrument für Selbstmanagement und Führung kennengelernt. Die Erfolgsplattform legt für einzelne Kunden und einzelne Mitarbeiter sowohl die Richtung, als auch die Steuerung fest.

Im folgenden werden Sie in der Erfolgsmatrix ein Instrument kennenlernen, mit dem Sie vom Einzelnen aufs Ganze gehen können. Die Erfolgsmatrix legt die generelle Richtung fest. Sie hilft Ihnen dabei, Ihren gesamten Kundenstamm in drei übersichtliche Gruppen zu segmentieren und für jede der drei Gruppen eine spezielle, paßgenaue Maßnahmensteuerung zu installieren.

Die so herausgearbeiteten Kundensegmente lassen sich besser durchdenken, als wenn Sie nach dem Gießkannenprinzip für alle Kunden eine Pauschallösung erarbeiten würden. Es hat noch nie funktioniert, alle Kunden gleichmäßig zu betreuen; jeder weiß, daß eine sinnvolle Segmentierung notwendig ist. Aber keine Angst, Sie werden hier nicht mit der klassischen, angestaubten ABC-Analyse gelangweilt.

Die Erfolgsmatrix ist ein Instrument für alle Vertriebsleiter, die bisher sagen mußten: „Suchen Sie mal die Kunden heraus, die wichtig sind und die wir ausbauen können. Für die werden wir dann ein besonderes Konzept entwickeln."

Diese Vorgehensweise ist überholt, vor allem deshalb, weil hier der Vertriebsleiter immer wieder der Subjektivität und den Vorlieben seiner Außendienstmitarbeiter zum Opfer fällt.

Auf den folgenden Seiten sehen Sie nun Schritt für Schritt die Entwicklung der Erfolgsmatrix. Die Grafik gibt Ihnen die erste Idee über die Funktionsweise der Erfolgsmatrix. Hier noch einmal ausführlich alle Überlegungen, die hinter diesem Schaubild stecken.

Schauen Sie sich Ihre Kunden an und benutzen Sie dazu die langen und widerspenstigen Computerlisten, auf denen zumeist links die Kunden mit Adresse stehen und rechts die verschiedensten analytischen Denkansätze. Nehmen Sie die dort ausgewiesenen Potentiale und bilden Sie Größenklassen.

Hier im Beispiel werden drei Größenklassen definiert, die höchstwahrscheinlich nicht mit den Ihren übereinstimmen, aber für die Demonstration allemal passend sind.

Potential Tsd.
Hoch (100 +)
Mittel (50 -100)
Niedrig (20 - 50)

ALLE KUNDEN

WICHTIGE KUNDEN, DEREN BETREUUNG SICH LOHNT

ERSTE GRUNDORIENTIERUNG, SYSTEMATISIERUNG

KUNDENFELDER NACH PRIORITÄTEN

Alle Kunden, die ein Potential über 100 000 DM haben, werden hier als hoch eingestuft. Die mittleren Kunden werden mit einem Potential zwischen 50 000 und 100 000 DM definiert. Kunden mit einem Potential zwischen 20 000 und 50 000 DM werden als niedrig eingestuft. Je nach dem, welche Produkte Sie verkaufen, kann das hohe Potential mehr als 1 000 000 betragen, das mittlere Potential zwischen 200 000 DM und 1 000 000 liegen und das niedrige Potential zwischen 50 000 und 200 000 DM.

Falls Sie an unterschiedliche Zielgruppen verkaufen, z. B. an Hersteller, Händler oder Endverbraucher, müßten Sie die drei Größenklassen für jede Zielgruppe einzeln definieren. Natürlich können Sie auch die Differenzierung nach Produkten vornehmen.

Hier ist allerdings Vorsicht geboten, weil Sie eine etwas langweilige firmenorientierte Sichtweise unterstützen und sich nicht marktorientiert, kundenorientiert und problemlösungsorientiert verhalten. Sollten Sie in Ihrem Unternehmen noch Einteilungen haben, die nicht kunden-, sondern produktorientiert sind, ist zu empfehlen, eine Änderung vorzunehmen.

Haben Sie die Potentiale einmal für jeden Kunden definiert, geht es jetzt darum, wie Ihr aktueller Stand – Ihr Lieferanteil – bei den verschiedenen Kunden ist.

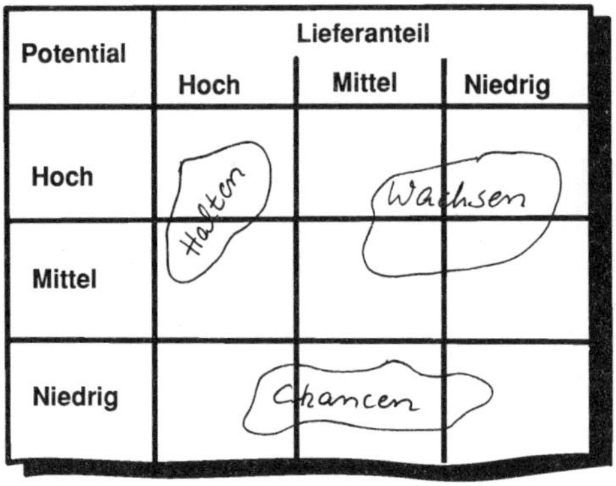

Hier bei dem Lieferanteil bietet sich eine ähnliche Unterteilung wie bei den Potentialen an:

Hoch sollten die Kunden eingeschätzt werden, bei denen Sie einen Lieferanteil von mindestens 60 Prozent haben, also das Potential mindestens zu 60 Prozent ausschöpfen. Bei Kunden, bei denen Sie ein Lieferanteil von 60 Prozent und mehr haben, sind Sie eigentlich an der Decke Ihres Erfolges angekommen. Eine deutliche Steigerung ist hier nicht mehr möglich – aber natürlich werden Sie das normale Wachstum des Kunden pro Jahr mitmachen. Diese Kunden können als Haltekunden definiert werden. Bei Ihnen kommt es darauf an, das erreichte Niveau zu stabilisieren. Die Maßnahmen für diese Kundenklasse sind natürlich ganz anders als für einen Kunden, bei dem Sie das vorhandene Potential deutlich besser ausschöpfen wollen.

Kunden, bei denen Ihr Lieferanteil gering ist und bei denen noch viel Platz bis zur Decke Ihres Erfolges besteht, definieren sich als Wachstumskunden.

Hier befinden Sie sich praktisch am Boden Ihrer Möglichkeiten. Man könnte sagen, daß diese Kundenklasse die Neukunden im Stammkundengeschäft sind. Hier ist Ihr Mitarbeiter ein Jäger, der noch reichlich Beute machen kann.

Beide Kundenklassen, Haltekunden und Wachstumskunden, sind extrem wichtig für Ihr Geschäft. Die Haltekunden manifestieren Ihren bisherigen Erfolg und müssen für die Zukunft abgesichert werden. Die Wachstumskunden sind die Wachstumschance für eine gute Zukunft.

Alle Kunden, die nicht als Halte- oder Wachstumskunden definiert werden können, werden meist aufgrund ihres geringen Potentials als Basiskunden bezeichnet. Diese Kunden sind es eigentlich nicht der Mühe wert, daß der Außendienstmitarbeiter sie besucht. Auch nicht ab und zu, auch nicht, wenn er eben mal so vorbeifährt und eigentlich auch nicht, wenn es um Reklamationen geht. Das soll nicht heißen, daß diese Kunden überhaupt nicht betreut werden und daß man mit ihnen keinen Umsatz machen will. Es soll vielmehr heißen, daß diese Kunden anders betreut werden müssen; z. B. durch den Innendienst über das Telefon oder durch Mailings. Aber eins steht fest, der Besuch des Außendienstes lohnt hier nicht!

5. Die Erfolgs-Summary

Wenn Sie nun die Kunden einmal nach ihren Potentialen und zum anderen nach ihrem Lieferanteil in Halte-, Wachstums- und Basiskunden aufgeteilt haben, ist der nächste Schritt ganz einfach. Sie übertragen alles in ein Summary-Chart: die Erfolgs-Summary.

In dem hier angenommenen Fall gehören die Key-account-Kunden in die 100+-Kategorie. Die Key-account-Kunden sind die Kunden, die vom deckungsbeitragsorientierten Umsatz z. Zt. einen wesentlichen Umsatz des gesamten Unter-

Haltekunden	Anzahl	Potential	Vorjahr	Ziel	Zeit
Key (100+)					
Mitte (50-100					
Summe					

Wachstumskunden	Anzahl	Potential	Vorjahr	Ziel	Zeit
Key (100+)					
Mitte (50-100)					
Summe					

Basiskunden	Anzahl	Potential	Vorjahr	Ziel	Zeit
Basis (20-50)					
Summe					

Telefonkunden	Anzahl	Potential	Vorjahr	Ziel	Zeit
Aktiv (5-20)					
Passiv (1-5)					
Summe					

Neukunden	Anzahl	Potential	Vorjahr	Ziel	Zeit
Besuchte					
Kaufende					
Summe					

Kunden	Anzahl	Potential	Vorjahr	Ziel	Zeit
Haltekunden					
Wachstums-kunden					
Basiskunden					
Telefonkunden					
Neukunden					
Summe					

Abb. 8: Die Erfolgs-Summary

nehmens repräsentieren (Haltekunden) und die Kunden, die in Zukunft einen wesentlichen Umsatz des Unternehmens repräsentieren werden (Wachstumskunden).

Die so gewonnene Informationsstruktur ist die Erfolgsmatrix. Die Erfolgsmatrix gibt im Stammkundenmanagement die generelle Richtung an. Das heißt, die Erfolgsmatrix bestimmt, welche Kunden überhaupt besucht werden und ob diese Kunden als Halte- oder Wachstumskunden behandelt werden.

Sicher können Sie sich vorstellen, welch perfektes Instrument die Kombination von Erfolgsmatrix und Erfolgsplattform ergibt. Als generell richtungweisend können z. B. die quantitativen Daten der Haltekunden zuerst in die Erfolgsmatrix und dann segmentierend die konkreten Kunden in die Erfolgsplattform eingetragen werden. So ist der strategische und der konzeptionelle Ansatz immer auf einen einzigen Blick präsent.

Drei detaillierte Anwendungsbeispiele der Erfolgs-Summary werden im zweiten Kapitel dargestellt.

Die Erfolgsfibel

Es ist praktisch, die Kunden in einem Ordner getrennt nach Halte-, Wachstums- und Basiskunden abzulegen. Zuerst liegt da zusammenfassend die Erfolgs-Summary und dann auf den folgenden Seiten die jeweils mit sechs bis sieben Kunden ausgefüllten Blätter der Erfolgsplattform. Durch diese einfache Organisationsform – vergessen Sie den Begriff Ordner – der Erfolgsfibel haben der Mitarbeiter und der Verkaufsleiter eine ständige Übersicht über die Richtung aller Aktivitäten bei den in Halte- und Wachstumskunden unterteilten Key-account-Kunden.

Nach dieser Struktur sollten die EDV-Unterlagen in Zukunft ebenfalls organisiert werden. Die generelle Differenzierung in Halte-, Wachstums- und Basiskunden, detailliert beschrieben in der Erfolgsplattform, ermöglicht es, die Richtung des Mitarbeiters exakt zu steuern. Die Kombination aus Erfolgssummary und Erfolgsplattform ergibt eine Allianz mit fantastischen synergetischen Effekten.

Jedes der beiden Instrumente ist in sich ruhig, stabil und solide. Eine Kombination beider Instrumente hat Ähnlichkeit mit der Verbindung aus Salpetersäure und Glyzerin ...

Nicht die Geographie, das Potential weist den Weg!

Sicherlich wissen Sie, daß bei der Planung einer Tour nicht die Geographie des Gebietes zählt, sondern das Potential des Kunden, und daß die Geographie allenfalls ein Korrekturfaktor ist. Vor allem für Firmen, die eine große Anzahl von Kunden haben, ist es wichtig, einen Tourenplan zu erstellen, der verhindert, daß Kunden besucht werden, die für das Unternehmen uninteressant sind. Es gibt hier nur ein Mittel: Diese Kunden müssen radikal vom Besuchsplan gestrichen werden. Ansonsten bleibt immer eine Grauzone und Sie wissen einfach nicht, ob sich Ihre Mitarbeiter bei kleinen und pflegeleichten Kunden aufhalten.

Hervorragend bewährt hat sich in der Praxis folgende Methode: Jeder Mitarbeiter bekommt die Landkarte seines Gebietes und sein Gebiet wird in dieser Landkarte deutlich mit einem Farbstift markiert. Die einzelnen Kunden werden als Nadeln gesteckt.

Empfehlung:
Große Haltekunden: Eisbärnadel blau mit großem Kopf.
Mittlere Haltekunden: mittlere Eisbärnadel blau.
Große Wachstumskunden: großer roter Kopf.
Mittlere Wachstumskunden: mittlerer roter Kopf.
Basiskunden: kleiner grüner Kopf.

Selbst alte Hasen, die schon lange Zeit ein Gebiet betreuen, haben mitunter hervorragende Lernerfahrungen, wenn sie das Gebiet plastisch sehen und die Köpfe der wichtigsten Kunden auf Nadeln gesteckt haben. Der große Fehler, der häufig gemacht wird, ist, daß die Geographie des Gebietes den Weg des Mitarbeiters diktiert. Und dann haben Sie einen Reisenden statt eines Kundenbetreuers.

6. Die Königsidee

Wo sich etwas verändert, wird Staub aufgewirbelt – und die Erfolgsplattform ist eine große Veränderung.

Die Erfolgsplattform ist die Königsidee der Key-account-Konzepte, die Methode zur Verbesserung der Verkaufsergebnisse ohne nennenswerten Kostenanstieg!

Sie bringt glasklare Transparenz in den Verkauf, und so ist vor allem von denen, die aus irgendwelchen Gründen gerne im Trüben fischen, mit Widerstand zu rechnen. Einige Mitarbeiter werden sich gegen die Neuerung wehren und sagen: „Es läuft alles hervorragend, wir brauchen nichts Neues.“

Einige Verkaufsleiter wollen um Gottes Willen keine Unruhe in ihr Team bringen. Sie haben ein falsches Verständnis von Führung und fühlen sich als Moderatoren und Gruppensprecher. Das erspart ihnen Auseinandersetzungen, produziert aber keine Erfolge.

Die entscheidende und wichtigste Frage ist: Weiß der Mitarbeiter seine Energie bei den richtigen und nicht bei den besten

Kunden einzusetzen? Lebenspraxis ist, daß dies oft nicht geschieht. Mit der Erfolgsplattform ist die Richtung definitiv klar. Die Ausrichtung ist formuliert, ist exakt auf den Punkt gebracht.

Fast jeder hat Angst vor Kontrolle, und so ist es notwendig, die Erfolgsplattform nicht als Kontrollinstrument, sondern als exzellentes Instrument des Stammkundenmanagements zu plazieren.

Man muß sich auch klar darüber sein, daß es nicht möglich ist, die Erfolgsplattform nur bei der Hälfte der Kunden einzusetzen. Die Erfolgsplattform verlangt den Einsatz über alle Kunden, die ein Mitarbeiter besucht.

Man kann nicht die Hälfte eines Huhnes essen und die andere ein Ei legen lassen.

Wenn Sie die Erfolgsplattform einsetzen, müssen Sie sie total einsetzen und Sie müssen wissen, daß sie, wenn sie funktioniert, auch Arbeitsweisen radikal verändern wird.

Wer liebt schon Veränderungen? Wer geht schon zum Zahnarzt, wenn er Zahnschmerzen hat? Sie kennen den Ausspruch: Wasch' mir den Pelz, aber mach' mich nicht naß. Die Erfolgsplattform ist kein Mundspitzen, ohne zu pfeifen.

Der Einsatz der Erfolgsplattform hat etwas mit Mut zu tun. Mit Mut zur glasklaren Transparenz. Sie sollten sich nicht fragen, ob Sie es sich erlauben können, sie einzusetzen, Sie sollten sich fragen, ob Sie darauf verzichten können!

Gute Ideen wie die Erfolgsplattform sind gefährdet, die Sahara ist nicht der einzige Ort, wo etwas im Sande verläuft. Es genügt nicht, zum Fluß zu gehen mit dem Wunsch, Fische zu fangen, – man muß auch das Netz mitbringen. Ihr Netz ist nun die Erfolgsplattform.

Gewiß: die Wahrheit ist wie Lebertran – es ist leicht, ihn anderen zu geben, aber unangenehm, ihn selbst zu schlucken. – Aber es gibt einen Unterschied zwischen Theorie und Praxis nur in der Tat.

Der Adler weiß nun, wohin er fliegt. Er hat sich für eine klare Richtung entschieden. Die nächste Frage ist: Wie behält er die Richtung bei, wie funktioniert die Steuerung?

Zweites Kapitel

Die Steuerung

1. Steuerung braucht Feedback

Der kategorische Imperativ der Steuerung ist die Richtung – woran soll sich ein Steuermann anders orientieren als an der vorgegebenen Richtung? Ist diese einmal klar, braucht der Steuermann ein ständiges Feedback, das ihm Auskunft darüber gibt, wie weit er im Kurs liegt oder wie er den Kurs korrigieren muß.

Wer ein bestimmtes Ziel ansteuert, wird das Steuer nicht nur einmal einstellen und es dann bis zum Erreichen des Ziels nicht mehr ändern. Er wird vielmehr viele Male das Steuer so bewegen, daß während der ganzen Reise der Kurs eingehalten wird.

Hier geht es also vor allem um die Instrumente, die derartige Kurskorrekturen ermöglichen. Dabei stehen die folgenden Fragen im Vordergrund:

1. Wie kann der mit der Richtung verbundene Kurs – die mit der Richtung verbundenen Aufgaben und Nahziele – für die Mitarbeiter und den Verkaufsleiter so klar formuliert werden, daß

jeder einen Handlungsrahmen hat und innerhalb dieses Handlungsrahmens für das Einhalten des Kurses verantwortlich ist?
2. Wie managt der Mitarbeiter seine Zeit?
3. Wie können mit Mitarbeitern auf der Basis der Erfolgsplattform Vereinbarungen getroffen werden?
4. Welche Anforderungen sind an die Durchführung von Konferenzen und Meetings zu stellen?
5. Wie setzt sich die Führung im Sinne von Bordsteinkonferenzen und durch ein vorbildhaftes Verhalten ein?
6. Welche Bedeutung haben Incentives?
7. Welche Anforderungen sind an externe Verkaufstrainings zu stellen?

2. Klare Ziele – klare Aufgaben

Eigentlich sind Stellenbeschreibungen ein Instrument, durch das Aufgabenfelder definiert werden sollen. Aller Erfahrung nach sind sie aber zu starr und werden immer dann erst interessant, wenn es darum geht, eine Kündigung auszusprechen – ansonsten dient ihre Erstellung meist als Beschäftigungstherapie, und sie tragen auch dazu bei, daß lange und zähe Diskussionen sich lang und länger und immer zäher hinziehen. Sie stehen als gesammelte Werke in irgendwelchen wichtigen Ordnern, gut verschlossen in Stahlschränke und saugen über die Zeit den Staub des Unternehmens in sich auf.

Soviel über Stellenbeschreibungen – was aber ist wirklich zu tun, damit die Aufgaben für den Innendienstmitarbeiter, für den Außendienstmitarbeiter, für den Verkaufsleiter und so weiter klar sind?

Im folgenden soll an einem Beispiel erklärt werden, auf welche praktisch funktionierende Art die Aufgaben eines Außendienstmitarbeiters definiert werden können:

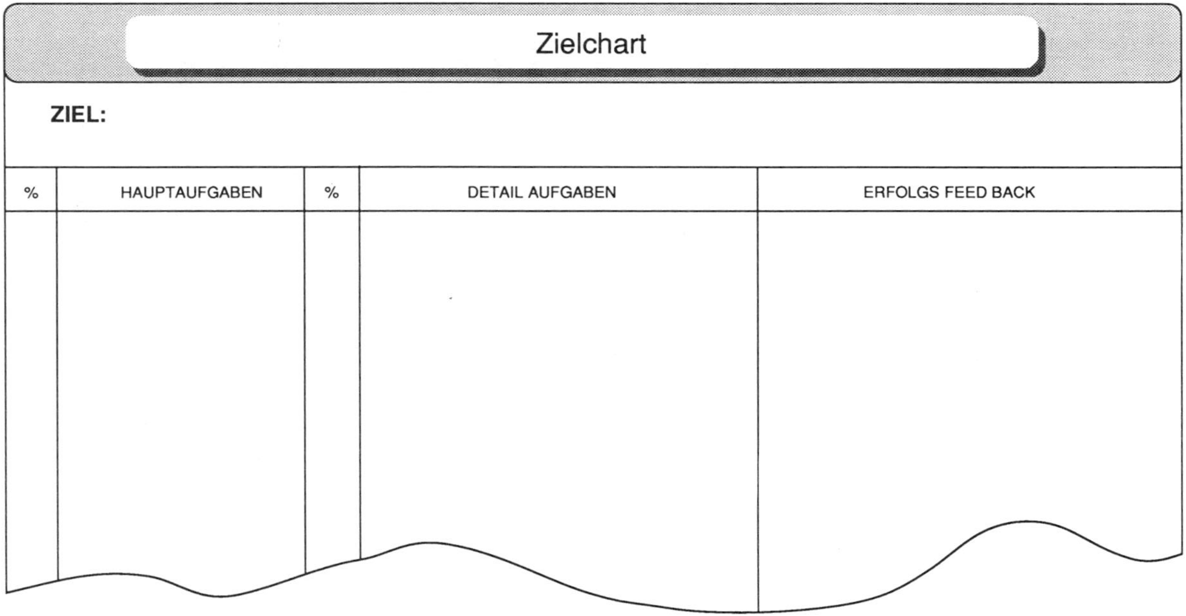

Abb. 9: Vereinfachte grafische Darstellung des Zielcharts

Die Richtung ist auf der Basis individueller Detailziele geklärt, jetezt können die Hauptaufgaben formuliert und in Prozent-Zeitangaben quantifiziert werden. Die Hauptaufgaben werden nun weiter in Detailaufgaben differenziert und ebenfalls durch Prozentzeitangaben quantifiziert. Wenn diese Struktur noch durch die Kriterien eines Erfolgs-Feedback sergänzt wird, haben Sie ein Zielchart, die absolute Aufgabenklarheit für den Außendienst schafft (Abb. 9).

3. Die Aufgabenklarheit

Dieses Zielchart soll nun einmal durch den Vertriebsleiter und einmal durch den Außendienstmitarbeiter mit Inhalten gefüllt werden. Es ist wichtig, daß beide räumlich und zeitlich getrennt daran arbeiten.

Hier nun das durch den Außendienstmitarbeiter ausgefüllte Zielchart (Abb. 10). Daß der Außendienstmitarbeiter seine Aufgaben und das Ziel aus seiner Perspektive und nach seinen Bedürfnissen formuliert, ist klar. Sein Zielchart ist also aus der Perspektive des Fußgängers erarbeitet. Daß diese Perspektive ein anderes Ergebnis produziert als die Helikopterperspektive des Verkaufsleiters (Abb. 11), der ja mehrere Gebiete überblicken und steuern muß, ist auch klar.

Zwei Perspektiven – ein Ziel

Nachdem nun der Verkaufsleiter und sein Außendienstmitarbeiter drei bis vier Tage Zeit hatten, sich ausführlich Gedanken zu machen, vergleichen Sie die aus verschiedenen Perspektiven entwickelten Vorstellungen zur Erreichung des Ziels. Wahrscheinlich gibt es hier immer Überraschungen. Hier im Beispiel ist deutlich zu erkennen, daß die Zeitplanung der beiden Partner

Zielchart

ZIEL: - Umsatz 4,8 Mio., DB ca. 32%
- Kunden halten und ausbauen, neue Kunden gewinnen

%	HAUPTAUFGABEN	%	DETAIL AUFGABEN	ERFOLGS FEED BACK
20	Büro	100	Vorbereitung und Nachbereitung der Kunden	gute Vorbereitung
70	Kunden	80	Halte- und Wachstumskunden	4,8 Mio.
		20	Neukunden	
10	Diverses		Administration, Konferenzen	sind erfolgreich

Abb. 10: Zielchart des Außendienstmitarbeiters

Zielchart

ZIEL:
- Umsatz des Gebietes: 4,8 Mio., DB ca. 32 %, Marktanteil 22 %
- Produktmix: A 30 %, B 40 %, C 30 %
- Haltekunden: 1,92 Mio., Wachstumskunden: 2,4 Mio, Neukunden: 0,48 Mio.

%	HAUPTAUFGABEN	%	DETAIL AUFGABEN	ERFOLGS FEED BACK
60	Haltekunden	30	Konzept	Einzelkonzepte pro Kunde liegen vor
		40	Betreuung	Erfolgreiche Maßnahmendurchsetzung mit ET
		30	nachfassen	1,92 Mio.
30	Wachstumskunden	30	Konzept	Einzelkonzepte pro Key-Account-Kunden liegen vor
		40	Betreuung	Erfolgreiche Maßnahmendurchsetzung mit ET
		30	nachfassen	2,4 Mio.
5	Neukunden	60	Konzept	Pool-Konzepte pro Pipeline liegen vor
		20	Betreuung	Erfolgreiche Maßnahmendurchsetzung mit ET
		20	nachfassen	0,48 Mio.
5	Diverses	30	Fortbildung	Mitarbeiter können Maßnahmen erfolgreich durchsetzen
		70	Regionalkonferenzen	Problem- und Erfolgskunden ermöglichen Lerntransfer

Abb. 11: Zielchart des Vertriebsleiters

im Widerspruch zueinander steht. Häufig ist die Detaillierung der Aufgabe unbefriedigend und das Erfolgs-Feedback läßt zu wünschen übrig.

Das Agreement

Der nächste Schritt ist das Agreement über ein gemeinsam abgestimmtes Vorgehen.

Es ist entscheidend, daß hier etwas ausgehandelt wurde, das in einer partnerschaftlichen, fairen Diskussion entstanden ist. Keiner schreibt hier dem anderen etwas vor, sondern auf der Basis von zwei, aus verschiedenen Praxisperspektiven entwickelten Vorstellungen wird ein Agreement formuliert, das von beiden Partnern zu tragen ist.

Der Perspektivenworkshop

Dieses eben im Beispiel demonstrierte Vorgehen läßt sich natürlich genauso gut mit Innendienstpartnern durchführen. Man kann es auch hervorragend mit einer ganzen Gruppe von Verkaufsleitern praktizieren. Es läßt sich für ganze Abteilungen realisieren.

Dieses Vorgehen ist nicht nur elegant und konsensfördernd, es ist auch blitzschnell und simpel.

Aber die Arbeit mit dem Zielchart sollte keine Eintagsfliege sein. Es sollte vereinbart werden, alle drei Monate zusammenzukommen und entsprechend der aktuellen Situation Korrekturen durchzuführen.

Im Sinne der Steuerung und der Motivation zeigen die Zielcharts, wie erfolgreich ein Mitarbeiter war, sie sind ein Instrument der Erfolgsmessung und geben dem erfolgreichen Mitarbeiter ein gutes Selbstwertgefühl. Je klarer er weiß, daß er erfolgreich ist, desto klarer ist sein persönliches Gefühl für Leistung.

Sie können die Erarbeitung der Zielcharts aber auch anders inszenieren, indem Sie in einem Workshop alle Teilnehmer bitten, innerhalb einer halben Stunde ihre Zielformulierungen als Außendienst- oder Innendienstmitarbeiter zu Papier zu bringen. Sie werden überrascht sein. Vor allem dann, wenn an diesem Workshop Innendienst- und Außendienstmitarbeiter teilnehmen.

Hier können Sie die Rollen vertauschen und den Außendienst bitten, einmal im Kopf des Innendienstes zu denken und umgekehrt. Sie werden sich wundern, was dabei herauskommt, wenn anschließend jeder wieder aus seiner Sicht erklärt, was er eigentlich macht. Wenn in der Diskussion neue Ziele formuliert und konkretisiert werden. Wenn der Zeitaufwand erklärt und der gemessene Erfolg diskutiert wird. Ein derartiger Workshop führt zu einem gegenseitigen Aufgabenverständnis. Er schweißt Leute, die vorher oft gegeneinander gearbeitet haben, zu einem großen Team zusammen.

Sie sehen, Stellenbeschreibungen sind gut und schön, aber überlegen Sie, wo und wann sie ein einziges Mal in der Art eines solchen Workshops funktioniert haben.

4. Die Erfolgsvereinbarung

Agreements – Vereinbarungen über den Arbeits- und Zeitaufwand – sowie die Betreuungsstrategie bei den Kunden werden immer anhand der konkreten Daten der Erfolgsplattform getroffen. Sie erinnern sich an die Kombination von Erfolgsmatrix und Erfolgsplattform und wissen, daß die Erfolgsmatrix die Zusammenfassung aller Erfolgsplattformen einer Kundengruppe, z. B. der Haltekunden oder der Wachstumskunden, ist. Anhand der Erfolgsmatrix ist es nun möglich, in Zusammenhang mit den konkreten Maßnahmen bei den verschiedenen Kundengruppen eine Vereinbarung über die Betreuungsstrategie zu etablieren.

Wie das funktioniert, soll an drei Beispielen konkretisiert werden. Die Zahlen in den Beispielen sollen Ihnen eine Idee geben, wie Sie vorgehen können. Die verschiedenen Größenklassifikationen sind zufällig und stimmen sicher nicht mit den Ihren überein.

Sie wissen also, daß es in diesem Beispiel darum geht, auf der Basis der einzelnen Kundengruppen, die als Halte-, Wachstums-, Chancen- und Telefonkunden klassifiziert sind, eine Vereinbarung über den Arbeits- und Zeitaufwand der Betreuungsstrategie mit Ihrem Mitarbeiter zu treffen.

Bevor wir nun in die Details der drei Fallbeispiele einsteigen, ist es wichtig, kurz darzustellen, wie die eingesetzten Zeiten sich zusammensetzen. Es kann sein, daß sich der Arbeits- und Zeitaufwand bei Ihnen etwas anders zusammensetzt und daß Sie so eine andere Zeitrechnung brauchen. Dafür gibt es dann sicher Gründe – wichtig ist aber, daß Sie überhaupt eine Zeitrechnung haben.

Sie sollten auf keinen Fall davon ausgehen, daß man den Zeitaufwand für einen Kunden nicht einschätzen kann. In jedem Fall kann man den Zeitaufwand für einen Kunden im groben einschätzen.

Wenn Sie für die Bearbeitung eines einzelnen Kunden fünf Tage pro Jahr ermitteln, kann es natürlich sein, daß Sie in Wirklichkeit sechs Tage brauchen, vielleicht aber auch nur vier.

Es ist klar, daß der Zeitaufwand von den durchzuführenden Maßnahmen und von bestimmten Besuchsfrequenzen, die notwendig sind, um eine Präsenz beim Kunden zu realisieren, diktiert wird. Natürlich ist es schwierig oder sogar unmöglich, den aufgrund wechselnder Kundensituationen benötigten Zeitaufwand exakt einzuschätzen. Aber einen Mittelwert zwischen zwei Extremwerten können Sie auf jeden Fall ermitteln.

Wenn Sie nicht in der Lage sind, Ihre Zeit einzuteilen, wird es der Kunde für Sie tun.

Falls Sie Ihre Zeitkalkulation auf der Addition von Fahrtzeit, Wartezeit und durchschnittlicher Gesprächsdauer aufbauen, hier eine etwas pauschalere, aber höchstwahrscheinlich effektivere und übersichtlichere Rechenweise:

Gehen Sie der Einfachheit halber davon aus, daß das Jahr 200 Arbeitstage hat. 200 Tage sind zehn Monate à vier Wochen, also 40 Wochen. In manchen Unternehmen sind es fluktuationsbedingt vielleicht nur 190 oder im Extremfall sogar nur 160 Tage. Im Normalfall sollten aber 200 Arbeitstage pro Jahr zur Verfügung stehen.

Klären Sie jetzt, wie viele Kunden Sie pro Tag besuchen können. Sicher werden Sie jetzt sagen, daß es auch hier keine genaue Zahl gibt.

Für Ihr Selbstmanagement ist es wichtig, daß Sie im inneren Dialog alle Gründe, die gegen eine genaue Festlegung vorgebracht werden, durchgehen. Machen Sie sich aber auch klar, wie wichtig es für Sie ist, eine gute Zeiteinteilung zu haben. Hören Sie sich im inneren Dialog auch die Stimme an, die für eine genaue Zeiteinteilung spricht, und lassen Sie sich von ihr sagen, wie es geht.

Wie immer dieser innere Dialog auch ausgeht, im Für und Wider werden Sie sich auf eine genaue Zahl der Kundenbesuche einigen können. Nehmen wir hier als Beispiel sechs Kundenbesuche pro Tag.

Die nächste Frage, die Sie für das Zeitmanagement klären müssen, lautet: Wie häufig im Jahr besuchen Sie einen Kunden? Hier ist ein ganz konkreter Kunde gemeint, vielleicht ein Haltekunde. Nehmen wir an, daß Sie diesen Kunden einmal pro Woche besuchen. Ein Besuch pro Woche bedeutet vier Besuche pro Monat. Das sind 40 Besuche im Jahr. Wenn Sie nun 40 durch die durchschnittliche Besuchshäufigkeit pro Tag dividieren, erhalten Sie für diesen Kunden einen Zeiteinsatz von 6,6 Tagen. Seien Sie großzügig, runden Sie auf 7 Tage auf.

Natürlich muß dieser Zeiteinsatz zu begründen sein – z. B. durch die Notwendigkeit der Kontaktpräsenz und durch die geplanten Maßnahmen. Häufig ist es so, daß 80 Prozent der Kunden einmal pro Woche besucht werden, 20 Prozent werden dann einmal im Monat besucht – und oft ist überhaupt nicht zu begründen, warum die einen so häufig und die anderen so selten besucht werden.

Die Besuchshäufigkeit an der Umsatzgröße zu orientieren ist nicht unbedingt sinnvoll: Es gibt Kunden, die viel Umsatz machen und eigentlich wenig Betreuung brauchen.

Andere Kunden, die einen mittleren Umsatz machen und trotzdem interessant sind, brauchen oft eine intensivere Betreuung, vor allem dann, wenn bei ihnen das Potential noch nicht ausgeschöpft ist und sie bei Ihnen noch kräftig wachsen können.

Es gibt auch kleine Kunden, die – eben weil sie klein sind – sehr viel Arbeit verursachen. Diese Kunden sollten eigentlich nur sehr wenig oder am besten gar nicht besucht werden.

Es gibt Großkunden, die unbedingt gebraucht werden, um die Produktion auszulasten, bei denen das Geschäft aber automatisch läuft, weil Sie hier durch Sonderpreise absolut konkurrenzlos sind; diese Kunden intensiv und permanent zu besuchen ist sicher nicht sinnvoll.

Jeder Verkäufer muß sich Gedanken machen, welchen Kunden er warum und wie betreut. Erst wenn hier Klarheit herrscht, ist der kalkulierte Zeiteinsatz gerechtfertigt.

In dem folgenden Chart sehen Sie noch einmal, daß wir uns im Zeitmanagement der Definition des Zeitaufwandes von zwei Seiten nähern: Die Punkte 1-5 stehen für die fünf Schritte der Grobkalkulation. Der Punkt 6 steht für die inhaltliche Rechtfertigung dieser Kalkulation.

Zeitmanagement in sechs Schritten
1. 200 Arbeitstage pro Jahr 2. 10 Monate à 4 Wochen gleich 40 Wochen 3. Im Durchschnitt 6 Besuche pro Tag 4. Besuch eines bestimmten Kunden wöchentlich – also 4mal im Monat – insgesamt 40mal im Jahr. 5. 40 Besuche im Jahr dividiert durch 6 Besuche pro Tag gleich 6,6 Tage Zeitaufwand für diesen Kunden. Zeitaufwand für diesen Kunden nach Aufrunden 7 Tage. 6. Begründung des Zeitaufwandes von 7 Tagen durch Notwendigkeit der Kontaktpräsenz und die durchzuführenden Maßnahmen.

Das 1. Fallbeispiel

Nun lassen Sie uns, nachdem das Zeitmanagement in der Struktur klar ist, zum ersten Fallbeispiel übergehen (Abb. 12).

In diesem Fallbeispiel sehen Sie die Aufteilung nach Halte-, Wachstums-, Basis- und Telefonkunden. Alle diese Kundengruppen sind im untersten Chart noch einmal zusammengefaßt.

Haltekunden 100 000+:

Das Wachstum von 2,9 auf 3 Millionen ist mit 100 000 etwas bescheiden definiert – es sollte überprüft werden. Höchstwahrscheinlich ist das Potential zu knapp geschätzt. Der Zeitaufwand dürfte richtig sein.

Haltekunden	Anzahl	Potential	Vorjahr	Ziel	Zeit
Key (100+)	6	3,420	2,900	3,000	24
Mitte (50-100	6	340	280	290	26
Summe	12	3,760	3,180	3,290	50

Wachstumskunden	Anzahl	Potential	Vorjahr	Ziel	Zeit
Key (100+)	18	9,800	520	980	20
Mitte (50-100)	7	420	180	210	25
Summe	25	10,220	700	1,190	45

Basiskunden	Anzahl	Potential	Vorjahr	Ziel	Zeit
Basis (20-50)	19	890	320	340	40
Summe					

Telefonkunden	Anzahl	Potential	Vorjahr	Ziel	Zeit
Aktiv (5-20)	68	800	340	420	45
Passiv (1-5)	80	200	140	160	40
Summe	148	1,000	480	580	85

Neukunden	Anzahl	Potential	Vorjahr	Ziel	Zeit
Besuchte					
Kaufende					
Summe					

Kunden	Anzahl	Potential	Vorjahr	Ziel	Zeit
Haltekunden	12	3,760	3,180	3,290	50
Wachstums-kunden	25	10,220	700	1,190	45
Basiskunden	19	890	320	340	40
Telefonkunden	148	1,000	480	580	85
Neukunden					
Summe	204	15,870	4,680	5,400	220

Abb. 12: Fallbeispiel 1/Erfolgs-Summary

Haltekunden 50 000–100 000:

Der Zeiteinsatz steht hier in einem deutlichen Mißverhältnis zum angestrebten Ziel: 26 Tage dürften maßlos übertrieben sein – 5 Tage müssen maximal ausreichen.

Wachstumskunden 100 000+:

Bei dem hier eingetragenen guten Potential ist die Zieldefinition nicht zufriedenstellend. Hier sollten aus den 18 Kunden diejenigen selektiert werden, bei denen ein Wachstum gut möglich ist. Das Ziel sollte mit 1,5 Millionen formuliert werden. In diesem Zusammenhang kann der Zeitetat verdoppelt werden. Für die selektierten Kunden sollten Einzelkonzepte entwickelt werden.

Wachstumskunden 50 000–100 000:

Ein Zeitaufwand von 25 Tagen dürfte übertrieben sein – 10 Tage wären wohl angemessen.

Basiskunden:

Bei einer Zahl von 19 Kunden dürfte hier ein Zeitaufwand von 20 Tagen angemessen sein. Die Zielsetzung läßt sich mit Sicherheit kaum steigern, da 340 000 immerhin fast der Hälfte des Gesamtpotentials entspricht.

Telefonkunden:

Hier können Sie sehen, wie ein Mitarbeiter 45 Tage seiner kostbaren Zeit den Kunden widmet, die er eigentlich gar nicht besuchen sollte. Aber so ist es oft: In vielen Unternehmen werden Kleinstkunden, die eigentlich uninteressant sind, zu intensiv besucht. Die Empfehlung wäre, alle Telefonkunden aus der Besuchsliste zu streichen – das absolute Verbot, diese Telefonkunden jemals wieder zu besuchen. Eine solche klare Entscheidung läßt keine graue Zone, in der diese Kunden dann ohne Sinn und

Konzept doch wieder ein- bis zweimal pro Jahr besucht werden. Lassen Sie sich genau vorrechnen, was Ihnen wirklich verloren geht, wenn Sie diese Kunden nicht besuchen.

Ein beliebtes Argument für den Besuch dieser Kunden ist der hohe Deckungsbeitrag, der gerade bei Kleinstkunden erwirtschaftet wird. Fragen Sie Ihren Außendienstmitarbeiter, was passiert, wenn er diese Kunden wirklich nicht besucht. Fallen 100 Prozent, 80 Prozent oder nur 60 Prozent dieser Kunden ab, wenn sie nur telefonisch betreut werden? Wenn der Innendienst bei der Beantwortung dieser Frage anwesend ist, wird die Antwort meist lauten, daß 50–60 Prozent dieser Kunden bleiben werden. Die Diskussion geht dann also um einen Umsatzverlust (zu guten Deckungsbeiträgen) von 40 Prozent. Wenn Sie diese 40 Prozent deckungsbeitragsmäßig herausrechnen, werden Sie sehen, daß Sie im Telefonkundenbereich 85 Tage investieren müssen, um diesen Deckungsbeitrag zu erreichen; im Bereich der Wachstumskunden aber nur 3 Tage. Die Rechnung dürfte überzeugend sein.

Im Bereich der Haltekunden werden Sie immer wieder hören, daß das wichtigste der Kontakt ist – und daß hier der Erfolg auf die ausgezeichneten Kontaktqualitäten eines Mitarbeiters zurückzuführen ist.

Bei Wachstumskunden sorgen immer wieder Lieferverzögerungen, schlechte Lagerbetreuung, fehlender oder nicht ausreichender Innendienst und schlechte Preise dafür, daß man bei diesen Kunden nur schlecht vorankommt.

Die Gegenüberstellung dieser Argumentation für Haltekunden und Wachstumskunden macht wohl deutlich, daß die für die Wachstumskunden beschriebenen Hindernisse oft nur vorgeschoben sind und daß hier das Problem letztendlich der Kontakt ist.

Falls Sie im Markt nur noch Preisprobleme haben, ersetzen Sie Ihren Außendienst durch einen Telefondienst. Das ist hart formuliert, macht aber klar, daß letztendlich die Kontaktqualität des Außendienstes über Erfolg und Mißerfolg entscheidet.

Kommen wir nun zur Gesamtbetrachtung im untersten Chart. Hier sehen Sie einen Zeitbedarf von 220 Tagen. Dieser Zeitbedarf dürfte übertrieben sein, höchstwahrscheinlich sind hier 40–60 Tage Luft. Diese Tage sollten für die Akquisition von Neukunden eingesetzt werden. Sollte das nicht möglich sein, entwickeln Sie für diese 40–60 Tage spezielle Konzepte, um Wachstumskunden weiter auszubauen. Sollte auch das nicht sinnvoll sein, haben Sie vielleicht zu viele Außendienstmitarbeiter in diesem Gebiet.

Sehen Sie sich das Verhältnis des Potentials von 15,87 Millionen zur Zielvorgabe von 5,4 Millionen an: Sie vereinigen 1/3 des Gesamtumsatzes dieses Gebietes auf sich. 2/3 würden Sie dem Wettbewerb überlassen. Es muß überprüft werden, ob dieses Verhältnis dem tatsächlichen Marktanteil entspricht.

Wenn Sie von 204 Kunden 148 Telefonkunden von der Besuchsliste streichen, würden Sie auf insgesamt 66 Kunden kommen, die durch den Außendienst zu betreuen sind. Das gibt ein ganz anderes Bild.

Dieses Fallbeispiel soll Ihnen zeigen, wie Sie mit der Erfolgsmatrix, als Zusammenfassung aller Erfolgsplattformen eines Gebietes, umgehen können. Die Erfolgsmatrix gibt Ihnen eine klare Übersicht und ist somit ein Basisinstrument für Ihre Steuerung.

Das 2. Fallbeispiel

Haltekunden 100 000+:

Der Zeitetat stimmt.

Haltekunden 50 000–100 000:

Der Zeitetat von 5 Tagen dürfte etwas übertrieben sein, aber es lohnt sich nicht, um einen Tag zu diskutieren.

Haltekunden	Anzahl	Potential	Vorjahr	Ziel	Zeit
Key (100+)	4	6,200	5,100	5,400	20
Mitte (50-100	2	120	90	100	5
Summe	6	6,320	5,190	5,500	25

Wachstumskunden	Anzahl	Potential	Vorjahr	Ziel	Zeit
Key (100+)	6	1,800	420	520	10
Mitte (50-100)	9	720	280	320	30
Summe	15	2,520	700	840	40

Basiskunden	Anzahl	Potential	Vorjahr	Ziel	Zeit
Basis (20-50)	10	690	480	520	20
Summe					

Telefonkunden	Anzahl	Potential	Vorjahr	Ziel	Zeit
Aktiv (5-20)	41	420	380	400	40
Passiv (1-5)	30	120	90	100	10
Summe	71	540	470	500	50

Neukunden	Anzahl	Potential	Vorjahr	Ziel	Zeit
Besuchte					
Kaufende					
Summe					

Kunden	Anzahl	Potential	Vorjahr	Ziel	Zeit
Haltekunden	6	6,320	5,190	5,500	25
Wachstums-kunden	15	2,520	700	840	40
Basiskunden	10	690	480	520	20
Telefonkunden	71	540	470	500	50
Neukunden					
Summe	102	10,070	6,840	7,360	135

Abb. 13: Fallbeispiel 2/Erfolgs-Summary

Wachstumskunden 100 000+:

Es ist überraschend, daß hier im Wachstumssegment bereits 1/3 des möglichen Potentials erreicht wird. Selbst, wenn hier der Zeiteinsatz gesteigert werden würde, sind einfach zu wenig Wachstumskunden da. Als Konsequenz bietet sich hier die Gewinnung von Neukunden oder eine Neuformulierung von Aufgaben für diesen Außendienstmitarbeiter an.

Wachstumskunden 50 000–100 000:

Der Zeitetat dürfte mit 30 Tagen zu hoch liegen – 10 Tage dürften ausreichen.

Basiskunden:

Der Zeitetat ist akzeptabel, aber man ist an der Grenze angelangt.

Telefonkunden:

Hier wäre die Diskussion des Fallbeispiels 1 zu wiederholen – die Telefonkunden wären zu streichen.

Die Gesamtbetrachtung läßt auf einen Mitarbeiter schließen, der das Jagen lange verlernt hat und der sich immer mehr zum Pfleger entwickelt. Insgesamt kommt er auf nur 135 Tage, und man muß sich fragen, was er mit dem Rest der Zeit macht. Es ist zu vermuten, daß die 4 Haltekunden mit einem Potential von 6,2 Millionen, das mit 5,1 Millionen so gut wie ausgeschöpft ist, häufig und intensiv von der Geschäftsleitung betreut werden. Eine Überlegung mehr, die den Mitarbeiter in Frage stellt.

Das 3. Fallbeispiel

In diesem 3. Fallbeispiel können Sie sehen, daß hier ein Rückgang im gesamten Gebiet zu verzeichnen ist. Weiterhin sieht man, daß

Haltekunden	Anzahl	Potential	Vorjahr	Ziel	Zeit
Key (100+)	1	3,200	2,900	3,000	10
Mitte (50-100	-	-	-		-
Summe	1	3,200	2,900	3,000	10

Wachstumskunden	Anzahl	Potential	Vorjahr	Ziel	Zeit
Key (100+)	7	9,200	600	590	10
Mitte (50-100)	4	320	180	140	5
Summe	11	9,520	780	730	15

Basiskunden	Anzahl	Potential	Vorjahr	Ziel	Zeit
Basis (20-50)	80	3,600	1,200	1,100	120
Summe					

Telefonkunden	Anzahl	Potential	Vorjahr	Ziel	Zeit
Aktiv (5-20)	38	410	320	330	60
Passiv (1-5)	20	120	90	95	30
Summe	58	530	410	425	90

Neukunden	Anzahl	Potential	Vorjahr	Ziel	Zeit
Besuchte					
Kaufende					
Summe					

Kunden	Anzahl	Potential	Vorjahr	Ziel	Zeit
Haltekunden	1	3,200	2,900	3,000	10
Wachstums-kunden	11	9,520	780	730	15
Basiskunden	80	3,600	1,200	1,100	120
Telefonkunden	58	530	410	425	90
Neukunden					
Summe	150	16,850	5,290	5,255	235

Abb. 14: Fallbeispiel 3/Erfolgs-Summary

Altkunden im Haltesegment überdeutlich dominieren. Das Potential bei Wachstumskunden wird nicht ausgeschöpft. Die Telefonkunden werden übermäßig betreut und die Basiskunden mit einem Zeitetat von 120 Tagen unangemessen gewürdigt.

Der Einfachheit halber wurde bei allen Fallbeispielen der Deckungsbeitrag außer acht gelassen. Im Regelfall ist es nötig, den Deckungsbeitrag in die Diskussion der Ergebnisse einzubeziehen. Im Fallbeispiel würde sich die Diskussion wesentlich verschärfen, da ja letztendlich der Profit oder Deckungsbeitrag pro Kunde zählt.

Zwischenbilanz für Praktiker

Sie haben erfahren, wie auf der Basis der Erfolgs-Summary und der Erfolgsplattform Vereinbarungen getroffen werden können und wie die Erfolgsplattform und die Erfolgs-Summary so zu Instrumenten der Steuerung werden.

Denkt man nun an die tägliche Praxis, so empfiehlt es sich, für den Verkaufsleiter einen Management-Ordner anzulegen, der ihm einen Überblick über alle Gebiete und über die wichtigsten Kunden, inklusive der detaillierten Erfolgsplattformen, gibt. Der einzelne Mitarbeiter sollte sich einen Ordner anlegen, der sein Gesamtgebiet repräsentiert. Nach der Erfolgs-Summary sollte die Vereinbarung über den Zeitaufwand liegen und danach, geordnet nach Halte-, Wachstums-, Basis- und Telefonkunden, die einzelnen Erfolgsplattformen.

Auch wenn der Außendienstmitarbeiter die Telefonkunden nicht betreut (da dies Aufgabe des Innendienstes ist), sollten sie doch in seinem Ordner sein, denn von der Praxis her werden alle Zahlen, auch die der Telefonkunden, zusammengefaßt.

5. Ein neuer Typ von Konferenz

Hier geht es darum, klarzumachen, daß die Funktion des Verkaufsleiters gerade in bezug auf regionale Verkaufskonferenzen in der letzten Zeit eine Wandlung erfahren hat.

Es gibt Meetings, in denen man Zahlen betrachtet und Problemfälle diskutiert. Hinterher geht man nett essen, abends trinkt man lange. Häufig bekommt man Besuch von den verschiedenen Stabsabteilungen, die dann immer etwas präsentieren.

Wenn nun die Problemfälle und die aktuellen Dinge diskutiert werden, läuft eine professionelle strategische Arbeit aus dem Ruder. Was hier fehlt, ist ein permanentes Verkaufstraining, das speziell die Analyse der Erfolgsplattform und die Interpretation der Erfolgsmatrix berücksichtigt.

Heute setzt sich immer mehr die Meinung durch, daß ein Verkaufsleiter durchaus in der Lage sein sollte, bestimmte Trainings-Inhalte permanent zu vermitteln. Es müssen nicht immer Externe sein, die die Außendienstmitarbeiter trainieren. Jeder Verkaufsleiter sollte eine Grundausbildung in Moderation und Präsentation sowie in der professionellen Durchführung von Seminaren erhalten.

Wie wäre es, wenn zu jeder Regionalkonferenz ein Tag intensives Verkaufstraining gehören würde? Wenn dann, angelehnt an die Erfolgsplattform, Maßnahmen an Hindernissen entwickelt werden und ein Zeitetat berechnet wird? Es geht nicht unbedingt darum, aus einem Verkaufsleiter einen Trainer zu machen. Es geht darum, das Coachingverständnis des Verkaufsleiters für seine Mitarbeiter zu entwickeln.

Schritt für Schritt könnte das folgendermaßen aussehen:

Der erste Schritt:

Ein offenes Brainstorming zum Thema: Was sind die Inhalte und Erfolgsfaktoren der Erfolgsplattform?

- zuhören und fragen
- Abschlußfähigkeit
- Kontakt schaffen
- exakte Zielvereinbarung
- gute Vorbereitung
- den Kaufgrund des Kunden erarbeiten
- in Nutzensprache des Kunden sprechen
- Hindernisse erarbeiten
- Maßnahmen kreativ formulieren
- Kontaktbeziehung zum Entscheidungsträger erkennen
- zuverlässiger und regelmäßiger schriftlicher Kontakt

Der zweite Schritt:

Prioritäten setzen: In einem Gruppenmeeting mit den Verkaufsleitern sollten Sie – orientiert an den bei den einzelnen Kunden aktuellen Hindernissen – Prioritäten setzen. Die aktuellen Hindernisse stellen also den Auswahlfaktor für die Trainingsinhalte dar.

Der dritte Schritt:

Ein „neuer Typ" von Konferenz – „Training und Coaching" inklusive!

Wenn der Verkaufsleiter als Vorbild fungiert, bedeutet das, daß er die Dinge, die er von anderen erwartet, auch selber praktiziert. Doch hier gibt es Probleme – vor allem bei Verkaufsleitern, die als Außendienstmitarbeiter extrem erfolgreich waren und so zum Verkaufsleiter avancierten. Es kann sein, daß der Verkaufsstil eines aus dem Feld gewachsenen Verkaufsleiters derartig individuell ist, daß er nicht multipliziert werden kann. Aus diesem Grund, aber auch weil das Vorbildverhalten leicht in einen autoritären Stil ausarten kann, ist es angezeigt, die Vorbildfunktion des Verkaufsleiters zu überdenken.

Die Aufgabe eines Verkaufsleiters besteht in erster Linie darin, zusammen mit den Mitarbeitern Erfolgsfaktoren zu modellieren, sie jedem Mitarbeiter zugänglich zu machen, herauszubekommen, wo der einzelne Mitarbeiter steht, und ihm dann entsprechend zu helfen.

Auf dieser Basis ist es für jeden Mitarbeiter möglich, eine Potential-Analyse zu erstellen, zu überlegen, welcher Mitarbeiter in welchen Punkten gefördert werden kann und wie ein detaillierter Karriere-Plan für jeden Mitarbeiter aussieht.

Ein weiteres Instrument zur Umsetzung der Erfolgsfaktoren in die Praxis ist die Bordsteinkonferenz.

Eine Bordsteinkonferenz ist ein Kundenbesuch zu zweit und eine anschließende Manöverkritik. Hier sieht der Verkaufsleiter, wie ein Mitarbeiter agiert. Der Mitarbeiter erfährt umgekehrt etwas über die Qualität seines Verkaufsleiters.

Glauben Sie nicht, daß, wenn ein Verkaufsleiter bei einem Gespräch dabei ist, dieses zu 100 Prozent anders als sonst verläuft. Wenn der Verkaufsleiter es versteht, die Gesprächsführung dem Mitarbeiter geschickt zu übergeben, ist das nicht der Fall. Dann hat er nach dem Gespräch auch eine gute Chance, in Form einer Manöverkritik, den Verlauf des Gesprächs mit dem Mitarbeiter zu besprechen.

Im Innendienst ist es noch einfacher, denn hier kann der Innendienstverkaufsleiter permanent mithören, wie sein Stab mit den Kunden umgeht. So kann er entsprechende Ansatzpunkte finden, um seine Mitarbeiter zu beraten und wachsen zu lassen.

6. Incentives

Sehen Sie sich bitte die im folgenden aufgelisteten sechs Begriffe an und klären Sie für sich, durch welchen Anreiz Sie oder Ihre Mitarbeiter am besten motiviert werden können:

- Status (Auto, Büro etc.)
- Gehalt
- Macht
- Wettbewerb
- Handlungsfreiheit
- Sanktionen

Nachdem Sie jetzt herausgefunden haben, in welchem der Begriffe das größte Motivationspotential steckt, möchten wir Sie zu einer kleinen Übung einladen:

Nehmen Sie sich etwas Zeit, relaxen Sie und denken Sie einmal über Ihr Leben nach. Sie sollten dazu 10 Minuten Zeit haben, sonst sollten Sie die Übung verschieben und auch nicht weiterlesen.

Wenn Sie diese 10 Minuten jetzt investieren, tun Sie bitte eins: Finden Sie in Ihrem Leben Situationen, in denen Sie voll begeistert und voll engagiert etwas getan haben. Erinnern Sie sich, wie Sie mit einem wahren Feuer an eine Aufgabe herangegangen sind, wie Sie richtig Lust, Spaß und Vergnügen hatten, eine außerordentlich hervorragende Leistung zu bringen. Vielleicht war es schwer für Sie, aber Sie hatten einfach Energie genug und Sie haben sich voll eingebracht. Finden Sie bitte sechs derartige Situationen in Ihrem Leben, in denen das der Fall gewesen ist. Schreiben Sie diese sechs Situationen bitte jetzt auf ein Blatt Papier und schreiben Sie hinter jede der Situationen die Motivation, die Ihnen in dieser Situation zur Hochleistung verholfen hat. Schreiben Sie also, wie und warum Sie es geschafft haben, so in Power zu geraten.

Wir wissen nicht, was Sie schreiben werden, aber im folgenden sehen sie ein paar Beispiele, die von Ihren Kollegen stammen:

Situation	Motivation
• Umkehrung eines negativen Umsatztrends	• Herausforderungen, Ehrgeiz, die eigenen Fähigkeiten zu fordern
• Komplexes, zähes, organistorisches Problem	• Anerkennung, diesen komplizierten Prozeß zu lösen
• Hausbau	• Was eigenes Schaffen, etwas, was mir alleine gehört
• Einführung eines total neuen Produktes	• Ungewohnt, ganz neue Wege gehen
• Erwerb (Fusion) eines ehemaligen Wettbewerbsunternehmens	• Neugierig auf die möglichen Synergien, Kennenlernen von ungewohnten, bislang konkurrierenden Arbeitsmethoden

Sie sehen, in diesen Beispielen steht eine Menge, aber sechs Worte finden Sie nicht. In keinem der Beispiele finden Sie Motivationen wie Status, Gehalt, Macht, Wettbewerb, Handlungsfreiheit oder Sanktionen. Damit soll nicht gesagt sein, daß diese Inhalte nicht elementar und wichtig sind. Sie sind es absolut – aber man sollte ihren Stellenwert richtig einschätzen. Wenn Sie sich motivieren wollen, sind Sanktionen oder das Gehalt z. B. nicht ausreichend. Im 2. Pfad werden wir diese Komplexe ausführlich behandeln, jetzt wollen wir erst einmal das Thema Incentives behandeln:

Wie wäre es, wenn Sie über Incentives einmal anders nachdenken: Kombinieren Sie interessante, aktuelle Themen, die im Moment für den Außendienst und den Innendienst wichtig sind, mit einer Erlebnisdimension, die auf einer anderen Ebene inhaltlich das gleiche erzählt. Ein konkretes Modell ist dafür, z. B. für eine Führungsmannschaft, die neu zu bilden ist, ein Camp, in dem zusammen innerhalb von drei Tagen eine Brücke gebaut wird.

Sicher gibt es hier viele Möglichkeiten, aber der simpelsten der sich anbietenden Möglichkeiten, nämlich Seminare, die als Standards entwickelt wurden, durchzuführen, steht immer noch die bessere Möglichkeit gegenüber, gemeinsam mit externen Projekten individuell und maßgeschneidert zu entwickeln. Es ist zwar mitunter recht mühsam, derartig maßgeschneiderte Projekte zu entwickeln, aber wenn Sie Menschen ansprechen wollen, die im Verkaufsvorstand, in der Geschäftsführung, in der Verkaufsleitung und in der Ausbildungs- oder Personalleitung an Ergebnissen interessiert sind, lohnt es sich!

Eines muß hier über Incentives aber klar gesagt werden: Wenn Sie einen Mitarbeiter, der nur 80 Prozent der vereinbarten Leistung bringt, für die restlichen 20 Prozent mit Incentives motivieren müssen, dann ist das ein schlechter Handel und Incentives werden zur Droge. Der Mitarbeiter wird sich daran gewöhnen, für die letzten 20 Prozent der vereinbarten Leistung immer extra belohnt zu werden, und er wird, das zeigen die Erfahrungen, für diese restlichen 20 Prozent bewußt oder unbewußt immer höhere Forderungen stellen. So sind Incentives auf gar keinen Fall zu verstehen. So sollten sie niemals funktionieren.

Wenn Sie Incentives einsetzen, können Incentives nur der Teammotivation und dem Zusammenschweißen von Teams dienen. Das ist der eigentliche Sinn von Incentives!

Der 2. Pfad

Der Pfad des Herzens

Der 2. Pfad ist der Pfad Deines Herzens. Du wirst nur erfolgreich sein, wenn Du mit ganzem Herzen, mit jeder Faser Deines Wesens, bei der Sache bist.
Spaß, Begeisterung und Überzeugungskraft werden Dich überall begleiten, wenn Du die Richtung mit dem Herzen gewählt hast und wenn Du Deinen Weg – auch in schwierigen Situationen – mit ganzem Herzen gehen kannst.

Drittes Kapitel

Das Herz und seine Qualität

1. Das Herz ist die Führung

Der Aspekt der Führung ist die Führung von innen nach außen, z. B. die Führung der Mitarbeiter durch einen Außendienstleiter. Der andere Aspekt soll hier als „innere Führung" formuliert werden. Hier geht es um Selbstmanagement und Selbstmotivation. Beide Aspekte sind im Herzen verankert. Nur der, der mit sich selbst im reinen ist und ein inneres Gleichgewicht hat, kann sich und andere führen und motivieren.

2. Charisma

Wer sich selber führen kann, selbst im Gleichgewicht ist und in sich den Punkt gefunden hat, an dem er die Welt aus den Angeln heben könnte, hat Charisma. Er hat eine selbstverständliche Ausstrahlung, durch die er seine Mitarbeiter und auch seine Kunden im Gespräch selbstverständlich und entspannt führt.

Das klingt magisch, vor allem in den Ohren derjenigen, die der festen Überzeugung sind, daß der Erfolg in erster Linie von erworbenen und oft geübten Fähigkeiten, Verhaltensweisen und Techniken abhängt.

3. Zuckerbrot und Peitsche

Der Einsatz eines Mitarbeiters kann grundsätzlich verbessert werden, indem ich ihm Status, Macht oder Geld verspreche. Wenn Versprechungen nichts mehr nützen, ist seine Leistung vielleicht noch durch die Androhung von Sanktionen um ein Beträchtliches zu steigern.

Der fein dosierte abwechselnde Einsatz von Zuckerbrot und Peitsche benutzt die Defizite des Mitarbeiters: seine Opfermentalität, seine Habgier, sein schlechtes Gewissen und seine Angst.

Natürlich läßt sich dieses auf den ersten Blick als unmenschlich erscheinende Management kultivieren und humanisieren.

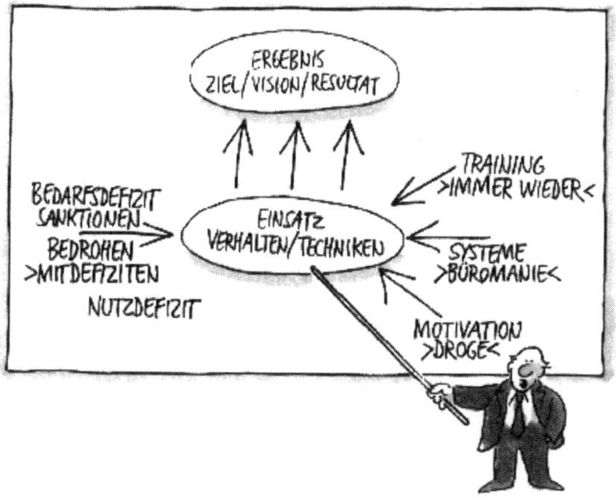

Motivation und Incentives sind die subtile Weiterentwicklung dieser archaischen Managementtechnik. Aber Motivationen und Incentives funktionieren wie Drogen. Eine einmal dosierte Motivation ist dazu verdammt, in Zukunft immer höher dosiert zu werden oder unwirksam zu verpuffen.

Eine andere Möglichkeit der Leistungssteigerung ist die Etablierung von Steuersystemen, die den Mitarbeiter durch Kontrollen und Sanktionen antreiben. Im Einsatz durchaus subtil und sinnvoll, können diese Steuersysteme jedoch sehr leicht zur Büromanie und Bürokratie führen.

Ein weiterer Aspekt der Leistungssteigerung sind permanente Trainings. Die Schwäche dieses Ansatzes liegt in der Notwendigkeit der ständigen Wiederholung. Ganze Beraterstämme leben von diesen sich ständig wiederholenden Trainings – denn irgendwo scheint es einen Mechanismus zu geben, der bei den Mitarbeitern dafür sorgt, daß gerade die wichtigsten Inhalte durch das eine Ohr hinein und durch das andere sogleich wieder hinausgehen.

Es kann nicht behauptet werden, daß Motivation, Trainings und Steuersysteme grundsätzlich nicht helfen. Es gibt aber die

Erfahrung, daß sie nur funktionieren, wenn sie auf einen in seiner Grundstruktur offenen und bereitwilligen Mitarbeiter treffen. Solche Mitarbeiter sind selten, sie fallen nicht vom Himmel und wachsen auch nicht durch Zufall heran. Sie können nur durch Vorbilder herangezogen werden.

4. Die Modellierung des Erfolges

Nicht die einzelnen Fähigkeiten, sondern die Grundeinstellung des einzelnen – sein Glaubenssystem – ist die Basis des Erfolges.

Die Grundeinstellung entscheidet darüber, ob ein Unternehmen ein Kampfplatz für Sieger oder eine Ruhestätte für Verlierer wird. Für den einzelnen und für das Unternehmen geht es nur darum, die richtige Einstellung zu entwickeln. Die Vision eines Verkaufs- und Führungsmanagements zu formulieren, die Platz läßt für exzellente Leistungen, für hervorragende Kommunikation und für Spitzenverkäufer – für Menschen, deren Leben einfach funktioniert!

Innerhalb dieser Vision kann dann auch der erfolgreiche Führungs- und Verkaufsprofi modelliert werden.

Es ist eine faszinierende Tatsache, daß die meisten Menschen angeborene Fähigkeiten besitzen, durch die sie zu hervorragenden Leistungen prädestiniert sind. Man muß diese Fähigkeiten bloß erwecken und in die richtige Richtung wachsen lassen.

Nur wer glaubt …

Daß ein Glaubenssystem kein Luxus, sondern der mächtigste Faktor des Erfolges ist, gilt auch für das Privatleben und die private Verwirklichung. Nehmen Sie deshalb das folgende durchaus persönlich – lesen Sie es besonders gründlich. Sie werden sicher davon profitieren.

Jeder hat nur das, was er ist!

Fast jeder macht in seinem Leben eine Phase durch, in der er sich am Besitz, am Habenwollen orientiert. Manch einer überwindet diese Phase nie und wird bestraft durch einen neurotisch-intensiven Leistungstrip bis an sein Lebensende.

Es macht krank, immer etwas zu tun, nur weil man etwas haben will, und nie etwas zu tun, weil man es einfach gerne tut. Dieser Trip kreiert Verlierer! Denn jemand, der sich, kaum daß er etwas in Besitz genommen hat, schon wieder auf das nächste Ziel stürzt, kann seine erreichten Ziele genausowenig genießen wie jemand, der seine Ziele nie erreicht.

Die Glücksgleichung, je mehr ich habe, desto besser geht es mir, funktioniert nicht. Trotzdem orientieren sich mehr als 80 Prozent aller Menschen an ihr. Der Irrtum, daß Besitz glücklich macht und mehr Besitz noch glücklicher, produziert Dramen, die die Spalten unserer Klatschpresse füllen. Wir konsumieren diese Dramen in den Medien und baden in klammheimlicher Schadenfreude, während wir über Janis Joplin, Elvis Presley und andere Götter des Starhimmels lesen. Diese Menschen hatten nun wirklich alles, was man sich irgendwie denken oder wünschen kann. Wir sehen ein, daß diese Menschen sich letztendlich selbst umgebracht haben und daß sie trotz allen Besitzes einsam und unglücklich waren. Wir wissen, daß sie zwar vieles gehabt haben, daß sie es aber nicht verstanden haben, ihr Leben zu managen. Wir lesen und verstehen all das. Wir finden es unterhaltsam und haben den vollen Durchblick. Trotzdem sind wir auf unsere Art genauso verrückt: stürzen uns in irgendwelche spirituellen Trips, haben die regelmäßig einmal im Jahr stattfindende Sinnkrise, träumen von der Ballonfahrt quer durch Nepal, fahren zum Blutegelfangen ins Amazonasgebiet und nehmen vielleicht hier oder da noch eine Nase voll Koks. Jetzt wissen wir es auch aus eigener Erfahrung, daß all dies letztendlich nichts bringt – aber wie kommen wir auf den Punkt, von dem ab es uns endlich gelingt, glücklich zu sein?

Erst wenn wir verstanden haben, daß wir nur das haben, was wir selber sind, und daß es eine Beziehung zwischen unserem Sein und unserem Tun gibt, können wir aufhören zu handeln, um etwas haben zu wollen, können wir uns ganz dem hingeben, was wir gerne tun. Je interessanter unser Tun ist, desto zufriedener und glücklicher werden wir sein.

Letztendlich unternehmen wir nichts in unserem Leben, um ein Auto zu besitzen – alles, was uns interessiert, sind die Gefühle, die mit diesem Besitz in Zusammenhang stehen. All die Dinge, die wir tun, tun wir, um diese Gefühle zu haben, weil wir darauf hoffen, daß diese Gefühle angenehm sind. Das ist recht indirekt und es kommt vor, daß wir enttäuscht werden, weil sich die mit dem Besitz eines Autos zusammenhängenden Gefühle als gar nicht so großartig erweisen.

Es ist viel einfacher, glücklich zu sein, wenn sich die Gefühle direkt aus unserem Tun ergeben. Je interessanter das Tun ist, um so stärker und direkter sind die Gefühle, um so schneller sind wir glücklich.

Die Kraft kommt aus dem Sein heraus. Bewußt zu sein und bewußt aus seinem Sein heraus zu operieren, das ist der Punkt, von dem aus wir anfangen können, glücklich zu sein. Die Habengeilheit charakterisiert ein emotionales Defizit, sie produziert ein Lebensdrama, sie steht für ein Entwicklungsstadium, das es zu überwinden gilt. Dazu gibt es einen schönen Spruch:

- Die meisten Menschen kaufen von dem Geld, das sie nicht haben, Dinge, die sie nicht brauchen, um Leuten zu imponieren, die sie nicht mögen.

Aber die meisten Habensymbole entlarven sich selbst. Sie kennen bestimmt Menschen, die in ihrer Habenorientierung ein Haus haben. Ein tolles Haus. Doch die Raten sind so hoch, daß sie das normale Leben total einschränken: Urlaub ist nicht drin. Da ist die Frage berechtigt: Wer besitzt hier wen? Gehört das Haus demjenigen, der es gekauft hat – oder ist er von seinem Haus besessen?

Tun Sie das, was Sie tun, total, nur weil Sie es tun! Sie fahren ja auch nicht Ski, um am Lift zu warten, sondern um Ski zu fahren!

- Sie leben, um eine Welt zu kreieren, in der Sie selber gern leben möchten.

In diesem einem Satz wird der ganze Prozeß Ihrer Selbstverwirklichung beschrieben. In diesem unscheinbaren Satz wird vielleicht der ganze Sinn Ihres Lebens formuliert. Sicher hilft Ihnen dieser Satz nicht weiter, weil er eine Quintessenz ist und keine praktikablen Hinweise enthält. Diese Hinweise finden Sie auf den folgenden Seiten in 9 Lebensprinzipien formuliert.

Unsere 9 aus den Glaubenssätzen erfolgreicher Menschen abgeleiteten Lebensprinzipien können im einzelnen zu umwälzenden Veränderungen führen.

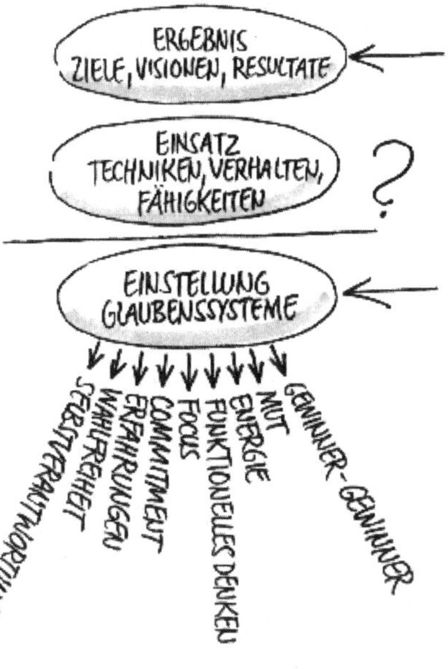

Zuvor aber noch ein Exkurs in das „79/21-Gesetz".

5. Das 79/21-Gesetz

Nichts im Leben ist 100prozentig, aber auch kaum etwas ist ausgeglichen 50prozentig, halbe-halbe. Es läßt sich fast als Gesetzmäßigkeit bezeichnen, daß 79 Prozent einer Situation positiv und 21 Prozent negativ einzuschätzen sind. Natürlich gibt es auch den umgekehrten Fall. Es kommt zuerst darauf an, zu erkennen, auf welcher Seite das Übergewicht liegt und sich dann entsprechend zu verhalten.

Jeder weiß, daß es keinen Sinn hat, gegen den Strom zu schwimmen und zu versuchen, an einem Ort aus 21 Prozent 100 Prozent zu machen, wenn an einem anderen Ort die Chance besteht, aus 79 Prozent 100 Prozent zu machen. Das hört sich einfach an und ist auch einleuchtend – um so seltsamer mutet es dann aber an, wenn sich immer wieder Leute auf der 21-Prozent-Seite plagen.

Wenn Sie es von der privaten Seite her betrachten und wenn Sie an Ihren Lebensgefährten denken, funktionieren 79 Prozent und drücken den Grad Ihrer Zufriedenheit aus. Das ist das Niveau tiefen Erlebens. 21 Prozent sind dann der Teil, den man als weniger angenehm erlebt, – und es gibt Lebenspartner, die sich auf diese 21 Prozent konzentrieren –, um sie zu verbessern, wühlen sie permanent in der negativen Ebene. Das dürfte nicht gerade förderlich für die Beziehung sein. Falls es Ihnen jemals gelingt, in solch einer Beziehung 100 Prozent zu kreieren, wird Ihr Partner wohl nichts Besseres zu tun haben, als neue 21-Prozent-Negativität zu kreieren. Er braucht sie!

Doch genauso gut können Sie das ganze beruflich interpretieren. Die 79 Prozent stehen dafür, daß Sie mit vollem Herzen in Ihrem Job dabei sind. Das Produkt, die Karriereaussichten, die Mitarbeiter, Gehalt und Status – alles paßt. Sie sind zwar nicht jeden Tag happy, aber das, was Sie tun, ist Ausdruck Ihrer Bestimmung. Die 21 Prozent repräsentieren den Teil, der einem im Beruf nicht gefällt. Ich möchte nicht so weit gehen, daß es ein Zeichen der inneren Emigration ist oder daß es hier die resignative Arbeitszufriedenheit kennzeichnet, daß Sie Ihr Gehalt – als Schmerzensgeld, als Schmutzzulage – mit einem Teil Resthoffnung erleben. Nein, ich meine vielmehr, diese 21 Prozent sind der natürliche Anteil, der einem nicht gefällt. Und nun gibt es wieder eine wichtige Entscheidung: Sind Sie bereit, Ihre Arbeitswelt durch die Brille der 21 Prozent zu sehen? Das sind all die Mitarbeiter, denen Sie begegnen, die Ihnen immer nur eines mitzuteilen haben: Was gerade in einem Unternehmen nicht funktioniert, was nicht toll ist.

So ist auch die maßlose Überbewertung der Freizeit zu erklären, die viel dazu beiträgt, daß ganze Völker schon am Montagmorgen den Freitagnachmittag herbeisehnen und sich so den größten Teil der Woche zur Hölle machen.

Jemand, der die Dinge so sieht, wie sie sind, muß einsehen, daß 79 Prozehnt des Lebens Arbeit und nur 21 Prozent Freizeit sind. Wenn wir diese Gewichtung akzeptieren, werden wir uns die Arbeit so erlebnisreich, so attraktiv und so positiv wie möglich gestalten. Die positive Energie der Arbeit wird sich dann auf unsere Freizeit übertragen und wir werden sie wirklich genießen können. Aber so ist es leider nicht:

Die 21-Prozent-Brille verzerrt unseren Blick für die Wirklichkeit, und wir unterliegen der Illusion, daß der größte Teil des Lebens Freizeit ist. Das hat zur Folge, daß wir die Arbeit als bedrückend und belastend empfinden, daß wir uns den größten Teil unserer Zeit quälen und malträtieren und uns so mit dieser negativen Energie auch noch unsere Freizeit versauern.

Wenn Sie nun meinen, daß diese Behauptungen die Ausgeburten des kranken Gehirns eines Workaholics sind, so betrachten Sie bitte die folgende Grafik.

Auf der waagerechten Linie der Grafik können Sie sehen, daß zwischen Ihrem Berufsstart – vielleicht im 20. Lebensjahr – und Ihrer Pensionierung im 60. Lebensjahr 40 Arbeitsjahre liegen. Die Schulzeit haben wir hier noch nicht mitgerechnet, aber auf jeden Fall – auch bei einer überdurchschnittlichen Lebenserwartung von 80 Jahren – sind mindestens 50 Prozent Ihres Lebens der Arbeit gewidmet. Würden Sie Ihre Schulzeit der Arbeitszeit noch hinzurechnen, wären Sie schnell bei den 79 Prozent des 79/21-Gesetzes.

Der Einwand, daß die Arbeitszeit pro Tag nur 8 Stunden beträgt, ist durch Ihre tatsächliche Erfahrung leicht zu entkräften, denn schon beim Zähneputzen, beim Frühstück, auf dem Weg zur Arbeit und auf dem Heimweg von der Arbeit beschäftigen Sie sich im Kopf mit Ihrer Arbeit. Ähnlich ist es mit den Wochenenden: Schauen Sie sich z. B. den Sonntag an. Ist es nicht oft so, daß die Leichtigkeit des Morgens sich schlagartig nach dem Mittagessen verändert und daß Sie sich bereits wieder intensive Gedanken über Ihre Arbeit machen? Da hilft es auch nicht, später zu Mittag zu essen oder das Mittagessen ganz ausfallen zu lassen. Bereits am Sonntagmittag fangen Sie wieder an, über Ihre Arbeit nachzudenken. Der Montag hält Einkehr!

Wenn Sie so eine Woche betrachten, stellen Sie fest, daß 70–80, manchmal auch mehr Prozent Ihrer gesamten Zeit sich auf die Arbeitszeit konzentrieren. Reden wir nicht von den Menschen, die nachts noch aufwachen und schweißgebadet an das, was beruflich zu erledigen ist, denken.

Konzentrieren wir uns auf Ihren Urlaub. Daß sehr oft der Urlaub gar nicht so toll ist, werden Sie sicherlich auch schon erfahren haben. Der Urlaub ist immer nur dann toll, wenn man es anderen Menschen erzählt. Aber im Urlaub tritt ein ganz seltsamer Effekt ein. Das ist der sogenannte „entspannte Nachdenkeffekt". Hier ist nämlich die beste Zeit, über Ihren Beruf nachzudenken. Und wehe, Sie finden einen Gleichgesinnten, dann ist auch der Urlaub gerettet, was die Thematik des Berufes angeht.

Worauf ich hinaus will, ist folgendes: Wenn Sie Ihre gesamte Lebenszeit betrachten, von 20 bis vielleicht 60, 65 Jahren, so werden Sie 70–80 Prozent in irgendeiner Weise beruflich engagiert sein. Jetzt zu sagen, daß sich in den paar Prozenten, die übrig bleiben, Freizeit verbirgt, wäre unangemessen. Freizeit ist die Zeit, die Sie nicht schlafen. Das ist die Zeit, die Ihnen pro Tag von morgens bis abends zur Verfügung steht.

Und noch etwas. Die Lebenslüge der Verrentung. Manager, die engagiert im Berufsleben stecken, haben nach der Verrentung, bis „der Chef" (Gott) sie ruft, noch eine durchschnittliche Verweildauer von 6 bis 9 Jahren auf diesem Planeten. Lesen Sie die Statistiken Ihres Unternehmens: „Verrentet und aufgefahren zum Chef." Wenn Sie es nicht schaffen, hier und jetzt Resultate zu produzieren, die Sie absolut zufrieden machen: Nach der Verrentung werden Sie es auch nicht können. Ich denke mir, daß Frauen deshalb in der Lage sind, länger zu leben, weil sie eine höhere Fähigkeit haben, in Entspannung zu gehen. Somit können sie mit der entspannten Zeit nach der Verrentung besser umgehen. Der getriebene Manager kann das häufig nicht.

Hier eine kleine panische Frage: Wo stehen Sie, wenn dieser Zollstock Lebensjahre symbolisiert?

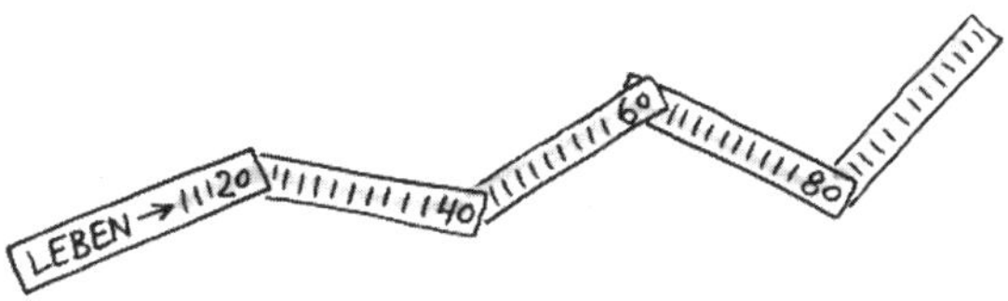

Sie sehen also, daß das 79/21-Gesetz sich auch auf das Verhältnis von Freizeit und Arbeit anwenden läßt, und es wäre wenig intelligent, wenn Sie sich hier weiter der Illusion hingeben, daß 79 Prozent Ihrer Zeit Freizeit und nicht Arbeitszeit wären. Es wäre wenig intelligent, sich auf diese Art durch die falsche Gewichtung das Leben zur Hölle zu machen, weil Sie sich einmal dafür entschieden haben, Freizeit als positiv und Arbeitszeit als negativ zu empfinden.

Die Einteilung unseres Lebens in Freizeit und Arbeitszeit entspricht einem Glaubenssystem, und Sie haben hier die Freiheit, durch die 21-Prozent-Brille zu sehen oder die richtige Gewichtung zu erkennen. Durch diese Entscheidungsfreiheit sind Sie verantwortlich dafür, ob Sie sich einen schönen, erfolg- und energiereichen Tag kreieren oder ob Sie weiter lamentierend hinter der Illusion der sogenannten Freizeit herlaufen.

Im folgenden werden wir nun in 9 Lebensprinzipien den Verkaufsleiter und den Außendienstmitarbeiter modellieren, der mit seinem ganzen Herzen bei der Arbeit ist und der das dann auch beim Kunden entsprechend charismatisch vermittelt und ausstrahlt.

6. Neun Lebensprinzipien

Das 1. Prinzip: Selbstverantwortung

Wie jedes der 9 Lebensprinzipien ist auch das erste von den Glaubensprinzipien extrem erfolgreicher und glücklicher Menschen abgeleitet. Glück und Erfolg dieser Menschen wurde nach drei Kriterien beurteilt. Es war festzustellen, daß sie körperlich gesund und fit waren, daß ihre Beziehungen harmonisch, glücklich und erfüllt waren und daß sich auf dieser Basis extreme berufliche Erfolge aufbauten.

Probleme	1	2
Privat		
① ______		
② ______		
③ ______		
Beruf		
① ______		
② ______		
③ ______		
Körper		
① ______		
② ______		
③ ______		

Betrachten Sie bitte die Grafik und tragen Sie in den dafür vorgesehenen Raum jeweils drei Probleme ein. Jedes dieser Probleme können Sie in der Spalte 1 mit einer Zahl zwischen 0 und 100 gewichten.

Hier ein Beispiel für die Gewichtung: Wenn Sie eine 10 eintragen, so bedeutet das, daß Sie 10 Prozent der Problemlösung von sich aus leisten könnten und daß 90 Prozent des Problems von außen, also von anderen gelöst werden müßten, damit die von Ihnen dargestellte Situation für Sie kein Problem mehr ist. 50:50 heißt, daß Sie 50 Prozent reingeben und ein anderer ebenfalls 50

Prozent. Gewichten Sie jetzt alle Probleme mit einer Zahl; wir werden darauf zurückkommen.

Übernehmen Sie die Verantwortung für Ihre Art zu hören!

Wenn Sie einen Menschen fragen, ob er für sein Leben selbst verantwortlich ist, wird er Sie mit großen Augen anschauen und dann nach einer Denkpause möglicherweise ja sagen. Sicher ist jeder von uns für sein Leben selbst verantwortlich, aber kaum jemand weiß, wie diese Verantwortung im einzelnen zu tragen ist und wie minimal die Details sind, auf die es ankommt, wenn wir wirklich die Verantwortung für unser Leben tragen wollen.

Die folgenden Beispiele werden Ihnen zeigen, worum es im einzelnen geht:

Können Sie sich vorstellen, daß eine Musik, mehreren Menschen vorgespielt, unterschiedliche Wahrnehmungen hervorruft? Stellen Sie sich bitte vor, daß 10 Leute in einem Raum Beethovens Fünfte hören. Der eine wird diese Musik mit Festlichkeit und einem Hochgefühl in Verbindung bringen. Ein anderer wird die Musik hoch dramatisch empfinden und mit einem heroischen Kampf assoziieren. Ein dritter wiederum wird tiefe Traurigkeit empfinden.

Trotz der unterschiedlichen Empfindungen muß man davon ausgehen, daß jede Person ihr subjektives Erlebnis auf der objektiv gleichen Musik aufbaut. Die Musik ist unterschiedlich aufgenommen worden, weil sie in jedem Kopf auf eine andere Empfängerstruktur gestoßen ist. Dieses Verarbeitungsmuster sorgt hier bei objektiv gleicher Musik für verschiedene subjektive Interpretationen, Assoziationen und Stimmungen.

Die Verantwortung für Ihre persönliche Art zu hören können Sie nur übernehmen, wenn Sie Ihre Verarbeitungsmuster in jedem Detail kennen und fähig sind, sich von diesen Verarbeitungsmustern zu distanzieren – also mit neutralen Ohren zu hören.

Übernehmen Sie die Verantwortung für Ihre Gefühle!

Stellen Sie sich vor, ein Mensch, den Sie absolut ablehnen und den Sie als sehr unangenehm empfinden, kommt auf Sie zu und klopft Ihnen auf die Schulter. Höchstwahrscheinlich werden Sie auch diese Berührung als unangenehm empfinden und werden sich in dieser Situation überhaupt unwohl fühlen.

Stellen Sie sich jetzt vor, jemand, den Sie furchtbar gern mögen, kommt auf Sie zu und klopft Ihnen in genau der gleichen Art auf die Schulter. Wie ist Ihr Gefühl jetzt? Angenehm oder unangenehm? Sehr wahrscheinlich angenehm.

Wenn wir jetzt unterstellen, daß das Schulterklopfen absolut gleich war, dann ist es also nicht das Schulterklopfen, das Ihr Gefühl verursacht, sondern Ihre Interpretation, die Sie mit diesem

Schulterklopfen verbinden. Selbstverantwortung heißt also im praktischen Sinne, die Verantwortung für Ihre Interpretationen zu übernehmen.

Übernehmen Sie die Verantwortung für Ihre Art zu sehen!

Es waren einmal ein Mann und eine Frau, die lebten in einem Haus zusammen. Die Frau beschwerte sich permanent darüber, welche schmutzige Wäsche die Nachbarin doch hatte und konnte gar nicht genug tun, ihren Mann immer wieder darauf hinzuweisen, wie weiß, toll und strahlend die von ihr gewaschene Wäsche doch war. So verging ein Jahr um das andere. Und eines Tages, als die liebe Frau vom vielen Waschen müde ist und sie das Müttergenesungswerk zu einer Kur schickt, muß der arme Mann allein zu Hause bleiben.

Jeder wird nun denken, daß er der bösen Nachbarin zum Opfer fällt, aber nein, es kommt viel schlimmer: Um seiner lieben Frau eine Freude zu machen, putzt er am Ende der 4 Wochen im ganzen Haus die Fenster. Nun ahnen wir den Ausgang schon und sind auch gar nicht überrascht, als seine Frau von dem strahlenden Weiß der Wäsche der bösen Nachbarin geblendet in eine kleine Ohnmacht fällt, aus der es nur noch ein böses Erwachen geben kann.

Moral: Im Land der Riesenwaschkraft ist ein getrübter Blick der beste Strahlenschutz.

Diese Geschichte, die sich in unserem Land mehrmals täglich abspielt, zeigt, daß all die Glaubenssysteme, die wir in unserem Inneren tragen, dafür sorgen, daß wir eine ganz bestimmte Sichtweise für die Welt entwickeln.

Unsere persönliche Sichtweise sorgt dafür, ob wir im Leben mehr das Schöne oder mehr das Schlechte wahrnehmen. So gesehen müssen wir, wenn wir die Verantwortung für unser Leben übernehmen wollen, auch die Verantwortung für unsere Art zu sehen übernehmen.

Die Schönheit der Welt liegt im Herzen des Betrachters

Die Welt, die Dinge, die Situationen, die um uns herum sind, sind, wie sie sind. Es ist immer unsere persönliche Entscheidung, ob wir aus dem, was wir sehen, etwas Angenehmes oder etwas Unangenehmes machen. Was für den einen ein Problem ist, ist für den anderen eine Chance.

So ist es denn auch, daß all die Glaubenssysteme, die Sie in ihrem Inneren tragen, dafür sorgen, daß Sie eine ganz bestimmte Sichtweise in diesem Leben einnehmen. Ihre persönliche Sichtweise sorgt dafür, ob Sie etwas sehr Schönes oder etwas sehr Unangenehmes im Leben sehen können. Da gibt es Sprichwörter, die Sie sicherlich kennen: So wie du in den Wald hineinrufst, so schallt es zurück. Oder: Das, was du siehst, ist das, was du getan hast. Oder: Das, was du reingibst, wirst du auch empfangen. Oder: Die Schönheit der Umwelt ist die Schönheit des Herzens des Betrachters.

Stellen Sie sich einen Wald vor und in diesem Wald einen Förster, ein Liebespaar, in der Akquisitionsschleife einen Exhibitionisten, der jaulend durch die Schonung rast, weil sich ein Fuchs in ihm verbissen hat, und einen gestreßten Grünen, der die sterbenden Baumspitzen sieht. Der Wald bleibt immer der gleiche, aber in den Köpfen der angenommenen Personen wird sich entsprechend den verschiedenen Bedürfnissen und Empfängerstrukturen immer ein anderer Wald darstellen.

Problem oder kein Problem – Sie haben es in der Hand

Für die folgende Übung denken Sie sich bitte ein Problem, das Sie zur Zeit stark beschäftigt. Nehmen Sie nun die rechte Hand und gönnen Sie sich ungefähr fünf Minuten Zeit, diese Hand sehr sehr langsam zur Faust zu ballen. Lassen Sie sich alle Zeit der Welt und ballen Sie die Hand langsam zur Faust. Tun Sie das bitte jetzt.

Wenn Sie die Übung richtig, also langsam genug und mit voller Konzentration auf die sich ballende Faust gemacht haben, dürfen Sie sich jetzt eine interessante Frage stellen: Während Sie die Hand zur Faust geballt haben, wo war da Ihr Problem? Sehr wahrscheinlich haben Sie es vergessen, während Sie die Hand zur Faust geballt haben. Das Problem, das Sie im Kopf hatten, ist dadurch, daß Sie sich auf Ihre rechte Hand konzentriert haben, aus Ihrem Kopf verschwunden.

Damit ist bewiesen, daß Probleme in Ihrem Kopf entstehen und nicht bestimmte Situationen sind. Trennen Sie das bitte. Sie tragen in sich ein Lexikon. Ein Lexikon von Glaubenssystemen, wie Sie die Welt sehen ... Glaubenssätze sind Identifikationen.

Sie sehen an dieser Übung, daß Sie durch Ihren Willen von Minute zu Minute auch darüber entscheiden können, woran Sie denken und woran Sie nicht denken. Sie haben es in der Hand, sich auf das zu konzentrieren, was im Hier und Jetzt wirklich wichtig für Sie ist. Sie tragen die Verantwortung dafür, ob Sie ganz bei der Sache sind oder ob Sie sich durch irgendwelche Gedanken stören und nervös machen lassen.

Der Kopf – die Problemfabrik

Die Welt besteht nicht aus Problemen. Von sich aus gibt es kein einziges Problem in der Welt. Alle Probleme entstehen erst in unseren Köpfen. Sie entstehen durch den Zusammenstoß der Welt draußen mit unseren Glaubenssystemen drinnen.

Wenn jemand etwas anderes behauptet, als das, was Sie glauben – also als das, was Sie für richtig halten –, sind Sie gezwungen, recht zu behalten. Sie müssen recht behalten, um die Glaubenssysteme, die Sie sich im Laufe Ihres Lebens erworben haben, zu retten.

Glaubenssätze sind Identifikationen. Sie sind ein Ausdruck Ihrer Persönlichkeit. Sie sind ein wichtiger Teil Ihrer Identität. Jeder von uns hat im Laufe seines Lebens eine ganze Sammlung von Glaubenssätzen angelegt. Zum Teil sind diese Glaubenssätze durch Erfahrungen hart erarbeitet, z. T. sind sie aber auch einfach übernommen worden. Glaubenssätze sind persönlichkeitsbildend, auch wenn ein Großteil von ihnen im Laufe der Zeit im Unbewußten gespeichert wird und von dort aus wirkt. Man kann sich die Persönlichkeitsbildung durch Glaubenssätze wie einen Programmierungsvorgang vorstellen:

Der Pilot, also das Bewußtsein, erarbeitet Glaubenssätze und gibt sie als Navigationsprogramm an den Autopiloten, das Unbewußte, weiter. Der Pilot füttert den Autopiloten so lange, bis er selbständig, ohne Kontrolle, steuern kann. Das hat in den meisten Fällen große Vorteile, ist ab und zu, in neuen Situationen z. B., aber auch hinderlich.

Jeder hat das Recht, aus seiner Sicht und auf seiner Ebene recht zu haben. Das ist gut so und in Routinesituationen ist es auch nützlich, auf seinem Recht zu beharren. Hier sind Gewohnheiten ein zuverlässiger Klebestoff, der alles zusammenhält. In neuen Situationen – und davon gibt es täglich mehr, als wir denken – ist die Gewohnheit, auf seinen Erfahrungen zu beharren, gefährlich. Hier verhindert es der Klebstoff der Gewohnheit, flexibel am Spiel des Lebens teilzunehmen und zu gewinnen. Recht haben kreiert Verliererstrukturen.

Ein schönes Beispiel für die unbewußten Programme, durch die Sie Ihr Leben in der Welt managen, ist Ihr Vertrauensprogramm. Denken Sie einmal darüber nach, wovon es abhängt, ob Sie einem Menschen vertrauen oder nicht. Welches Verhalten, welche Umstände oder welche Signale bewegen Sie dazu, jemandem zu vertrauen?

Überprüfen Sie, worauf Sie besonders achten, wenn ein Mensch, den Sie noch nicht kennen, auf Sie zukommt – ist es die Kleidung, die Gestik oder vielleicht ein Lächeln, auf das Sie mit Ihrem im Unterbewußten abgespeicherten Vertrauensprogramm reagieren? Sie können sich vorstellen, daß jeder Mensch sein Vertrauensprogramm an anderen Kriterien verankert hat. Nicht jeder findet jeden sympathisch oder kann aller Welt offen und in Vertrauen gegenübertreten.

Auf der einen Seite ist Ihr Vertrauensprogramm eine wichtige, automatisch funktionierende Entscheidungshilfe, auf der anderen Seite limitiert es Sie aber auch und läßt Sie Unbekannten oft ängstlich und verschlossen gegenübertreten. Je breiter Ihr Vertrauensprogramm angelegt ist und je bewußter Sie damit umgehen können, desto offener und flexibler wird Ihr Umgang mit der Welt sein.

Auch Ihrem Vertrauensprogramm liegen einige Glaubenssätze zugrunde. Was hindert Sie daran, diese Glaubenssätze zu erweitern und so reicher an Alternativen und Erfahrungsmöglichkeiten zu werden? Die letzte Entscheidung können Sie immer noch früh genug im Bewußtsein treffen.

Je bewußter Sie mit Ihren Glaubenssätzen umgehen können, um so mehr wird sich Ihr Kopf von einer Problemfabrik in eine Kreativfabrik verwandeln. Für diese Verwandlung und somit für die volle Ausschöpfung Ihrer kreativen Potenz tragen Sie die Verantwortung.

Ein Stau ist ein Stau, ist ein Stau …

Es gibt keine Situation, die von sich aus problematisch ist. Sie sind es, der die Situation durch seine besondere Art der Wahrnehmung und Interpretation problematisch macht.

Schauen Sie sich bitte diese Grafik an. Sie sehen eine Situation, die Sie sicher kennen – das Vergnügen, in einem Stau zu stehen, hatten Sie sicher schon einmal. Sie sehen, daß Ihre Reaktionsmöglichkeiten auf die Stau-Situation von Ihrem Wahrnehmungsraster, also Ihrem Glaubenssystem abhängig sind. Sie haben hier die Möglichkeit, die Stausituation negativ, neutral oder vielleicht sogar positiv zu interpretieren:

Wenn Sie zusammen mit anderen Autofahrern in einem Stau stehen, hat das etwas damit zu tun, daß Sie Auto fahren. Dafür müssen Sie die Verantwortung übernehmen. Das heißt, daß Sie einfach damit rechnen müssen, auch einmal in einem Stau zu stehen. Denn Autofahren bedeutet, nicht immer nur schnell zu fahren, sondern auch einmal mit anderen zusammen die Straße zu verstopfen und warten zu müssen. Sie sind sich bewußt, daß das Spiel des Autofahrens zwischen diesen beiden Extremen stattfindet. Wenn Sie dafür die Verantwortung übernehmen, werden Sie sich über den Stau kaum aufregen müssen.

Wenn Ihnen all das nicht klar ist und wenn Sie nur an Ihren Termindruck denken, werden Sie sich im Stau, ohne dadurch etwas ändern zu können, furchtbar aufregen und vielleicht so in Panik geraten, daß Sie irgendwann einmal mit einem Herzinfarkt auf der Piste bleiben.

Ein Stau ist ein Stau, ist ein Stau. Alles andere ist Ihre Interpretation. Sie sind nicht für den Stau verantwortlich, aber sehr wohl für Ihre Reaktion auf den Stau – und dafür, daß Sie im Stau stecken.

Sie sind dafür verantwortlich, ob Sie auf die Realität da draußen angemessen reagieren oder ob Sie sich in Ihrem Kopf laufend Probleme kreieren, die Ihnen das Leben schwer machen. Sie haben immer die Entscheidungsfreiheit, entspannt zu reagieren.

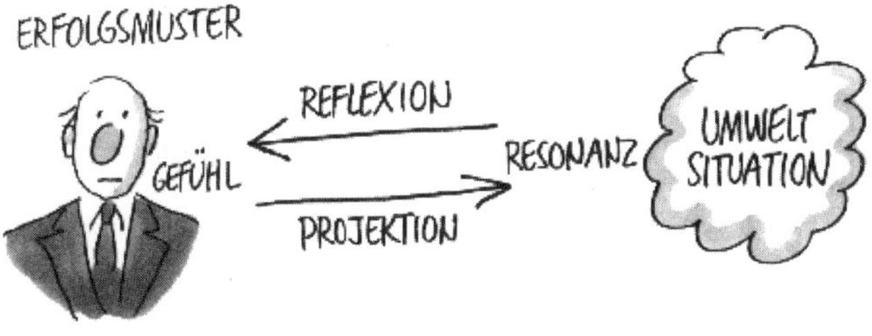

Um es noch einmal darzustellen: In Ihnen existieren verschiedene Glaubenssysteme, Einstellungen und Vorurteile. Die Summe all dieser Glaubenssysteme kreiert Ihre Persönlichkeit.

Sie schauen von innen heraus durch die Brille Ihrer Glaubenssysteme in die Welt. All das, was in Ihnen steckt, projizieren Sie auf das, was draußen sichtbar scheint. Die Welt – z. B. Ihre Umwelt – entsteht aus dem, was draußen ist, aus dem, was Sie selektiv wahrnehmen, und aus dem, was Sie senden. Somit reagieren Sie also nicht auf die Realität, sondern auf ein komplexes Gewebe, an dem Sie durch die Projektion Ihrer Innenwelt, Ihrer Persönlichkeit, beteiligt sind. Das ist so und bedeutet in letzter Konsequenz, daß Sie auch für die Welt draußen, die Sie sich ständig kreieren, früher oder später die Verantwortung übernehmen müssen.

Wie breit ist Ihr Sende- und Empfangsspektrum?

Ihre Persönlichkeit puzzelt sich ein Weltbild zusammen und der Reichtum der Welt ist abhängig von der Vielfalt und Flexibilität Ihrer Glaubenssysteme.

Ein kleines Experiment: Stellen Sie sich vor, Sie wären mit mehreren Menschen im Raum und Sie würden einen bitten, sich umzuschauen und alle roten Gegenstände des Raumes zu suchen und aufzuschreiben. Einem zweiten würden Sie die gleiche Aufgabenstellung mit blau geben, einem dritten mit gelb. Somit würde also einer rote Gegenstände suchen, einer blaue und einer gelbe. Nach Ablauf von 5 Minuten würden Sie jeden bitten, die Gegenstände zu benennen, und Sie würden feststellen, daß derjenige, der rote Gegenstände gesucht hat, auch rote Gegenstände gefunden hat. Daß derjenige, der blaue Gegenstände gesucht hat, auch blaue gefunden hat. Und daß derjenige, der gelbe Gegenstände gesucht hat, auch gelbe Gegenstände gefunden hat. Die Farbe ist jetzt vergleichbar mit unterschiedlichen Glaubenssystemen. Natürlich ist das Glaubenssystem eines jeden Menschen unterschiedlich. Und so unterschiedlich die Glaubenssysteme sind, so unterschiedlich sind natürlich auch die Ergebnisse, die die Umwelt als Resultat präsentiert.

Stellen Sie sich vor, Sie wären ein Radioapparat, der nur auf Mittelwelle empfangen könnte. Wenn das so wäre, so könnten Sie natürlich nur die Programme spielen, die Sie auf Mittelwelle empfangen würden.

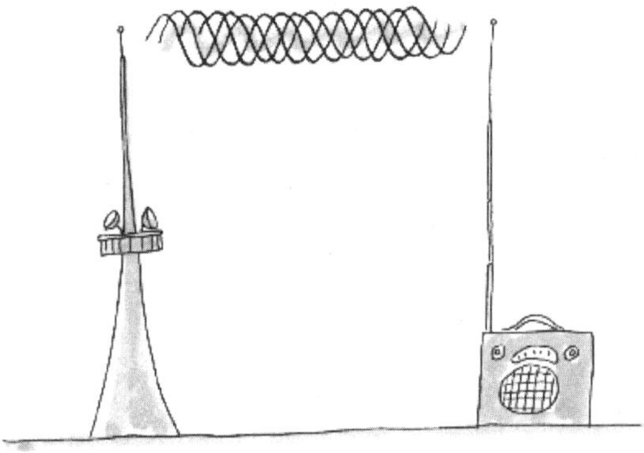

Die anderen Programme, auf Lang-, Kurz- und Ultrakurzwelle gesendet, wären zwar vorhanden, aber Sie könnten sie nicht empfangen.

Bewußtseinserweiterung und somit Erweiterung Ihrer persönlichen Möglichkeiten heißt Erweiterung Ihrer Glaubenssysteme. Werden Sie zu einem Radio, das die Programme aller Frequenzen empfangen kann. Für den Reichtum und die Vielgestaltigkeit Ihrer Welt sind Sie selbst verantwortlich.

Übernehmen Sie die Verantwortung für das, was Sie aus den verschiedenen Situationen machen. Wenn Sie diese Verantwortung übernehmen, dann sind Sie es, der die Situationen gestaltet. Sie sind der Schöpfer!

Täter und Opfer – Gewinner und Verlierer

Es gibt Menschen, die immer auf andere Menschen warten und immer von anderen Menschen abhängig sind. Das sind die Opfer. Opfer werden zu Verlierern, weil sie auf Situationen nur automatisch, also unbewußt, reagieren können. Täter werden zu Gewinnern, weil sie auf Situationen bewußte, kreative Antworten finden.

Stellen Sie sich vor, jemand würde Ihnen ein Glas Wasser in den Nacken schütten. Wenn Sie ihn nun wüst beschimpfen würden, würden Sie davon nicht trocken werden. Sie würden sich selbst zum Opfer, zum Verlierer machen. Überlegen Sie, durch welche Antwort, durch welches Tun Sie aus dieser Situation als Gewinner hervorgehen können.

Wenn Sie im übertragenen Sinne einmal in Ihrem Leben naßgeworden sind, nützt es nichts, viel zu reden, das einzige, was bleibt, ist zu handeln.

Was ist, das ist! Oder: Wer froh vergnügt die Glatze föhnt, der hat sich mit der Welt versöhnt.

Was ist, das ist, das ist eine universelle Lebensregel. Akzeptieren Sie das, was ist, auch wenn es für Sie unangenehm ist.

Denken Sie bitte an das Glas Wasser. Das soll nicht heißen, daß Sie die Situation gut finden. Die Übernahme der Selbstverantwortung für Ihre Interpretationen und das Verstehen, daß Situationen erst einmal sind, wie sie sind, gibt Ihnen eine riesige Freiheit, nämlich die Möglichkeit, inhaltlich zu handeln. Durch dieses Glaubenssystem der Selbstverantwortung und dessen, was ist, wird ein Problem nicht inhaltlich gelöst, aber es verschwindet. Denn Sie können sich immer wieder einen Menschen vorstellen, der aus der gleichen Situation ein Problem macht – ein anderer macht dieses Problem nicht. Es ist also Ihre persönliche Entscheidung. Wenn das so ist, können Sie sie jetzt auch in diesem Moment entsprechend verändern. Ein Messer ist ein Messer. Man kann damit ein Brot schneiden, man kann damit jemanden töten. Es kommt auf Ihre Interpretation an. Für die subjektive Realität sind Sie selber verantwortlich.

Sie sind bereit!

Jetzt wissen Sie, was es heißt, die Verantwortung für Ihr Leben zu übernehmen. Wenn Sie bereit dazu sind, sehen Sie sich die folgende Grafik an und erinnern Sie sich, daß Sie am Anfang dieses Kapitels in die Spalte 1 dieser Grafik ein paar Zahlen eingetragen haben.

Vergessen Sie diese Zahlen. Blättern Sie zurück und streichen Sie diese Zahlen. Wenn Sie jetzt bereit sind, die Verantwortung für Ihr Leben und für die Probleme in Ihrem Leben zu übernehmen, tragen Sie in die Spalte 2 zu jedem der Probleme eine 100 ein, denn Sie sind bereit, für jedes der von Ihnen kreierten Probleme die 100prozentige Verantwortung zu übernehmen und zu jedem Problem eine 100prozentige Lösung zu finden.

Wenn es Ihnen in Ihrer Firma nicht gefällt, denken Sie darüber nach, wer den Vertrag unterschrieben hat. Sie waren es, also übernehmen Sie auch die Verantwortung für die Konsequenzen.

Probleme	1	2
Privat		
① ______		
② ______		
③ ______		
Beruf		
① ______		
② ______		
③ ______		
Körper		
① ______		
② ______		
③ ______		

Wenn Sie keine Zeit für Ihr Privatleben haben, übernehmen Sie die Verantwortung dafür und suchen Sie für dieses von Ihnen kreierte Problem eine gute, kreative Lösung.

Wenn Ihr Chef nicht freundlich zu Ihnen ist, übernehmen Sie die Verantwortung dafür und tun Sie solange etwas, bis er zu Ihnen freundlich ist. Wenn Sie Ihr Verhalten ändern, wird auch er sein Verhalten ändern müssen. Werden Sie zum Täter und zum Gewinner. Warten Sie nie mehr darauf, das Opfer und der Verlierer zu werden.

Bis Ihr Chef freundlich wird, werden Sie möglicherweise sehr lange warten. Aber Sie werden feststellen, wenn Sie Ihr Verhalten verändern, wird auch die Nachwelt mitziehen. Sie haben recht, Sie werden durch diese Einstellung das Problem nicht inhaltlich lösen. Vollkommen korrekt. Wir werden im zweiten Prinzip intensiv darüber reden, wie Sie inhaltliche Veränderungen und

Problemlösungen herbeiführen. Hier reden wir über was anderes. Daß Sie die Situationen überinterpretieren und daraus Probleme machen. Und das Entstehen von Problemen ist absolut Ihre persönliche Interpretation. Diese entsteht nur im Kopf – und wenn sie nur im Kopf entsteht, können Sie sie jetzt, in diesem Moment, im Kopf ändern.

Die 100, die Sie sich zu jedem Problem in Spalte 2 eingetragen haben, bedeutet, daß Sie der Einzige sind, der die Verantwortung für Ihre Probleme übernehmen kann. Wenn Sie die Verantwortung nicht übernehmen, sorgen Sie dafür, daß die Probleme Sie früher oder später körperlich treffen, daß Sie nervös, hektisch und krank werden, daß Streß Ihr täglicher Begleiter ist und daß Ihr Job Ihnen zur Qual wird.

Das 2. Prinzip: Wahlfreiheit

Setzen Sie sich bitte bequem hin und seien Sie sehr achtsam mit sich, denn möglicherweise trifft Sie beim Lesen der folgenden Seiten eine mittlere Erleuchtung. Nicht jeder kann diesen Schock mental und dann auch körperlich richtig verkraften.

Bevor Sie sich anschnallen, holen Sie noch einmal Papier und Bleistift und schreiben Sie die Dinge auf, die Sie in Ihrem Leben mit einem persönlichen Muß verbinden. Beim einen kommt hier mehr zusammen, beim anderen weniger – einer muß viel, der andere muß kaum etwas müssen.

- **Steuern zahlen**
- **100 fahren, wo 100 steht**
- **nur 1 Frau, wenn verheiratet**
- **Geld verdienen für Familie**
- **pünktlich sein**
- **für Kinder aufkommen**
- **freundlich sein**

Vielleicht sagen Sie, ich muß arbeiten, um mein Geld zu verdienen, damit ich meine Familie ernähren kann. Wenn Sie nun aber gebeten würden, über dieses „Ich muß arbeiten …“ nachzudenken, würden Sie sich vielleicht selbst fragen, welche Alternativen Sie zu diesem „Ich muß arbeiten …“ haben. Sehen Sie sich auf der nächsten Grafik einige der Alternativen „ich muß arbeiten usw.“ an.

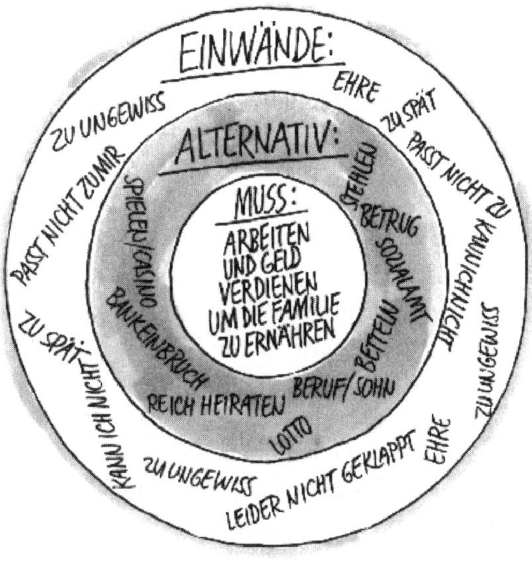

Werden Sie sich klar darüber, welche der Alternativen wirkliche Möglichkeiten für Sie sind. Es kann gut sein, daß keine der Alternativen voll und ganz zu Ihnen paßt bzw. daß Sie keine der Alternativen wirklich realisieren können, weil bestimmte ungeliebte Konsequenzen mit ihnen verbunden sind. Wenn das so ist, werden Sie sich darüber klar, woran das liegt. Ziehen Sie ruhig einmal die Möglichkeit in Betracht, daß es an Ihnen liegt und daß Sie der limitierende Faktor sind, der die Zahl der Alternativen gegen 0 gehen läßt – und daß dies vielleicht der einzige Grund ist, weshalb Sie „arbeiten müssen ...“.

Sie haben gute Gründe, diese Alternativen nicht zu wählen. Aber wenn dem wirklich so ist, dann können Sie nur noch einen einzigen Schluß ziehen: Aus all den Möglichkeiten, die Sie zur Verfügung haben, haben Sie sich, weil Sie bestimmte Konsequenzen vermeiden wollten, für eine entschlossen. Die Alternativen, zu betteln oder Roulette zu spielen, passen nicht in Ihr Selbstbild, und so haben Sie sich nur für diese eine Möglichkeit entschieden. Diese eine Möglichkeit heißt: „Ich muß arbeiten gehen, um Geld zu verdienen und meine Familie zu ernähren.“ Dies ist für Sie mit den am wenigsten unangenehmen Konsequenzen verbunden.

Wenn das so ist, und es ist so, kann das nur bedeuten, daß Sie das „Muß“ ersatzlos streichen und durch das Wort „Wahl“ ersetzen werden. Der Satz „Ich muß arbeiten gehen ...“ nimmt dann eine völlig andere Gestalt an:

„Um meine Familie ernähren zu können, habe ich die Wahl getroffen, arbeiten zu gehen.“

Sie sitzen entspannt und bequem in Ihrem Stuhl und haben die erste Dosis einer mittleren Erleuchtung gut verkraftet. Ihnen ist jetzt auf jeden Fall klar, daß Sie die Wahl für den Job, in dem Sie gerade arbeiten, selbst getroffen haben. Dabei kommt es nicht so sehr darauf an, welche Wahl Sie getroffen haben, sondern vielmehr darauf, daß Sie überhaupt eine Wahl getroffen haben.

Diese Wahlfreiheit und das Begreifen dieser Wahlfreiheit wird nun eine neue Dimension in Ihrem Leben eröffnen. Denn wenn Ihnen Ihr derzeitiger Job nicht gefällt, haben Sie schon wieder die Wahlfreiheit. Sie haben genau drei Wahlmöglichkeiten:

„Change it" heißt, wenn Ihnen Ihre derzeitige Situation nicht behagt, dann können Sie sie ändern. Aber Vorsicht: „change it" ist befristet: Denken Sie an den ewigen Junggesellen, der noch mit 50 am „Changen" ist.

„Leave it" heißt, Sie finden Ihre Situation so unerträglich, daß Sie das Spielfeld verlassen. Das kann durchaus eine gute Entscheidung sein.

„Love it" heißt, daß Sie zufrieden sind und daß Sie voll zu Ihrer Arbeitssituation stehen, daß Sie voll ja sagen können, auch wenn Ihre Arbeitssituation manchmal schwer und belastend ist.

Ein weißes Blatt an jedem Morgen ...

Es gibt Menschen, die ihr ganzes Leben lang immer wieder über ihre Arbeit lamentieren und sich Jahr um Jahr darüber aufregen. Sie reden permanent davon, wie schlecht doch das ist, was sie tun müssen. Aber anscheinend gefällt es Ihnen ganz gut – denn sonst würden Sie wohl nicht dabei bleiben. Das Spiel scheint sich zu lohnen. Denn wenn Sie in der Situation bleiben, in der Sie sind, dann haben Sie sich für diese Situation bewußt oder unbewußt entschieden. Also: Stehen Sie zu Ihrer Situation, stehen Sie zu Ihrer Wahl.

Es gibt kein Muß: Wählen Sie, was Sie tun, und tun Sie dann immer das, was Sie gewählt haben. Lassen Sie diesen Satz tief in sich eindringen, in ihm ist der zweite Teil Ihrer Erleuchtungsdosis enthalten.

Werden Sie sich klar darüber, daß Sie immer die Wahl haben, und hängen Sie sich, damit Sie das nicht vergessen, ein weißes, gerahmtes Blatt über Ihr Bett. So werden Sie jeden Tag daran erinnert, daß Sie täglich immer wieder die Möglichkeit haben, eine neue Wahl zu treffen, etwas anderes zu tun. Der einzige, der Ihre Wahlmöglichkeiten begrenzt, sind Sie selber. Steigen Sie ein in das, was ist, und wählen Sie: Lieben Sie es, verändern Sie es oder lassen Sie es. Die Welt ist voll von Wahlmöglichkeiten. Streichen Sie die kranke Nummer aus Ihrem Kopf, daß andere für Sie wählen.

Wenn Sie eine Chance haben, wählen Sie und packen Sie zu – und schieben Sie nichts auf.

Aber – was Sie auch gewählt haben – denken Sie immer daran, daß jedes Paradies nur 79prozentig ist und daß die negativen Anteile immer bei 21 Prozent liegen. Sie können das akzeptieren, denn Sie wissen, daß es einfach darauf ankommt, wie Sie mit den 21 Prozent umgehen.

Was tun Sie, wenn der Paprika zu scharf ist?

Ein Lastenträger, der den ganzen Tag im Schweiße seines Angesichtes Lasten vom Hafen zum Basar geschleppt hat, zählt am Abend seinen Lohn und stellt fest, daß er sich endlich einen langgehegten Traum erfüllen kann. Das verdiente Geld reicht genau für eine große Tüte roten Paprika. Er kauft sich den Paprika, setzt sich mit der Tüte unter einen großen Baum und beginnt dort sein Abendmahl. Aber je mehr er ißt, desto schärfer und schärfer wird der Paprika, so daß er am Ende stöhnend und schreiend die letzten Schoten in sich hineinschlingt. Der Rabe auf dem Ast über ihm ahnt den Grund seiner Qualen: Der Paprika war so teuer, daß es eine Sünde wäre, ihn nicht aufzuessen.

Es kann sein, daß Sie in Ihrem Leben eine Menge in ein bestimmtes Ziel investiert haben und daß Sie in dem Moment, in dem Sie das Ziel erreichen, merken, daß es innen hohl ist. Viele

Leute bleiben nun dabei und machen einfach weiter. So wie der Lastenträger können sie sich nicht überwinden, sich von ihrem Traum abzukehren. Denken Sie daran, daß Sie jeden Tag die Wahl haben neue Dinge zu tun und neue Ziele anzusteuern.

Was stört mich mein dummes Geschwätz von gestern …

Entscheidungen werden meist aufgrund langwieriger Erwägungen getroffen. Über Tage und Wochen werden Fakten gesammelt, solange bis sich die eine Waagschale zur Entscheidung neigt. Nach langem Hin und Her, endlosem Wenn und Aber und unübersichtlichem Für und Wider steht da endlich eine rationale Entscheidung, von der kaum einer sagen kann, warum sie getroffen wurden. So werden Entscheidungen mit dem Kopf getroffen – eine Wahl dagegen findet spontan und schnell aus einer aktuellen Situation heraus statt.

Eine Wahl ist wie eine Liebesentscheidung, sie wird mit dem Herzen getroffen. Entscheidungen lassen immer Verlierer, aber kaum jemals Gewinner zurück. Eine Wahl, die im Hier und Jetzt getroffen wird, ist immer ein Weg in die Zukunft, sie läßt keine Verlierer zurück.

All das muß wohl ein deutscher Politiker gewußt haben, als er, nachdem er seine Wahl getroffen hatte, ganz auf die aktuelle Situation bezogen sagte: „Was stört mich mein dummes Geschwätz von gestern."

Vergeuden Sie nicht Ihre Zeit, verschleißen Sie nicht Ihr Selbstwertgefühl, indem Sie lange und zäh über Situationen lamentieren. Krempeln Sie die Ärmel hoch und ändern Sie die Situation, ohne viel darüber zu klagen. Entweder wählen Sie neu oder Sie akzeptieren das, was ist. Sie haben die Wahlfreiheit und Sie tragen die Verantwortung für Ihre Wahl.

Das 3. Prinzip: Erfahrungen – Fehler!

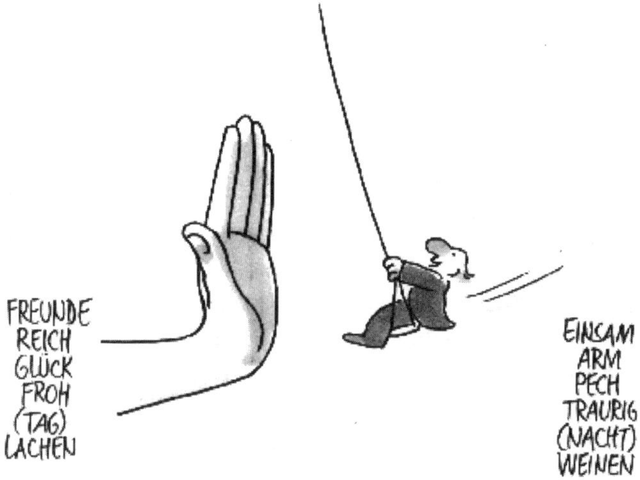

Was Sie hier sehen, ist das Pendel des Lebens. Auf der linken Seite stehen Dinge, die man gern hat und die man genießt – auf der rechten Seite stehen die Dinge, die man nicht gern hat. Sie kennen das, es gibt positive und negative Seiten im Leben. Immer wieder werden Sie die Erfahrung machen, daß jedes Ding zwei Seiten hat – daß jede Münze eine Vorder- und eine Rückseite hat.

Viele Menschen wissen das und sie halten es für intelligent, sich, wenn immer es geht, auf der linken Seite zu halten. Sie sind klug und bauen in ihr Leben einen Stopper ein, der verhindert, daß ihr Lebenspendel auf die rechte Seite hinüberschwingt. Sie sind klug und werden so nicht umhin können, zu erkennen, daß der Stopper, der die negative Seite vermeiden soll, dem Pendel all seine Kraft nimmt. Wenn das Pendel nicht mehr nach rechts schlagen kann, hat es auch keine Kraft mehr, nach links zu schlagen.

Jeder, der einmal Physik gehabt hat, mag erkennen, daß an der ganzen Sache etwas nicht stimmt. Denn wenn das Pendel nicht mehr nach rechts schlagen kann, hat es keine Kraft, auch nach links zu schlagen. Denken Sie bitte an ein Trampolin. Bitten Sie jemanden zu springen und oben zu bleiben. Er wird es kaum schaffen. Oder denken Sie an einen Tennisball. Nehmen Sie einen Tennisball vor die Brust und werfen ihn, soweit Sie können. Dann nehmen Sie den Tennisball nach hinten und werfen nun. Sie werden erkennen, Sie werden entscheidend weiterkommen.

Nur wer bereit ist, seine Erfahrungen auch auf der rechten, der negativen Seite des Pendels zu machen, bekommt Kraft und Schwung für die linke positive Seite. Wer in sein Leben einen Stopper einbaut, um negative Erfahrungen zu verhindern, beraubt sich der Kraft, die aus diesen negativen Erfahrungen erwächst und wird ein Leben ohne Kraft und Schwung im positiven Mittelmaß führen.

Haben Sie keine Angst vor den negativen Seiten des Lebens, die dunkelste Stunde der Nacht kreiert den Tag – Sie können keine Fehler machen, sondern nur Erfahrungen, die Ihnen letztendlich Kraft und Lebendigkeit geben. Das Leben ist keine halbe Sache.

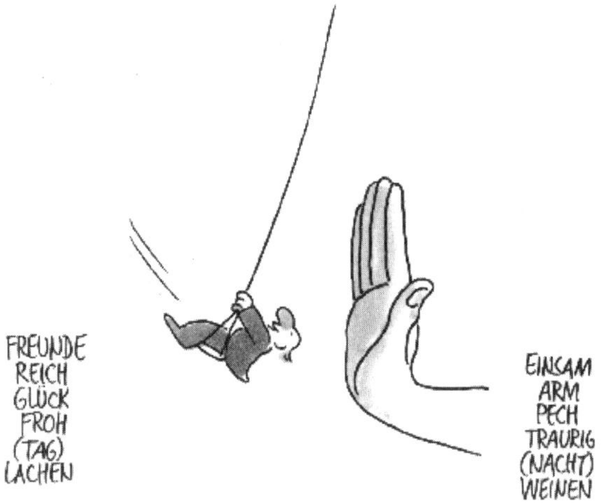

Das Leben ist immer lebensgefährlich!

Hier sehen Sie 2 Wellenlinien. Dieses große Auf und Ab, das ist das volle Leben, das Sie genießen können. Das kleine Auf und Ab entspricht dem, wenn Sie den Stopper einbauen, und wie Sie sehen, ist dieses sehr nah an der Linie, die Sie in einer Intensivstation bewundern können.

Betrachten Sie die Grafik mit den zwei Wellenlinien und stellen Sie sich vor, daß Sie einmal, wenn das Pendel kräftig schwingt, ein Leben mit Höhen und Tiefen vor sich haben. Auf Spitzenerfolge folgen dann auch negative Erfahrungen. Aber Sie bleiben nicht im Tal hängen, sondern haben soviel Schwung, daß es Sie immer wieder auf den Gipfel des Erfolges trägt, von dem aus Sie dann auf die nur schwach bewegte, weniger energiereiche Wellenlinie eines Lebens mit gebremstem Pendelschlag herabblicken können.

Sehen Sie sich diese Grafik an und werden Sie sich darüber klar, daß Sie die Entscheidung für ein Leben mit Höhen und Tiefen oder ein Leben mit gebremster Energie treffen können. Sie haben die Wahlfreiheit und Sie sind für diese Entscheidung verantwortlich. Ein Leben mit Höhen und Tiefen zu führen ist gefährlich – aber bei einem energiearmen Leben im Mittelmaß besteht die Gefahr, daß die Ausschläge des Pendels immer kleiner werden, die Wellenlinie immer flacher und daß Sie in endloser Langeweile ein Dasein an der 0-Linie fristen.

Ein Second-hand-Life im sicheren Plastikcontainer?

Positiv sein und positiv leben heißt nicht den Mißerfolg vermeiden und ausschalten. Positiv leben bedeutet den Mißerfolg und die negative Seite des Lebens anders zu bewerten – oder noch besser, sie gar nicht zu bewerten, sondern sie als das, was ist, zu akzeptieren.

Andernfalls ist das mitteleuropäische Dasein mittelmäßig anstrengend so lange, bis abends der Schmerz nachläßt und die mitteleuropäische Unterhaltungs- und Kompensations-Industrie das Fließband anstellt, damit wir uns bis zur vollen Bewußtlosigkeit bedienen können: ein bißchen Alkohol, ein paar Drogen, eine Fernsehshow, eine Familienserie und was es sonst als Belohnung dafür gibt, daß wir jeden Tag die Tretmühle in Bewegung halten.

Wir sitzen in komfortablen, vollklimatisierten Plastikcontainern und freuen uns über die Bilder, die als Abklatsch des wirklichen Lebens zu uns hereinflimmern. Da sitzen wir und glauben an die Welt, die uns vorgespielt wird. Wir sind nicht mehr hier, wo wir jetzt gerade sind, sondern dort in diesen Bildern, die uns fiktiv und frei Haus in den Kopf gepustet werden.

Aber leider gibt es immer wieder ein Erwachen, jeder Film hört auch einmal auf – aber den Programmdirektoren der Fernsehanstalten sei es gedankt: Da sind ja noch die vielen schönen Serien. Manche Menschen kennen die Familienverhältnisse der Lindenstraße besser als die eigenen.

Wir sitzen im sicheren Container und fühlen uns wohl. Daß wir ein Leben aus zweiter Hand führen und daß wir unsere Lebensenergie in Kompensationen für diese Illusionen, die uns dort aus zweiter Hand angeboten werden, investieren, merken wir nicht.

Daß der Weg nach draußen dort beginnt, wo wir für all das selbst die Verantwortung übernehmen, wollen wir um alles in der Welt nicht zur Kenntnis nehmen. Die anderen sind schuld, z. B. das Fernsehen und die mitteleuropäische Kompensationsindustrie …

Wir sind die Opfer, die anderen, die an unserem Containerleben verdienen, sind die Täter.

Alkohol, Fernsehen, Zigaretten und Lamento, all das sind die Stabilisatoren unseres Containerlebens. Ab und zu merken wir, daß der Container immer enger wird und sich langsam, langsam in einen mit Röschen-Tapete und allem Komfort ausgestatteten Sarg verwandelt.

Wenn wir das merken, reichen die leichten Kompensationen nicht mehr aus. Wie ein Rauschgiftsüchtiger müssen wir dann zur nächst härteren Droge greifen. Unser Weg vom Heimatfilm über den Arztroman bis zum Horrorvideo ist vorgezeichnet! Da kann man sich doch tatsächlich zu Hause mit der Mamma bei Bier und Chips all die Scheußlichkeiten ansehen, die man im wirklichen Leben immer vermieden hat. Wenn es ganz schrecklich wird, kann man sich schnell hinter einem plüschigen Sofakissen verstecken. Ist das nicht schön, all das, wovor es uns außerhalb des Containers immer so graust, können wir uns im Container in miefiger Gemütlichkeit (mit einer gepflegten Gänsehaut aus zweiter Hand) anschauen?

Die Kraft der Fehler

In dieser Welt gibt es keine Lebensstrategie, die uns das Auf und Ab erspart. Aber es gibt Lebenseinstellungen, die das Auf und Ab als Kraftquellen, als Verursacher persönlichen Wachstums, definieren.

Warum ist eigentlich die rechte Seite, das Negative, so ungeliebt? Wie kommt es, daß wir hier so erschrecken?

Was ist, das ist, und wenn wir es akzeptieren können, haben wir die Chance, es vorbeigehen zu lassen und uns auf etwas Besseres zu freuen.

Natürlich gibt es hier ein Programm, das uns durch seine archaische Einfachheit immer wieder in Angst und Schrecken versetzt. Dieses Programm wird mit einem einzigen Wort beschrieben: Fehler! Dieses Wort versetzt uns in Panik und dieses Wort sorgt dafür, daß wir, in welcher Situation auch immer, Fehler machen werden.

Aber woher wollen wir wissen, daß das, was uns jetzt als Fehler erscheint, sich nicht nachher zu einer großen Chance entwickelt? Jeder hat die Erfahrung gemacht, daß negative Situationen und Erfahrungen den Boden für eine positive Entwicklung gelegt haben. Es kommt immer darauf an, aus welchem Zeitabstand man eine Geschichte betrachtet und beurteilt. Woher wollen wir wissen, daß das, was jetzt noch negativ aussieht, später nicht das Beste ist, was uns passieren konnte?

Derjenige, der Fehler akzeptieren kann, der wach genug ist, aus einer gemachten Erfahrung zu lernen, verfügt über eine unendliche Kraftquelle.

Wer urteilt, spricht sein eigenes Urteil

Vor langer Zeit lebte einmal ein alter weiser Mann. Er hatte langes Haar, einen Sohn, auf den er stolz war, und einen edlen vollblütigen Schimmel. Der alte Mann lebte zusammen mit seinem Sohn in einem kleinen Haus. Die Wände waren verwittert, die Fenster bedurften eines neuen Anstrichs. Die Nachbarn bestürmten den alten Mann, das Pferd zu verkaufen. Dann hätte er genug Geld, um das Haus zu restaurieren und vor allem seinem Sohn eine gute Ausbildung zukommen zu lassen. Der alte Mann liebt das Pferd, und er wußte, daß es seinem Sohn ebenso ging.

Er behielt das Pferd und sagte: „Laßt uns abwarten und sehen, was geschieht ...“ Eines Tages war am Morgen die Koppel leer.

Der Schimmel war über den Zaun gesprungen und davongaloppiert. Alles Rufen, alles Suchen half nicht. Der Schimmel blieb verschwunden. Nach zwei Tagen wurden alle Suchaktionen eingestellt. „Siehst Du", sagten die Nachbarn – halb bedauernd, halb voll Schadenfreude –, „hättest Du auf uns gehört, ginge es Dir jetzt viel besser!" Der alte Mann aber sagte: „Laßt uns warten und sehen, was geschieht." Drei Wochen später, am frühen Nachmittag, erschallte die Erde plötzlich vom Getrappel einer Pferdeherde. Der weiße Hengst war zurückgekehrt und hatte eine Herde von sieben Stuten mitgebracht. „Mensch, hast Du ein Glück gehabt", sagten die Nachbarn zu unserem alten Mann. „Jetzt hast Du nicht nur ein Pferd, sondern acht. Wir empfehlen Dir, fünf Stuten zu verkaufen. Dann kannst Du Dein Haus renovieren, Deinen Sohn studieren lassen, hast drei Pferde und noch genügend Geld für Dein weiteres Alter." Der alte Mann aber sah, mit wieviel Freude sich sein Sohn um die Pferde kümmerte und wie er jedes einzelne mit viel Liebe behandelte, ritt und ausbildete. Er behielt alle Pferde und sagte: „Laßt uns warten und sehen, was geschieht." Etwa ein halbes Jahr später geschah das Unglück. Auf einem Ausritt scheute der Schimmel vor einer Schlange und warf den Sohn ab. Ein komplizierter Oberschenkelbruch mit einer langwierigen Behandlung war die Folge, wobei unklar blieb, ob das Bein jemals wieder voll einsatzfähig werden würde. „Siehst Du", sagten die Nachbarn zu dem alten Mann. „Wir haben Dir schon immer gesagt, verkaufe die Pferde. Das hast Du jetzt davon, daß Dein Sohn monatelang krank sein wird und die endgültige Genesung in den Sternen steht." Der alte Mann aber sagte nur: „Laßt uns warten und sehen, was geschieht." Circa zwei Monate danach zogen die Werber des Königs über das Land. Mit den zwei Nachbarstaaten war Krieg ausgebrochen, und der Herrscher brauchte junge Soldaten. Alle wehrfähigen Männer wurden zu den Waffen gezwungen. Der einzige junge Mann, der im Dorf zurückblieb, war der Sohn unseres alten Mannes. Er war untauglich. „Hast Du Glück gehabt", sagten die verbliebenen Nachbarn voller Neid zum alten Mann. „Alle Söhne sind eingezogen worden, nur Du hast ihn behalten.“ Der alte Mann aber sagte nur: „Laßt uns warten und sehen, was geschieht.“

Fehler sind die Schritte des Fortschritts

Ist es nicht so, daß man manchmal einen Job verliert und dadurch erst die Chance gewinnt, später einen traumhaften Job zu finden? Mag sein, daß man den Job durch einen Fehler verloren hat – aber dieser Fehler war, wie sich herausgestellt hat, eine Chance. Das Wort Fehler ist ein Wort, das in sich vor Inkompetenz strotzt! Der Begriff Fehler ist eine Erfindung voll von intellektueller Bosheit. Dieser Begriff steht für die Summe aller pseudorationalen Begründungen – aber lassen wir diese pseudorationalen Analysen. Klären wir lieber, wie Fehler entstehen:

Ein kleines Kind hat hinter dem Haus einen Teich, der im Winter zugefroren ist. Nun lernt es, nachdem es zu Weihnachten Schlittschuhe bekommen hat, auf diesem Teich Schlittschuhlaufen. Irgendwo auf dem Teich ist ein Hindernis – vielleicht eine Rille im Eis oder etwas hartgefrorener Schnee. Immer wenn das Kind mit seinen Schlittschuhen seitlich auf dieses Hindernis stößt, fällt es hin. Aber es steht auf und läuft weiter. Irgendwann lernt es, über dieses Hindernis senkrecht hinwegzugehen und es fällt nicht mehr hin.

Am Wochenende schaut der Vater zu, wie das Kind Schlittschuh läuft. Weil das Kind durch die Erwartungen des Vaters etwas nervös ist, kommt es aus Versehen wieder seitlich mit dem Hindernis in Berührung und fällt hin. Der Vater bekommt einen Schreck und er bekommt natürlich auch Angst. Er macht sich Luft, indem er das Kind anfährt: Mensch, paß auf, daß du keine Fehler machst. Und jetzt passiert etwas Seltsames: Das erste Mal in seinem Leben interpretiert das Kind das Hinfallen als Fehler.

Stellen Sie sich bitte vor, die Natur hätte es so eingerichtet, daß wir Menschen erst im Alter von 20 Jahren aufrecht gehen lernen würden. Sehr wahrscheinlich gäbe es dann weltweit nur einige wenige Lebenskünstler, die aufrecht gehen könnten. Der Rest, der Menschheit hätte nach 20–30 Hinfällen aufgegeben, gehen zu lernen.

Wir wissen, der Gewinner steht einmal mehr auf, als daß er hinfällt – aber wir gehören auch möglicherweise zu den Lebenskünstlern, die es gelernt haben, zu gehen.

Denken Sie an Abraham Lincoln, der in seinem Leben 11 kräftige Niederlagen erleiden mußte, bis er endlich einmal siegte und Präsident wurde: Daß er

- mit 32 einen Wahlkampf verlor,
- mit 34 eine Pleite erlebte,
- mit 35 den Tod seiner Geliebten verwinden mußte,
- mit 36 einen Nervenzusammenbruch hatte,
- mit 38 eine Wahl verlor,
- mit 43 im Kongreß unterlag,
- mit 46 im Kongreß unterlag,
- mit 48 im Kongreß unterlag,
- mit 55 im Senat unterlag,
- mit 56 sein Ziel, Vizepräsident zu werden, nicht erreichte,
- mit 58 im Senat unterlag,
- mit 60 zum Präsidenten der Vereinigten Staaten gewählt wurde.

Oder denken Sie an Edison, den Erfinder der Glühbirne, der tausend und mehr Versuche machen mußte, bis er endlich Erfolg hatte. Er beschrieb seine Arbeit einmal so: Ich hatte keinen einzigen Mißerfolg. Ich habe nur immer wieder neue Möglichkeiten entdeckt, die elektrische Glühbirne nicht zu erfinden.

Fehler sind die Schritte des Fortschritts – und alle großen Leistungen sind nur vollbracht worden, weil es Menschen gab, die bereit waren, auf die rechte Seite des Pendels zu gehen und dort, auf der negativen Seite, ihre Erfahrungen zu machen. Der springende Punkt liegt dort, wo Sie die rechte Seite anders und richtig interpretieren:

Streichen Sie ab heute das Wort Fehler aus Ihrem Wortschatz und ersetzen Sie es durch das Wort Erfahrung!

Nur der eigene Weg ...

Wenn Sie jetzt aufstehen und mitmachen wollen, kommt hier ein interessantes Experiment für Sie:

Sie stehen? Gut, nun machen Sie bitte einen Fehler. Jetzt! Los, tun Sie es bitte, machen Sie jetzt einen Fehler. Was immer Sie tun werden, Sie können bewußt keinen Fehler machen. Wenn Sie es noch nicht wußten, haben Sie es gerade jetzt erfahren. Sie können einen Aschenbecher auf den Boden werfen: wenn Sie es bewußt tun, ist es kein Fehler. Sie können tun, was Sie wollen, wenn Sie bewußt dabei sind, ist es alles Mögliche, aber nie und nimmer ein Fehler!

Aber auch wenn Sie etwas unbewußt tun und Ihnen dann plötzlich, dadurch, daß Sie es getan haben, bewußt wird, was Sie da getan haben, haben Sie keinen Fehler gemacht, sondern eine Erfahrung. Selbst wenn Sie so sehr im Tiefschlaf sind, daß Sie etwas unbewußt tun und davon nicht wach werden und weiter unbewußt bleiben, haben Sie keinen Fehler gemacht – eine Erfahrung allerdings auch nicht. Sie schlafen halt und wissen nicht, was Sie tun.

Fehler sind die Schritte des Fortschrittes. Ohne Fehler gibt es keine Entwicklung. Erfolg und Niederlage gehören zusammen. Sie sind immer die Interpretation ein und derselben Situation – denn in jeder Situation gibt es einen Verlierer und einen Sieger. Ohne Sieger und Verlierer würde das ganze Spiel keinen Spaß machen. Jede Niederlage ist der Auftakt zu einem neuen Spiel. Der Erfolg kreiert Niederlagen und Niederlagen kreieren den Erfolg.

Wenn man ausgetretene Wege geht oder in die Fußstapfen eines Vorläufers tritt, kann man keine eigenen Spuren hinterlassen. Eigene Spuren hinterläßt man erst in dem Moment, in dem man daneben tritt. Nur wenn man daneben tritt, kommt Innovation in Gang.

Wie sollte man jemanden überholen, in dessen Fußstapfen man geht? Um jemanden zu überholen, muß man erst einmal die „Fehler", die der Vorgänger sorgfältig vermieden hat, machen. Aber man kann keine Fehler machen, sondern nur Erfahrungen. Erfahrungen machen heißt, das Leben zum Spiel zu machen. Erfahrungen machen heißt, ein reiches, ein erfahrungsreiches Leben zu führen. Nur wer im Leben etwas wagt, wer Erfahrungen nicht scheut, kann die eingetretenen Pfade und den Plastikcontainer, in dem der Rest der Welt vor sich hin stumpfen mag, verlassen.

Jeder Mißerfolg ist eine extreme Gelegenheit zur Korrektur des eingefahrenen Kurses – eine Gelegenheit, neue Resultate zu produzieren, die auch andere aus ihren Plastikcontainern hervorlocken.

Denken Sie an einen Kapitän, der ein Schiff steuert und zu einem bestimmten Hafen fährt. Können Sie sich vorstellen, daß er beim Start seiner Reise genau ausmißt, wohin er will, und dann sein Steuer feststellt, um sich für den Rest seiner Reise in seiner Kajüte auszuschlafen? Daß er nur dann an Deck geht, wenn ein Schiff ihm entgegenkommt und er ihm ausweichen muß? So wird es nie im Leben sein. Wahrscheinlich wird der Kapitän, bis er sein Ziel erreicht hat, den Kurs tausende Male durch einen leichten Einschlag des Steuerruders korrigieren.

Genausogut könnte jeder von uns tausendmal im Leben auf die negative rechte Seite geraten, um dann wieder nach links zu steuern. Je höher wir in die rechte Seite hineinschwingen, desto erfahrener und intensiver werden wir auch die linke Seite erleben. All dies ist eine Sache der bewußten Interpretation, des Mutes und der Flexibilität. Egal, ob wir uns in unseren Plastikcontainern beerdigen lassen oder aus ihnen ausbrechen: Nur der eigene Weg ist der eigene Weg. Jeder hat die Wahlfreiheit und jeder trägt die Verantwortung für seinen Weg und für sein Glück.

Das 4. Prinzip: Spielregeln

Stellen Sie sich vor, Sie würden mit jemand Tennis spielen, der, weil sein Ball laufend im Netz hängen bleibt, das Netz einfach abschneiden würde und dann mit Ihnen weiterspielen wollte. Hätten Sie Lust dazu?

Oder stellen sich vor, Sie würden mit jemand Karten spielen, aber keiner von Ihnen würde irgendwelche Spielregeln kennen und Sie würden einfach nur so spielen. Glauben Sie, daß das Spaß macht?

Ein Spiel ohne Gewinner und Verlierer, ein Spiel ohne Spielregeln würde niemanden motivieren, sich wirklich anzustrengen, wirklich sein Bestes zu geben und das Spiel ernst zu nehmen. Erst ein Spiel, das wir bis zu einem gewissen Punkt ernst nehmen, ist ein gutes Spiel. Vergleichen Sie damit die Ansicht der Franzosen: „Ein Spiel, das Sieger und Verlierer hinterläßt, war kein Spiel, sondern ein Krieg." Spielregeln sind dazu da, uns als Spieler bewußt zu machen, daß wir spielen. Spielregeln sind dazu da, uns unsere unendliche Freiheit aufzuzeigen, denn wenn das Spiel uns keinen Spaß macht, wenn die Spielregeln uns zu eng erscheinen, haben wir die Wahl, uns nach dem Motto „love it, leave it or change it" zu verhalten.

Wir haben die Freiheit, die Spielregeln zu kreieren, die uns das, was wir haben wollen, garantieren!

Das Spielregeln-Spiel

In jeder Beziehung und in jedem Unternehmen gibt es Spielregeln.

Welches Gefühl haben Sie, wenn Sie bemerken, daß Sie Mitarbeiter haben, die sich nicht an die Spielregeln halten, die Sie gemeinsam – und die Betonung liegt hier auf gemeinsam – vereinbart haben? Natürlich kann jeder die Spielregeln ändern – aber der springende Punkt dürfte wohl doch der sein, daß man sich vorher gegenseitig darüber informiert, wenn die Spielregeln verändert werden.

Es gibt keine guten und keine schlechten Spielregeln. Spielregeln sind Spielregeln. Aber es gibt Spielregeln, die dabei helfen, die Resultate im Leben zu produzieren, die Sie sich als Ziele gesetzt haben. Es geht also nicht darum, darüber zu diskutieren, welche Spielregeln gut oder schlecht sind – es geht nur um die Frage, welche Spielregeln sind hilfreich und welche nicht.

Im Spielregeln-Spiel haben wir auf fünf Spielfeldern aufgezeigt, wie man spielen kann. Welche Resultate sich dabei erzielen lassen, werden Sie höchstwahrscheinlich aus bereits gemachten Erfahrungen sagen können. Die oberste, wenn auch ungeschriebene Spielregel heißt: Mensch ärgere Dich nicht und merke Dir, daß andere Dich nicht ärgern können.

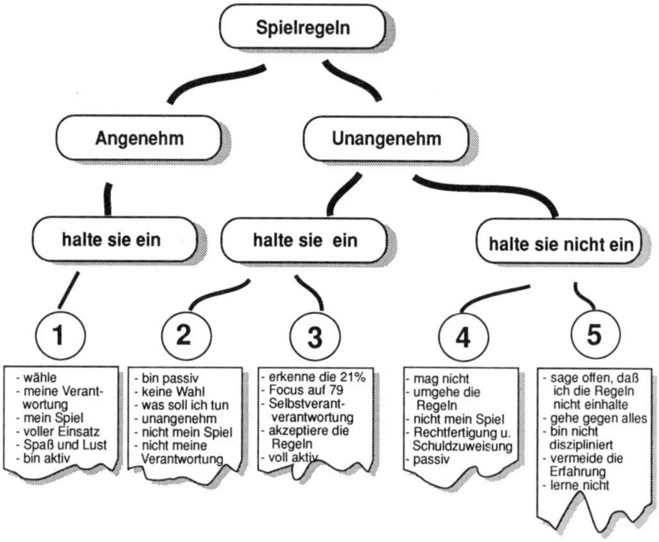

Die Variante 1 des Spielregeln-Spiels dürfte wohl die einfachste sein. Zumindest theoretisch ist es ja auch selbstverständlich, ein Spiel nach den selbst kreierten Spielregeln zu spielen, die optimal passen. Das sind im günstigsten Fall die 79 Prozent. Hier geht es aber um die leidigen 21 Prozent. Weil das Leben sich oft beträchtlich von der Theorie unterscheidet, gibt es auch die Varianten 2, 3, 4 und 5. Daß hier 2, 4 und 5 als Verlierer vom Platz gehen, dürfte klar sein. Gewinner ist die Nummer 3, weil sie das 79/21-Gesetz gelernt hat und befolgt.

Immer wieder das 79/21-Gesetz …

Es scheint so, daß im Mittelpunkt unseres Lebens und im Mittelpunkt aller Spiele unseres Lebens das 79/21-Gesetz steht. Immer wieder ist es entscheidend, wie gut wir die 21 Prozent Negativität akzeptieren können und wie gut wir damit umgehen. Natürlich können Sie dieses Gesetz auch vorläufig für ungültig erklären und sich nach dem System „love it, leave or change it" verhalten:

Sicher können Sie auch Tennis ohne Netz spielen, dann spielen Sie eben Squash. Aber auch bei Squash gibt es Spielregeln, und wenn Sie sich an die nicht halten, finden Sie auch dort keine Mitspieler. Und eines ist sicher, sooft Sie dem 79/21-Gesetz aus dem Wege gehen, sooft werden Sie es wieder treffen.

Denken Sie einmal daran, welche Kosten im Unternehmen entstehen für Diskussionen über Spielregeln, die nicht eingehalten werden! Natürlich gibt es in jedem Unternehmen auch ein paar schwachsinnige Spielregeln – aber vielleicht fallen diese unter das 79/21-Gesetz. Vielleicht haben Sie in Ihrem Leben irgendwo auch schon einmal eine schwachsinnige Spielregel aufgestellt?

Wie auch immer, wenn Ihnen die Spielregeln nicht zusagen, verhandeln Sie neu, immer nach dem Motto: Change it! Wenn Sie eine Chance haben wollen, kämpfen Sie darum.

Sie haben die Wahlfreiheit, aufzuhören, gegen Windmühlen zu kämpfen und in diese Spielregeln einzusteigen. Wenn Sie einmal so weit sind, das, was ist, zu akzeptieren, gibt es für diese Einstellung ein englisches Wort. Das Wort heißt Commitment. Commitment bedeutet, voll zu einer Sache, auf die man sich eingelassen hat, zu stehen. Dieses Commitment wird zur Leitlinie Ihres Handelns werden.

Sein Commitment zu geben, zu seinem Wort zu stehen und die einmal akzeptierten Regeln einzuhalten, kreiert spielerische Leichtigkeit und macht aus jeder Lebenssituation eine Spielsituation.

Das 5. Prinzip: Ziele

Was ist mit Ihren Zielen? Haben Sie Ziele, die Ihnen Tag für Tag konstruktive Leistungsanreize, Freude am Leben und Vergnügen an Ihrem Tun geben? Oder haben Sie Ziele, die Sie am ehesten dazu motivieren, morgens im Bett zu bleiben?

Ziele ziehen: Ziele haben eine massive Kraft und kreieren heute das, was heute und morgen in Ihrer Welt ist und sein wird.

Wenn Sie sich nun fragen, ob Sie die richtigen Ziele haben, müssen Sie wissen, daß es richtig und falsch im hergebrachten Sinne nicht gibt. Richtig und falsch gibt es nur der Funktion nach. Die Frage ist also, haben Sie Ziele, die Sie ziehen und tragen, oder haben Sie Ziele, für die es sich nicht lohnt, morgens aufzustehen? Haben Sie Ziele, die Ihren Lebensweg spannend machen, Ziele, die Ihnen positive Leistungsanreize geben?

Aus der Qualität der Ziele erklärt sich übrigens auch die Faulheit mancher Menschen. Hinter Faulheit steckt nichts anderes als eine Zielsetzung ohne Antriebskraft. Sie sehen also, wie wichtig es ist, im Sinne der Motivation funktionierende Ziele zu haben, – Ziele, die ziehen und zaubern!

Sie sind selbst dafür verantwortlich, Ziele zu haben, die so schön sind, daß sie Ihnen ein erfülltes Leben geben. Ziele können zaubern. Ziele fördern Ihr Potential, indem Sie es fordern. Ziele stimulieren Ihr inneres Wachstum und lassen Sie über sich selbst hinauswachsen. Ziele geben Ihnen eine Orientierung und sorgen so für Klarheit. Bekommen Sie mit, welche ungeheure Kraft in Zielen steckt!

Ohne Ziele treiben Sie ziellos – immer ein Opfer von Wind und Wellen – auf dem Ozean des Lebens. Ziellos müssen Sie sich permanent den Kopf zermartern, was denn wohl Ihre Ziele wären. So werden Sie im täglichen Leben vom aktiven Handeln abgehalten. Fehlende Ziele stehlen Ihnen Zeit und Energie.

Je klarer und je konsistenter Ihre Ziele formuliert sind, je eher findet Ihr Gehirn eine Antwort auf das, was zu tun ist. Klarheit ist machtvoll. Klarheit setzt Ressourcen frei. Da nämlich, wo Ihre Ziele formuliert sind, liegt Ihr Fokus – da leben Sie. Klarheit besteht darin, all seine Handlungen konsistent auf ein Resultat zu konzentrieren.

Hier nun eine Übung, die Ihnen helfen wird, Ihre innere Zielklarheit zu finden. Nehmen Sie ein Blatt Papier und formulieren Sie die Ziele, die in Ihrem Leben wichtig sind. Tun Sie es jetzt!

Um was geht es Ihnen eigentlich in diesem Leben? Wenn Sie Ihre Ziele formulieren, achten Sie darauf, daß Sie sich nicht selbst limitieren, sondern Ihrer Fantasie wirklich freien Lauf lassen. Wenn Sie sich schon jetzt durch das große Wenn und Aber einschüchtern lassen, werden Sie nur langweilige Durchschnittsziele formulieren. Diese Ziele werden Sie aus dem zitierten Plastikcontainer kaum herausziehen können – nehmen Sie Ihr Herz in beide Hände. Gönnen Sie es sich, kreativ zu sein, formulieren Sie Ziele, die Sie über Ihre Grenzen hinausbringen! Trauen Sie sich etwas zu, formulieren Sie Ihre Ziele vielleicht so wie in dem folgenden Beispiel:

Strukturieren Sie Ihre Ziele!

Nachdem Sie Ihre Ziele mit Mut und Fantasie formuliert haben, lassen Sie sich jetzt auch noch auf den nächsten Schritt der Übung ein: Strukturieren Sie Ihre Ziele!

Nehmen wir an, Sie hätten 80 verschiedene Ziele für sich formuliert. Sortieren Sie nun Ihre spontan formulierten Ziele nach Oberbegriffen am Beispiel der Grafik. So bekommen Sie eine systematische Struktur Ihrer Ziele.

Am Oberbegriff Gesundheit orientiert hier ein Beispiel: Wenn Sie geschrieben haben, daß Sie regelmäßig Sport treiben wollen, immer das Richtige essen wollen, einen athletischen Körper haben möchten ..., so gehören all diese Zielformulierungen unter den Oberbegriff Gesundheit.

Genauso suchen Sie auch Oberbegriffe für die anderen von Ihnen formulierten Ziele und ordnen die Ziele den Oberbegriffen zu. Es kann sein, daß Sie einige von unserer Beispielgrafik abweichende Oberbegriffe finden. Das macht nichts, es geht hier um ein Strukturprinzip. Wenn Sie diesen zweiten Schritt abgeschlossen haben und Ihre Ziele strukturiert sind, schauen Sie sich bitte die Grafik auf der nächsten Seite an.

Die Zauberformel KO-BE-PRO

KO-BE-PRO ist ein Mantra, ein Kürzel, hinter dem sich die drei wichtigsten Strukturen Ihres Lebens verbergen: Sie haben einen *Kö*rper. Sie leben in *Be*ziehungen. Sie üben einen Beruf, eine *Pro*fession aus.

Das absolute Ziel in Ihrem Leben sollte es sein, KO-BE-PRO, also Körper, Beziehung und Profession, miteinander in die Balance zu bringen:

Es kommt nicht darauf an, auf der einen Seite eine tolle Ehe zu führen, gleichzeitig aber einen langweiligen Beruf zu haben und auf die Rente zu warten. Es kommt auch nicht darauf an, der King im Job zu sein und die Familie nur einmal in der Woche zu sehen.

Wenn Sie in einem der drei Bereiche – KO, BE oder PRO – unzufrieden sind, hat dies zwangsläufig negative und destruktive Auswirkungen auf die beiden anderen Bereiche.

Um das Gleichgewicht von KO, BE und PRO zu erreichen, sollten Sie sich zunächst bemühen, die Gesundheit Ihres Körpers und Ihrer Seele soweit wie möglich zu realisieren. Wenn Sie körperlich und seelisch gesund sind, können Sie innerlich ausgeglichen und in sich selbst ruhend in Beziehung zu Ihren Mitmenschen und auch zu sich selbst treten.

Konsequenterweise hat das dann auch eine Auswirkung auf Ihre Berufssphäre. Erfolg und Profit fallen Ihnen dann zu, und Reichtum ist ein durchaus erstrebenswertes Ziel, wenn die anderen Ziele – Gesundheit und Beziehungen – dabei nicht auf der Strecke bleiben.

Es kommt darauf an, alle drei Ebenen des KO-BE-PRO miteinander ins Gleichgewicht zu bringen. Die wahre Meisterschaft liegt darin, die Balance zwischen allen drei Ebenen zu halten.

Werfen Sie noch einmal einen Blick auf die KO-BE-PRO-Grafik und strukturieren Sie nun Ihre vorhin formulierten Ziele nach diesen Rubriken der KO-BE-PRO-Formel. Tragen Sie Ihre Ziele, die Sie bis jetzt gefunden haben, in diese Rubriken ein:

Alles, was den Körper anbetrifft – Gesundheit, sportliche Aktivitäten, die Weiterentwicklung Ihrer Sinne –, bitte unter dem Begriff Gesundheit. Alles, was mit spirituellem Wachstum zu tun hat – also Glaubenssystem und Wertesystem, die Sie in diesem Leben tragen, wie Selbstverantwortlichkeit, Wahlfreiheit etc. – bitte unter spirituellem Bewußtsein.

Unter dem Begriff BE Beziehungen gibt es wiederum Unterbegriffe: Liebe und Harmonie.

Unter dem Begriff Liebe wünschen Sie all den Menschen, die Ihnen am nächsten sind, Gesundheit, spirituelles Bewußtsein, Liebe, Harmonie, Erfolg und Profit. Doch vergessen Sie bei Ihren Zielwünschen auch die Eigenliebe nicht. Wie Sie ja bereits wissen, ist die Eigenliebe die Voraussetzung zur Fremdliebe. Bei dem Begriff Harmonie fügen Sie die Ziele ein, die Sie mit Geschäftspartnern, Freunden und Verwandten haben.

Unter dem Begriff Erfolg finden all die Ziele Platz, die geschäftlich orientiert sind. Unter dem Begriff Profit finden die Ziele ihren Platz, die sich auf die Anlage von Geld beziehen: Eigentum, Häuser – mit anderen Worten: Ihr privates Reichtumsspiel.

Wenn Sie bisher tausend Gedanken und tausend Ziele hatten, die sich möglicherweise widersprachen, so haben Sie nun eine Zielorientierung gefunden – eine konkrete Ausrichtung für Ihr Leben. Es ist so, als ob Sie eine Linse angesetzt hätten, die Ihr Wollen, Ihren ganzen Willen so wie einen Laserstrahl auf einen einzigen Punkt konzentriert hat.

Prägen Sie sich bitte Ihre Ziele so lange ein, bis Sie sie vor Augen sehen können. Dieses exakt strukturierte Zielchart wird Ihnen in Zukunft den richtigen Weg zeigen.

Wenn Sie sehen wollen, welche Entwicklung Sie eben durchgemacht haben, sehen Sie sich bitte die Grafik auf der nächsten Seite an:

Alles klar mit KO-BE-PRO!

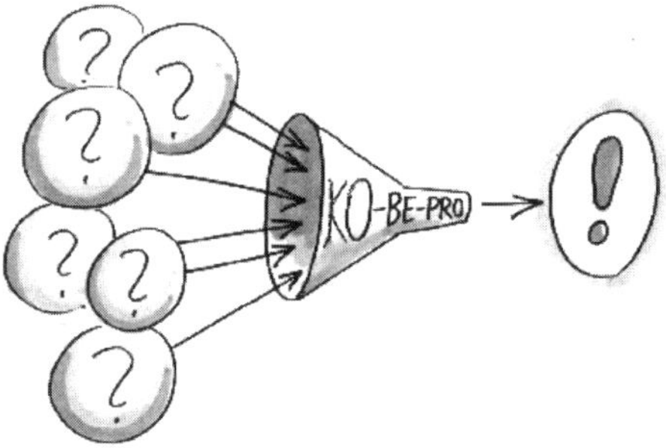

KO-BE-PRO ist eine Mantra, eine Zauberformel, die diamantene Klarheit in Ihr Leben bringt. Sie können sich vorstellen, daß diese Ziele, wenn sie sich einprägen, wie ein Brenneisen wirken. Sie konzentrieren Ihr gesamtes Denken auf einen Punkt. Dabei dürfen Sie natürlich nicht vergessen, daß Leben Veränderung ist. Alles was lebendig ist, wächst und verändert sich ständig. Das bedeutet, daß Sie trotz aller Klarheit vor allem für Ihre Unterziele immer wieder Kurskorrekturen und Zielneuformulierungen vornehmen müssen. Wenn sich die Situation, in der Sie stehen, ändert, werden sich auch die Ziele, die Sie aus dieser Situation heraus formuliert haben, ändern. Das ist das eine.

Zum anderen ist es extrem wichtig, daß Sie sich Ihre Ziele – vor allem Ihre Oberziele – immer wieder neu einprägen und sich für diese Ziele immer wieder neu einsetzen. Können Sie sich einen Sportler vorstellen, der, nachdem er einmal eine bestimmte Leistung gebracht hat, nie mehr trainiert? Können Sie sich vorstellen, daß er sagt: Ich habe diese Leistung einmal gebracht und das reicht mir. Wenn Sie einmal ein Ziel formuliert haben, dann gehen Sie immer wieder ran und lassen nicht eher locker, bis das Erreichte sicher zu Ihrem Besitzstand gehört.

Denken Sie einmal an die Erfolgsplattform: Welche Arbeit machen Sie sich da, um einen Kunden exakt zu definieren und richtig einzuordnen? Welche Gedanken machen Sie sich hier über die Strategie, wie Sie mit dem Kunden arbeiten, wie viele Stunden widmen Sie ihm?

Denken Sie jetzt einmal darüber nach, wie viele Stunden Sie Ihrem privaten Leben und der Formulierung Ihrer eigenen Ziele gewidmet haben. Seien Sie ehrlich, haben Sie wirklich schon einmal soviel über sich und Ihr eigenes Leben nachgedacht wie über einen Kunden? Nur Sie können diese Frage wirklich beantworten – aber auch nur Sie tragen die Verantwortung für Ihr Lebensglück – und das ist von der exakten Formulierung Ihrer Ziele abhängig!

Das 6. Prinzip: Funktionierendes Denken

Es gibt Gedanken, die Ihr Leben zum Funktionieren bringen – aber es gibt auch Gedanken, die es verhindern, das irgend etwas in Ihrem Leben funktioniert.

In der Schöpfungsgeschichte der Bibel heißt es: Am Anfang war das Wort. Gemeint ist natürlich: Am Anfang war der Gedanke. Aus dem Gedanken wurde das Wort, dann das Verhalten und die Handlung. Am Ende dieser Kette steht das Resultat – das heißt: Der Gedanke am Anfang kreiert das Resultat am Ende!

Richtige Gedanken kreieren richtige Resultate – gut funktionierende Gedanken kreieren ein gut funktionierendes Leben. Sie sind der Schöpfer Ihrer Gedanken – Sie sind der Schöpfer Ihrer Resultate!

Sicher kennen Sie den altägyptischen Einweihungsritus, bei dem es zuerst darum geht, bei hellichtem Tage über einen auf dem

Boden liegenden Balken zu balancieren. Wenn der Balken jetzt in einen dunklen Raum geschafft wird und über den Raum die Geschichte umgeht, in seiner Mitte wäre ein riesiges Loch, in dem Schlangen und andere Ungeheuer leben, wird es für nahezu jeden völlig unmöglich werden, über diesen Balken, der in einem dunklen Raum liegt, zu balancieren, obwohl, abgesehen von den Schauermärchen und der Dunkelheit, kein objektiver Unterschied besteht. Der springende Punkt ist einfach der, daß ungeheure Phantasien ungeheure Angst machen.

Im folgenden finden Sie eine Reihe von Glaubenssätzen – man kann sie auch „Lebensweisheiten" nennen, die viel zum Unglück unserer Welt beigetragen haben:

Geld ist die Wurzel allen Übels.
Lieber arm und glücklich als reich und unglücklich.
Das Leben ist hart.
Lehrjahre sind keine Herrenjahre.
Wenn Du was werden willst, mußt Du hart arbeiten.
Arbeit macht müde.
Erst die Arbeit, dann das Vergnügen.
Neger sind faul.
Nur Fleiß bringt einen weiter.

Wenn man diese Glaubenssätze betrachtet, dann kann man eigentlich nur lachen. Aber wenn Sie fest daran glauben, daß Arbeit müde macht, so werden Sie abends auch entsprechend müde und zerschlagen sein – egal welche Arbeit Sie geleistet haben.

Es sind immer die Glaubenssätze, die zu den entsprechenden Resultaten führen. Dabei ist es egal, ob uns die Glaubenssätze bewußt sind oder nicht. Tatsache ist immer wieder, daß jeder Glaubenssatz zu dem entsprechenden Resultat führt:

Da gibt es den Mann, der sagt: Ich schaffe es nicht! Und sicher wird er sich aus all den Wahlmöglichkeiten seines Tages die Dinge heraussuchen, die ihn scheitern lassen. Er wird es nicht schaffen!

Da gibt es den Menschen, der morgens aufsteht und sagt: Dies ist nicht mein Tag! Er wird dafür sorgen, daß dieser Tag wirklich nicht sein Tag ist.

Da ist der Mann, der sagt: Mein Gott, ich habe keine Lust zu dieser Party zu gehen, dort sind all diese Chaoten. Sie können es von vornherein als garantiert nehmen, daß, wenn er zu dieser Party geht, er sich unter den 100 Gästen nur die sogenannten Chaoten heraussuchen wird.

Noch besser ist das Beispiel des Morgenmuffels. Durch seine Morgenmuffelei bestiehlt er sich an jedem Tag des Jahres um mindestens eine halbe Stunde. Pro Jahr sind das 15 Tage. Bei einer Lebenserwartung von 50 Jahren bestiehlt er sich um 2–3 Jahre. Da kommen eine Menge verschenkter Jahre zusammen. Wenn dieser Mensch anders denken würde und nicht auch noch stolz darauf sein würde, ein Morgenmuffel zu sein, hätte er mehr davon. Er könnte morgens aufwachen und sich sagen: Heute werde ich einen hervorragenden Tag haben. Ich bin voller Energie. Auch das wäre möglich. Resultate sind nur eine Frage des richtigen, funktionierenden Denkens.

Ein anderes Beispiel ist vielleicht die Mutter, die zu ihrer zwölfjährigen Tochter sagt, daß sie eine Schlampe sei und auch eine bleiben würde. Nun kann es sein, daß das Kind eines Tages wirklich glaubt, daß es eine Schlampe ist. Sie können diese Tochter weiterverfolgen in ihrem Leben, und diese Frau mag einen sehr reichen Mann heiraten, und mit 40 geht sie in eine Boutique, kauft sich die teuersten Sachen, die es gibt, doch selbst in den teuren Klamotten mag sie wie eine Schlampe aussehen. – Es ist keine Geldfrage, sich gut zu kleiden.

Sich selbst erfüllende Prophezeiungen und Pygmalioneffekte

Spätestens mit 40 ist jeder für sein Gesicht selbst verantwortlich!

Sehen Sie sich einmal um und sehen Sie sich solche Menschen an, die ein reiches und tolles Leben haben. Ein Leben erfüllt von Vergnügen und Spaß. Vergleichen Sie diese Menschen mit den anderen, die es anscheinend sehr schwer haben. Man kann die, die es schwer haben, schon oft an der gebückten Haltung, an den hängenden Mundwinkeln, an der zurückweisenden distanzierten Körperhaltung erkennen. So traurig es ist, oft kann man schon von außen sehen, was sich jemand vom Leben erwartet – und weiß dann schon aufgrund des äußeren Eindruckes, was er bekommen wird.

Kennen Sie den Pygmalioneffekt? Verkaufsleiter und Spitzenverkäufer sollten ihn bis ins kleinste Detail kennen und sie sollten seine Steuerung beherrschen. Sie können so durch die Erwartung, die Sie dem einzelnen gegenüber zum Ausdruck bringen, einen beträchtlichen Einfluß auf die tatsächliche Leistung, das Verkaufsresultat, ausüben. Natürlich funktioniert der Pygmalioneffekt und die Steuerung nach diesem Prinzip auch im eigenen Leben.

Pygmalion war ein griechischer König, der sich nach seinen Idealvorstellungen eine weibliche Statue geschaffen hat. Diese Statue gefiel ihm so gut, daß er sich in sie verliebte. Er träumte davon, diese Statue zu seiner Königin zu machen. Und tatsächlich erhörte die Göttin Aphrodite seine inbrünstigen Gebete und erfüllte die Statue mit Leben. So waren seine Gedanken und seine Träume Wirklichkeit geworden.

George Bernard Shaw hat diese griechische Sage in seinem Theaterstück Pygmalion verarbeitet:

Ein Professor für Sprachwissenschaften schließt mit Freunden darüber eine Wette ab, daß er eine Blumenverkäuferin aus dem Eastend Londons dadurch in eine Aristokratin verwandeln kann, daß er ihr beibringt, wie eine Aristokratin zu reden. Der Professor gewinnt die Wette und kann so beweisen, daß außer Kleidern auch die Sprache Leute macht.

Vielleicht ist Ihnen diese Geschichte auch durch das Musical „My Fair Lady“ bekannt. Auf jeden Fall ist es so, daß die Erwartungen, die Sie an sich oder andere stellen, sich als selbsterfüllende Prophezeiungen realisieren. Das nennt man den Pygmalioneffekt.

Ob Himmel oder Hölle – durch Ihre Gedanken schaffen Sie sich Ihre Wirklichkeit selbst

Sie haben immer die Wahl: Wenn Sie ein halbvolles Glas Wasser sehen, können Sie es als halbvoll oder als halbleer akzeptieren. Sie wählen, ob Sie durstig sind oder nicht. Sie können sich in Ihrem Leben entscheiden, die Löcher im Käse oder den Käse selbst zu sehen. Denken Sie an das 79/21-Gesetz. Es hängt von Ihnen ab, wie Sie denken und ob Sie die 21 oder die 79 Prozent sehen wollen. Das, was Sie denken, schaffen Sie auch. Ob Himmel oder Hölle, Sie kreieren es selber. Eine negative Einstellung schafft Verlierer – eine positive Gewinner. Sie können das Drehbuch Ihres Lebens jederzeit umschreiben, denn die Macht über das eigene Leben ist ein angeborenes Recht und kein gnädig gewährtes Privileg.

Die folgende Übung soll Ihnen dabei helfen, in Zukunft besser über sich zu denken und so auch erfolgreicher und glücklicher zu werden.

Schreiben Sie einmal alle Punkte, in denen Sie negativ über sich denken, auf ein Blatt Papier. Schreiben Sie wenigstens sechs Punkte auf und orientieren sich dabei an dem Beispiel in der folgenden Grafik.

So, und nun machen Sie einfach folgendes: Formulieren Sie Ihre Mäkeleien über sich selber positiv um. Achten Sie darauf, daß Sie bei der Umformulierung nur positiv formulieren – also ohne Verneinungen auskommen. Das folgende Beispiel wird Ihnen erläutern, was gemeint ist:

Will sich jemand das Rauchen abgewöhnen, so ist es der absolut falsche Weg, sich ständig vorzubeten: Ich möchte nicht mehr rauchen! Durch diese verneinende Formulierung wird das

Gehirn ständig wieder ans Rauchen erinnert – alle Gedanken werden also weiterhin auf das Rauchen fixiert. Eine viel besser funktionierende Formulierung ist: Ich möchte klare, reine, frische und gesunde Luft zu jeder Zeit meines Lebens atmen. Das ist, wenn es darum geht, sich das Rauchen abzugewöhnen, ein positiv formulierter, gut funktionierender Gedanke.

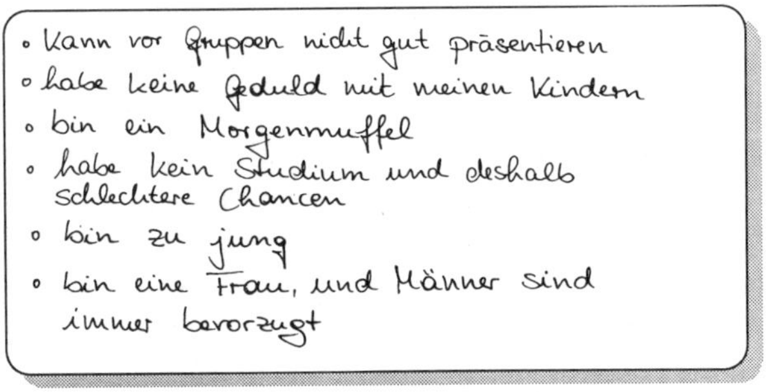

Das Negativ-Denken mag auch das Beispiel eines Lehrers einer Drachenschule verdeutlichen. Er wies die Schüler immer an, egal, was sie auch machen sollten, immer den freien Platz für die Landung zu wählen, aber auf keinen Fall bitte an dem Baum zu landen, der unten stand. Denn unten stand ein einsamer Baum. Sie können sich sehr wahrscheinlich denken, während des Fluges haben die meisten darauf geachtet, nicht an dem Baum zu landen – und das Resultat der Geschichte: Die meisten sind zumindest in deutlicher Nähe des Baumes gelandet. Ein anderes Beispiel mag Ihnen auch helfen. Denken Sie bitte jetzt einmal an einen gelben Elefanten mit einem lila Schwanz. Tun Sie es jetzt bitte. O. k., und jetzt bitte ich Sie freundlichst, nicht mehr an diesen Elefanten zu denken.

Nachdem Ihnen an diesem Beispiel klar geworden ist, was mit Positivformulierungen gemeint ist, können Sie nun daran gehen, die Negativstatements, die Sie über sich selbst haben, umzuformulieren. Achten Sie dabei aber auch darauf, Ihre Formulierungen konkret zu wählen. Konkret bedeutet, daß Sie sich genau überlegen müssen, wie Sie Ihre Wünsche im Detail formulieren: Sagen Sie nicht, daß Sie in Ihrem Leben jemand sein möchten, durch dessen Hände sehr viel Geld fließt. Das kann nämlich dazu führen, daß Sie der Kassierer einer Kreissparkasse werden – es ist aber anzunehmen, daß Sie sich das bei der Formulierung Ihres Wunsches letztendlich nicht vorgestellt haben. Versuchen Sie also die positiven Gedanken über sich selbst und Ihr Leben so genau und so konkret wie möglich zu formulieren und orientieren

- wenn ich im Team arbeite, begeistere ich die Teilnehmer
- Kinder erleben mich als ruhig, einfühlsam und geduldig
- dem Morgen gebe ich ein Lachen, meine Laune ist bestens
- ich finde immer eine Lösung
- ich habe das richtige Alter
- ich nutze meine weiblichen Fähigkeiten

Sie sich dabei an dem folgenden Beispiel:

Entscheidend sind immer die Gedanken, die Sie denken. Negative Gedanken kreieren negative Resultate. Positive Gedanken – oder besser gesagt: funktionierende Gedanken – kreieren ein funktionierendes Leben. Also wählen Sie. Wählen Sie jetzt!

Ziele ziehen – nicht erreichte Ziele ziehen zurück. Sie binden Energie in der Vergangenheit, die Sie im Hier und Jetzt nötig brauchen.

Sicherlich kennen Sie diese Situation. Sie sind mit Ihrer Frau und Ihrem Kind in Urlaub. Dann gilt es, wenn es Nord- oder Ostsee sein sollte, sich eine entsprechende Sandburg zu bauen. Und häufig kann man da beobachten, wie so ein geplagter Vater mit einem mitteleuropäischen Harmonieset zugange ist. Ein mitteleuropäisches Harmonieset besteht in der Regel aus einer Schippe, einem Eimerchen und einem Sieb. Man kann auch häufig beobachten, daß Vater und Kind intensiv bauen und nach mehreren Stunden eine wunderbare Burg, bestückt mit den herrlichsten Muscheln, entstanden ist. Der Vater mag sich in dieser Sekunde hinsetzen und das Kölsch, welches sein Eheweib, seine Lady, ihm entgegenstreckt, mit einer tiefen Zufriedenheit entgegennehmen. Und während dann beide dort sitzen und über die Zukunft eines wunderschönen Urlaubs sinnieren, geschieht manchmal etwas ganz Schlimmes. Das Kind springt auf und trampelt auf der Burg herum. Was ist passiert? Einfache Antwort:

Der Vater hat eine Burg gebaut. Der Sohn baut, um zu bauen. Er lebt im Hier und Jetzt, ohne Ziel – sein Ziel ist allein der Weg!

Hier lernen Sie nun die zweite Seite einer falsch verstandenen Zielsetzung kennen. Ziele sind dafür da, Handlungen in Gang zu setzen. Aber zu mehr haben Ziele keinen Sinn. Also nichts gegen Ziele, denn wie wichtig Ziele sind, haben Sie in dem Thema KO-BE-PRO gehört. Und Ziele setzen Handlungen in Gang, machen den Kopf frei und – so schizophren es auch klingt – und lassen die Ziele vergessen, weil Sie dann im Tageswerk leben können. Sie brauchen nicht permanent zu bewerten, welche Ziele Sie haben. Daraus ergibt sich auch das andere Extrem, daß es

Menschen gibt, die permanent in Zielen denken. Je älter er wird, desto ergebnisorientierter wird der Mensch.

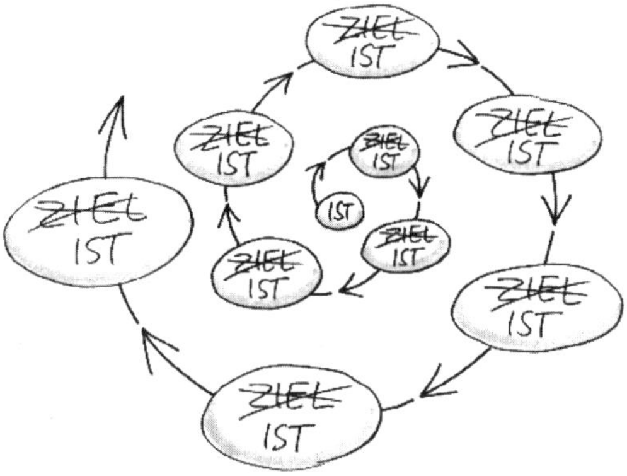

Haben Sie schon einmal erlebt, daß Sie ein Ziel erreicht haben? Sicherlich. Wenn Sie ein Ziel erreicht haben, machen Sie eine tolle Erfahrung. Das Ziel in sich ist leer. Es schenkt Ihnen nichts, denn erstens haben Sie, wenn Sie eine Party machen, meistens viel Arbeit und sind abends ganz erschöpft, und weiterhin fragt Sie jeder und Sie sich selber am intensivsten, was denn wohl das nächste Ziel ist. Und wie Sie sehen, in dieser Grafik geht es so Schritt um Schritt weiter, bis hin zu unendlich. Dann müssen Sie eigentlich nur Ziele haben, damit sie ihnen einen Weg schenken, der für Sie fantastisch ist. Und die Ziele sollten so gut sein, daß Sie einen fantastischen Weg gehen können.

Dazu gibt es einen schönen Spruch von Wilhelm Busch: „Niemals wonach Du seligst ausschaust, es wird Dir beschieden. Du triumphierst und jubelst laut, jetzt hab ich endlich reden. Ach Freundchen, rede nicht soviel, bezähme Deine Zunge. Ein jeder Wunsch, wenn er sich erfüllt, kriegt augenblicklich Junge.“ Das kann man auch anders sagen. Hier ein Auszug aus dem Gedicht „Ithaka“ von Konstantin Kavafis.

ITHAKA

Wenn du zur Fahrt aufbrichst nach Ithaka,
So bete, daß ein weiter Weg es werde
voller Umschwünge, voller Einsichten.
Die Laistrygonen oder die Kyklopen,
Den zornigen Poseidon fürchte nicht,
Dergleichen triffst du nie auf deinem Weg.
Solang dein Denken hoch bleibt und erlesne
Erregung dir an Geist und Körper rührt.
Den Laistrygonen oder den Kyklopen,
Dem wütigen Poseidon wirst du nicht begegnen,
Wenn du sie nicht in deiner Seele schleppst,
Wenn deine Seele sie nicht vor dich stellt.

So bete, daß ein weiter Weg es werde.
Mögen der Sommermorgen viele sein,
Wo du – oh wie mit Dank, oh wie mit Freude! –
Einfährst in Häfen, die du siehst zum ersten Mal.
Mögest du halten an den Handelsplätzen
Phönikiens und die schöne Ware kaufen:
Perlmutter und Korallen, Ebenholz und Amber
Und jeder Art erregende Duftflüssigkeit,
Je reichlicher du kannst, erregende Duftflüssigkeit.
Mögest du gehn in viele Städte nach Ägyptenland,
Damit du lernst – und lernst von Eingeweihten.

Behalte stetig Ithaka in deinem Gesicht.
Die Ankunft dort ist deine Vorbestimmung.
Doch haste mit der Reise nimmermehr.
Besser, sie daure vieler Jahre Lauf,
Und auf der Insel ankerst du als Greis,
An allem reich, was auf dem Wege du erwarbst,
Niemals erwartend, daß dir Reichtum schenke Ithaka.

Ithaka schenkte dir die schöne Reise.
Zu ihm allein bist du hinausgefahren.
Verlange andere Gaben nicht von ihm.

Findest du's arm Ithaka trog dich nicht,
So weise wie du wurdest, so erfahren,
Erkanntest du nun wohl, was Inseln Ithaka bedeuten.

Zwischen dem, was war, und dem, was kommt, ist das, was ist im Hier und Jetzt.

Ein weiterer Aspekt ist die Differenzierung in Vergangenheit, Gegenwart und Zukunft.

Es gibt Menschen, die folgende Sprüche haben: Hätte ich doch damals und hätte man mir und hätte man erkannt. Genauso gut geht es umgekehrt zukunftsorientiert: Wenn ..., dann werde ich ... Der berühmte Rentner, der bei Verrentung eben erst sein Leben anfängt. Doch sehen Sie sich bewußt, es gibt keine Simulation von Leben. Leben ist hier und jetzt. Leben ist immer eindimensional und in der Gegenwart. Alles andere stiehlt Ihnen Energie. Hier ein paar Überschriften, was Ihnen pro Tag Energie stehlen kann:

- Käme doch die schöne Zeit wieder.
- Was ich alles versäumt habe.
- Ich armes Opfer.
- Wenn ich einmal da und da sein werde, ach wäre ich doch jetzt bei meiner Familie.
- Das werde ich nicht schaffen.
- Das muß ich eigentlich noch dringend tun.
- Es hat ja doch keinen Zweck, daß ich das anfange.
- Also, unter diesen Umständen geht das nicht.
- Ich bin so enttäuscht.

Sie könnten verstehen, daß Ziele nur eine positive Funktion haben, wenn Sie etwas in Gang setzen. Nicht erreichte Ziele, unerledigte Geschäfte sind Energieräuber. Es muß allerdings an dieser Stelle darauf hingewiesen werden, daß es Menschen gibt, die beschlossen haben, auch in der Zukunft unerledigte Ziele wie Zeitbomben zu verstecken. Diese Menschen sind leicht zu erkennen durch Redewendungen wie: Es wäre schön, wenn, wenn ich … hätte, dann würde ich, wenn, wenn, wenn … usw. Hüten Sie sich vor solchen Redewendungen und vor solchen Menschen.

Das Leben ist immer hier und jetzt. Es findet nur in der Gegenwart statt. Jedes Lamento über Vergangenheit und Zukunft vergeudet Ihre Energie.

Wenn Sie sich die Ihnen zur Verfügung stehende Energie wie einen Apfel vorstellen, dann können Sie sich unerledigte Geschäfte in der Vergangenheit und das Lamento über die Zukunft als Würmer visualisieren. Wenn Sie die Ihnen zur Verfügung stehende Energie nicht gegen die Schädlinge verteidigen, wird der Apfel vor Ihren Augen immer kleiner und unansehnlicher werden.

Der erste Wurm steht vielleicht dafür, daß Sie permanent daran denken, den Keller aufräumen zu müssen. Ihre Frau erinnert Sie auch laufend daran, daß dieser Keller aufzuräumen ist. Der zweite Wurm erinnert Sie daran, daß Sie eigentlich Krach mit Ihrer Schwiegermutter haben. Ihre Ehefrau spricht Sie auch mindestens einmal die Woche darauf an. Und es macht Ihnen eigentlich nicht gerade Spaß, zu den alljährlichen Familienfeiern zu gehen. Und da ist die Schramme an Ihrem Auto. Jedesmal, wenn Sie in das Auto einsteigen, sehen Sie die Schramme und überlegen zumindest dann, wenn Sie die Tür des Wagens auf- und zumachen, ob Sie den Wagen jetzt in die Werkstatt fahren wollen oder später …

All diese Gedanken klauen Ihnen Energie. Sie sind mit Ihrem Kopf woanders. Nun darf ich Ihnen eine intelligente Methode vorstellen, um vorwärts zu kommen. Es geht darum, Ihre Aufmerksamkeit zu fokussieren. Der Verstand drängt häufig in eine Richtung, die nicht ist. Er trägt Sorge, bindet daher Energie.

Unerledigte Dinge stehlen in hohem Maße Energie; Sie wissen, daß Ihr Verstand einen Perfektionszwang hat.

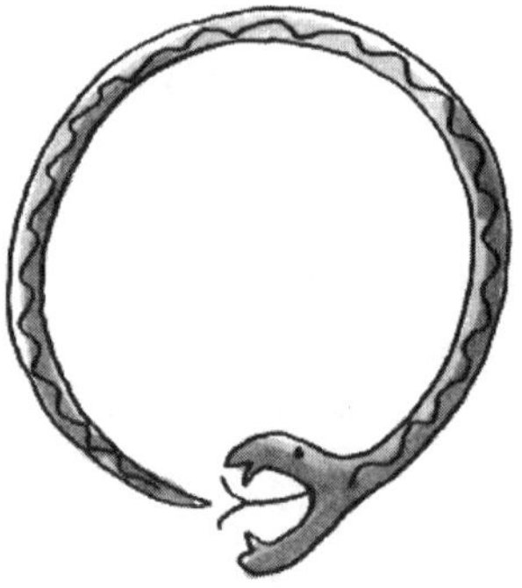

Sehen Sie diesen nicht geschlossenen Kreis. Der Verstand ist ein Perfektionist, er versucht, jede unüberlegte Sache, die Sie im Kopf haben, in irgendeiner Form zu schließen, also letztendlich ein fröhliches Chaos, das in Ihrem Kopf herrscht.

Daß Sie im Rahmen Ihrer beruflichen Aktivität ein Management-System haben, Ihre Arbeit zu organisieren, setze ich mal voraus. Im Beruf haben Sie permanent soundso viele Briefe, soundso viele Telefonate, soundso viele Konzepte und so und so viele Besuche zu machen. Doch dafür gibt es eine gute Zahl Management-Systeme. Ich spreche hier weniger von einer materiellen Ebene, sondern mehr von einer psychischen Ebene. Ich möchte, daß Sie Ihre Aufmerksamkeit da hinlenken. Jemand hat Sie vielleicht verletzt, und seit dieser Zeit ziehen Sie sich zurück. Oder es gab Spielregeln, die Sie unterlaufen haben, und seitdem gibt es für Sie Leidensdruck. Sie müßten eigentlich darüber reden. Oder Sie hängen in einem Spiel drin, wo Spielregeln kreiert wurden, zu denen Sie eigentlich nicht stehen können. Oder Sie haben in irgendeiner Beziehung Verlierer kreiert und Sie sind Sieger geblieben. Oder Sie kennen eine Menge Kontakte, wo die Beziehung nicht stimmt, und eigentlich müßten Sie einmal darüber reden. All die Dinge, die hier formuliert sind, sind gestörte Beziehungen, die Ihnen natürlich als unerledigt permanent durch den Kopf gehen und Energie wegziehen. Das Angebot ist nun sehr einfach. Schreiben Sie all die Punkte einmal auf und haben Sie die Vision, was wäre eigentlich, wenn all diese Beziehungen zumindest von Ihrer Seite geklärt worden wären? Sie müßten ein ordentliches Paket Energie zurückbekommen. Haben Sie den Mut, diese unerledigten Dinge zu thematisieren. Das ist für Sie ein gutes Instrument, die Vergangenheit zu cleanen. Bitte schreiben Sie nun Ihre Gedanken auf. Es gibt 4 Möglichkeiten für Sie, damit umzugehen.

Das Wort „nie" meint: Sie akzeptieren, daß Sie das unerledigte Geschäft nicht erledigen können oder wollen. Nehmen Sie sich also einen neuen Zettel und schreiben Sie auf diesen Zettel alle unerledigten Geschäfte, die Sie nie erledigen wollen und können. Begraben Sie diesen Zettel und vergessen Sie ihn!

Das Wort „delegieren" bedeutet, daß Sie die Erledigung einiger Geschäfte auch an andere delegieren können – Sie müssen nicht alles selbst erledigen. Nehmen Sie einen neuen Zettel und notieren die Geschäfte, die Sie an andere delegieren können. Schreiben Sie hinter jede Aufgabe den Namen desjenigen, an den Sie die Aufgaben delegieren wollen.

„Termin" bedeutet, daß Sie sich einen genauen Plan machen, wann und wie Sie diese unerledigte Aufgabe erledigen wollen.

Nehmen Sie wieder einen Zettel zur Hand und planen Sie die terminliche Erledigung Ihrer unerledigten Geschäfte. Haben Sie diese Planung einmal in Ihrem Gehirn verankert, wird Ihr Gehirn so tun, als ob die Sachen erledigt wären. Es wird sie abhaken und Sie haben Ihren Kopf und Ihre Energie wieder für andere aktuelle Probleme frei.

Das Wort „sofort" bedeutet, Sie machen jetzt sofort den ersten Schritt zur Erledigung Ihres unerledigten Geschäftes:

Den ersten Schritt machen heißt nicht, alles zu lösen. Sie können jetzt die Briefe für unklare Beziehungen schreiben, Sie können jetzt den ersten Anruf machen, um einen Termin zu avisieren. Den Rest der Erledigung legen Sie dann auf Termin. So vermeiden Sie eine akute Überlastung Ihrer Kapazität und können auch die wichtigen unerledigten Geschäfte Schritt für Schritt mit klarer Perspektive lösen.

Sicher kennen Sie die Redensart: Jetzt ist mir ein Stein vom Herzen gefallen. Dieser Stein ist nichts anderes als die soeben durch das Vier-Punkte-Energiemanagement frei gewordene Energie. Herzlichen Glückwunsch!

Sicher ist dieses 4-Punkte-Energiemanagement eine gute Möglichkeit, sich von lange angesammelten unerledigten Geschäften zu befreien. Die bessere Möglichkeit liegt aber in der Beherzigung eines alten chinesischen Sprichwortes: Löse Probleme, solange sie klein sind.

Es gibt auch die Unart, zwei Dinge auf einmal zu tun.

Von jedem etwas ist von jedem nicht alles. Trinken Sie einmal ein Bier, weil Sie ein Bier trinken. Essen Sie einmal ein Butterbrot, weil Sie ein Butterbrot essen. Haben Sie volle Konzentration darauf. Und wenn Sie schon mal abwaschen, dann waschen Sie halt mit Ihrer vollen Konzentration ab und nichts anderes. Sie werden sehen, es hat eine vollkommen andere Lebensqualität und Lebensdimension, als wenn Sie eine Sache halb anpacken und halb machen. Das schafft und bringt Energie. Wenn Sie etwas tun, tun Sie es mit vollem Einsatz. Einsatz zündet Lichter an.

Das 8. Prinzip: Mut!

Stellen Sie sich einmal die Frage, was Sie von einem extrem erfolgreichen Menschen unterscheidet. Vergleichen Sie sich mit einem extrem erfolgreichen Menschen, den Sie persönlich kennen. Möglicherweise werden Sie feststellen, daß er genausogut und herzhaft lachen kann wie Sie, daß er vielleicht eine genauso unglückliche Schulausbildung hat wie Sie und daß seine Ehefrau bedauerlicherweise auch nicht reich ist. Und trotzdem hat er irgend etwas, das anders ist.

Das Geheimnis seines Erfolges liegt vielleicht nur in dem kleinen Unterschied von 30 Zentimetern. Bitte denken Sie jetzt nichts Falsches. Sie werden schnell verstehen, was damit gemeint ist: Als es darauf ankam, ist er von seinem Stuhl aufgestanden und hat zugepackt. Er hat sich im richtigen Moment um ganze 30 Zentimeter bewegt und hat das gemacht, wozu manch anderem der Mut fehlte. Er hat sich für eine Sache engagiert und war bereit, ein Risiko zu tragen. Wie oft lassen Sie Chancen in Ihrem Leben, wo Sie etwas Neues wagen könnten, einfach verstreichen! Es ist so, als ob Sie vor einer roten Linie stehen würden, die Sie nicht zu überschreiten wagen. Sie wissen einfach nicht, was Sie nach dem Überschreiten der roten Linie tun sollen, und scheuen so immer wieder zurück. Hätten Sie den Mut, die eine oder andere rote Linie im Leben zu überschreiten, wäre das Ihr sicherer Weg aus dem Plastikcontainer heraus. Aber auch davor haben die meisten von uns Angst. Jeder kennt diese intellektuellen Sackgassen, auf denen man weiter seinen sicheren Weg geht und sich gegenüber anderen pseudorational rechtfertigt, warum man gerade irgend etwas nicht getan hat. Und Sie kennen auch die Kompensations- und Vermeidungsstrategien, bei denen man sich mit Drogen wie z. B. Alkohol so ausblendet, daß man zumindest für den nächsten Augenblick beruhigt ist. Aber welche Strategien wir auch fahren, die roten Linien bleiben bestehen. Und wir wollen einfach nicht einsehen, daß sie nur dazu gemacht sind, um überschritten zu werden.

Es ist eine interessante Erfahrung, daß Streß immer dann entsteht, wenn man etwas nicht tut. Wenn Sie etwas tun, entsteht kein Streß – der Streß wird dann ausagiert.

Die roten Linien sind – ob wir das wahrhaben wollen oder nicht – die eigentlichen Wegweiser im Leben. Der Weg ist immer da, wo die Herausforderung ist. Das Überschreiten einer roten Linie ist eine Belohnung, die das Leben für Sie bereithält. Erweitern Sie Ihren Erfahrungsbereich und überschreiten Sie eine rote Linie nach der anderen. Experimentieren Sie mit Ihrem Mut. Haben Sie keine Angst vor der Angst. Tun Sie etwas, gehen Sie aus sich heraus, überschreiten Sie die rote Linie – es geht nur um 30 Zentimeter, die Sie von Ihrem Stuhl aufstehen müssen. Diese 30 Zentimeter können über Ihr Lebensglück und über Ihr inneres Wachstum entscheiden.

Wie schnell macht Ihr Verstand eine paranoide Hochrechnung, was alles geschehen könnte, wenn man tatsächlich über die rote Linie geht, diese 30 Zentimeter nimmt!

Sicher haben Sie schon die eine oder andere Situation in Ihrem Leben gehabt, in der Sie sich erst nicht getraut haben, um dann nach langem Zögern doch das zu tun, wovor Sie Angst hatten. Sicher können Sie sich daran erinnern, daß Sie, nachdem es vollbracht war, über Ihre Angst gelacht haben.

Überlegen Sie, wieviel Wahrheit in folgendem Satz steckt: Wer sich nicht in Gefahr begibt, kommt darin um!

Entscheiden Sie für sich persönlich, ob das größere Risiko in Ihrem Leben in der Überwindung von 30 Zentimetern oder im regungslosen Verharren hinter irgendwelchen roten Linien liegt.

Das 9. Prinzip: Win-Win!

Das Spiel, zu dem Sie jetzt eingeladen werden, hat das Leben selbst geschrieben: Prisoner's Game. Hier die Spielregeln:

Die erste und wichtigste Aufgabe ist es, Gewinn zu machen. Es gibt zwei Parteien und diese Parteien spielen ohne Kommunikation miteinander. In jedem Spieldurchgang muß eine Partei entscheiden, ob sie A oder B wird.

Beiden Parteien ist bekannt, daß die Konstellation AA sieben Pluspunkte bringt, daß die Konstellation BB sieben Minuspunkte bringt und daß die Konstellation AB einmal zehn Pluspunkte und einmal zehn Minuspunkte bringen kann.

Sie sehen, dieses Spiel ist sehr einfach, und wenn beide Parteien jeweils A wählen, hätten sie nach zehn Durchgängen 70 Pluspunkte. Doch die Verlockung ist groß. Vielleicht kann man in einem Durchgang drei Punkte mehr, nämlich zehn Punkte gewinnen, und wie leicht wählt man dann doch B. In der folgenden Tabelle finden Sie einen typischen Spielverlauf.

Wettbewerb produziert Verlierer!

Entscheidung A/B			Umsatz-Konsequenzen	
Jahre	Team 1	Team 2	Team 1	Team 2
1	B	B	./. 7	./. 7
2	B	B	./. 14	./. 14
3	B	A	./. 24	./. 4
4	B	B	./. 33	./. 11
5	B	A	./. 43	./. 1
6	B	B	./. 50	./. 8
7	B	B	./. 57	./. 15
8	B	B	./. 64	./. 22
9	B	B	./. 71	./. 29
10	B	B	./. 78	./. 36

Dieser Spielverlauf ist kein konstruiertes Beispiel. Hinter dieser Realität steht die Erfahrung von ca. 500 Seminaren. Egal, ob dieses Spiel – das Prisoner's Game – mit Vorstandsmitgliedern, mit Sachbearbeitern, mit dem Marketing oder mit dem Verkauf gespielt wurde: Das Ergebnis war fast immer das gleiche.

Leider ist dieses Ergebnis auch leicht zu erklären. Jeder möchte besser sein als der andere und konzentriert sich so immer auf den anderen, anstatt zu verstehen, daß es nur darum geht, mit seinem eigenen Unternehmen Gewinn zu produzieren. Immer wieder versucht man, dem anderen eins auszuwischen. Die Aufgabenstellung, Profit zu machen, verliert man total aus den Augen.

Es gibt so irreführende Informationen, daß „man in den ersten Jahren ja durchaus Verlust macht“. Und wichtig ist dann, am Ende weniger Verlust gemacht zu haben als der andere. Dahinter verbirgt sich eine bestimmte Denkstruktur. Und diese Denkstruktur heißt, daß man sich an dem anderen orientiert und lieber negative Resultate erzielt.

Die Struktur, die derartige Ergebnisse produziert, ist eine Gewinner-Verlierer-Struktur, das heißt, der Gewinner ist ohne den Verlierer nicht denkbar und umgekehrt.

Derjenige, der Sieger ist, kreiert den Verlierer. Und glauben Sie mir, der Verlierer hat nichts Besseres zu tun, als die nächste Situation zu suchen, wo er seinerseits Sieger ist und der andere Verlierer. Und dann gibt es wieder die nächste Situation, wo beide so clever zusammenarbeiten, daß beide Verlierer sind. Nichts anderes zeigt dieses Spiel dramatisch auf.

Nachdem man einmal erkannt hat, daß der so verstandene Wettbewerb Verlierer kreiert, wäre es doch einfach, vom Wettbewerb auf partnerschaftliche Kooperation umzuschalten. In dieser Struktur würden Gewinner Gewinner kreieren und nicht Sieger Verlierer!

Wenn Sie mit Ihren Kunden darüber ein Gespräch führen können, daß es Ihr einziges Ziel ist, aus Ihren gegenseitigen

Geschäften nur Gewinner hervorgehen zu lassen, dann wird Ihr Gespräch in dieser Sekunde eine andere Farbe bekommen.

Wenn Sie es als Verkaufsleiter so Ihren Mitarbeitern sagen, und die Mitarbeiter wirklich einsehen können, daß es Ihr einziges Ziel ist, nur Gewinner zu kreieren, dann werden Sie in Zukunft bei Ihren Mitarbeitern einen völlig anderen Stand haben.

7. Leben oder Nebel

Leben ohne innere Führung verirrt sich im Nebel

Wenn wir jetzt wieder am Ausgangspunkt dieses Kapitels anknüpfen, können wir sehen, daß es neben der wesentlichen Aufgabe der externen Führung – nämlich Mitarbeiter zu befähigen, ihre inhaltlichen Aufgaben zu beherrschen und Mitarbeiter mit Führungstechniken vertraut zu machen – vor allem darum geht, sich selber zu führen!

Wer die hier erläuterten neun Lebensprinzipien für sich annehmen und umsetzen kann, der wird sich auch selber führen können, und der kann auf diese Art auch andere Menschen für Aufgaben begeistern, motivieren und führen. Es sind diese neun Prinzipien, die aus dem Leben ein Fest machen!

Lesen Sie einmal das Wort Leben rückwärts, dann haben Sie das, was passiert, wenn Sie nicht auf innere Führung achten: Nebel!

Auf der Basis der inneren Führung können jetzt die Befähigungen der Mitarbeiter und die konkreten Führungstechniken weiterentwickelt werden. Dann ist Erfolg das, was folgt, wenn man sich selber folgt!

Ansonsten muß jedoch gesagt werden, daß der Komplex Führung in Unternehmen so zu verankern ist, daß „die Treppe von oben gefegt wird“.

Der 3. Pfad

Der Pfad des Handelns

Der 3. Pfad ist der Pfad des Handelns, der Pfad der Maßnahmen und des Gesprächs. Durch Maßnahmen und Techniken – Präsentations- und Gesprächstechniken – gewinnst Du Kraft, Ausdauer und Schnelligkeit. Aber merke Dir: Kraft, Ausdauer und Schnelligkeit nützen Dir wenig, wenn die Richtung nicht stimmt. Kraft, Ausdauer und Schnelligkeit werden Dich sehr schnell verlassen, wenn Dein Herz nicht mitfliegt.

Nachdem aber das Herz über die Richtung entschieden hat, sorgen gezielte Maßnahmen wie kraftvolle Flügelschläge für einen adlergleichen Flug.

Viertes Kapitel

Die Maßnahmen

Alternativenreichtum führt zum Erfolg

Nachdem die Richtung stimmt – nachdem also geklärt ist, welche Kunden besucht werden müssen, wer beim Kunden die Entscheidungsträger sind und welche Ziele zu erreichen sind, geht es jetzt darum, die passenden Maßnahmen zu entwickeln.

Die Maßnahmen werden an den in der Erfolgsplattform definierten Hindernissen entwickelt (Abb. 15). Je mehr Alternativen es für Maßnahmen gibt, desto mehr Möglichkeiten hat der Außendienstmitarbeiter, das definierte Hindernis zu bewältigen und zu einer Chance zu machen.

Hat der Außendienstmitarbeiter bei einem Kunden Kontaktschwierigkeiten und fällt ihm hier als Maßnahme außer einem guten Gespräch nichts weiter ein, als mit dem Kunden essen zu gehen, so ist das einfach zu wenig. Wie wäre es, wenn der Mitarbeiter 20 oder vielleicht sogar 30 Alternativen hätte, seinen Kontakt zu verbessern?

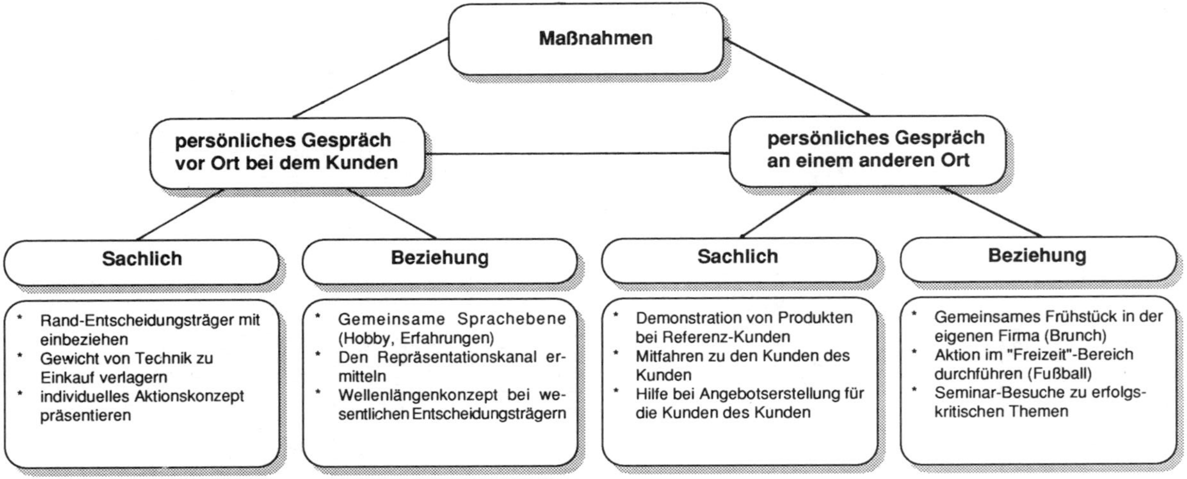

Abb. 15: Maßnahmenübersicht nach Gesprächsansätzen

Maßnahmen auf drei Ebenen

Maßnahmen zur Transformation von Hindernissen in Chancen können auf drei Ebenen erarbeitet werden. Die Maßnahmen erster Ordnung resultieren aus den Erarbeitungsmöglichkeiten des einzelnen Mitarbeiters. Sie entstehen aus den Antworten des Mitarbeiters auf die Hindernisse, die er bei einem konkreten Kunden hat.

Die Maßnahmen zweiter Ordnung ergeben sich aus der Zusammenfassung aller Hindernisse bei allen Kunden. Hier erarbeiten alle Außendienst- und Innendienstmitarbeiter Maßnahmenkonzepte in bezug auf alle Kunden.

Als Maßnahmen der dritten Art werden hier brillante Verkaufsideen oder spezielle Konzepte für einzelne Kunden bezeichnet. Die Erarbeitung von Maßnahmen der dritten Art findet meist auf der Basis von Brainstormings der Mitarbeiter unter Zuhilfenahme eines externen Beraters oder einer Agentur statt.

1. Maßnahmen erster Ordnung – Spiegelbild des einzelnen Mitarbeiters

Die Maßnahmen, für die ein Mitarbeiter Ideen entwickelt und als deren Basis er das zu bewältigende Hindernis definiert hat, werden hier Maßnahmen erster Ordnung genannt.

Eine Übersicht über die Maßnahmen erster Ordnung eines Mitarbeiters gibt dem Vertriebsleiter einen Eindruck, wie exakt und gewissenhaft ein Mitarbeiter arbeitet und denkt. Es zeigt sich, ob er die Hindernisse konkret formuliert und zu ihrer Bewältigung die richtigen Maßnahmen entwickelt hat. Je diffuser die Hindernisse formuliert wurden, um so unbefriedigender werden auch die Maßnahmen sein.

ERFOLGSPLATTFORM

KUNDE (1)			DIAGNOSE (2)								ZIEL (3)			ANSATZ (4)	AKTIONEN (5)			RESULTATE (6)
			CHANCE		AKTUELLER STAND						SOLL			HINDERNISSE				
PARTNER	ENTSCHEIDUNGSTRÄGER	BRANCHE	POTENTIAL	WETTBEWERB	PRODUKTE	UMSATZ VORJAHR	DB	DB x UMSATZ	REKL.	KONTAKT	PRODUKTE	UMSATZ FOLGEJAHR	DB	HEBEL ZUR UMSATZSTEIGERUNG	MAßNAHMEN	ZEITETAT	BESUCHE	ERGEB. + / ERGEB. -
X AG	Herr Wilser Frau Dau Herr Peters	7	1,8 Mio.	Tese Zano Rast	1 2 3	200 - - 200	28	56	2	1 1 1	1 2 3	200 - - 200	28	Preis	intensiver Kontakt	3	6	
Y GmbH	Herr Ad Herr Geka Herr Gehns	4	6,0 Mio.	Zano Geka	1 2 3	50 50 - 100	19	19	1	1 1 1	1 2 3	50 50 50 150	22	Service Wettbewerb	intensiver Kontakt	3	6	
Z KG	Herr Zano Frau Dos Frau Rast Herr Nagel	3	200 Mio.	Geka	1 2 3	50 - - 50	30	15	1	1 1 1 1	1 2 3	50 - - 50	30	Preis	intensiver Kontakt	3	6	

Abb. 16: Maßnahmen/Hindernisse in unbefriedigender Form

In Abbildung 16 finden Sie ein Beispiel, in dem bereits das Hindernis so schwach und allgemein formuliert wurde, daß man sich über die Qualität der Maßnahmen nicht wundern muß. Sie sehen, daß hier die Formulierung des Ansatzes und der Hindernisse mit der Fantasielosigkeit der Maßnahmen in Einklang steht. Auch der Einsatz der Besuchszeiten verrät viel über diesen Mitarbeiter.

Der Verkaufsleiter als Entwicklungshelfer

Unter dem Aspekt des Selbstmanagements muß man davon ausgehen, daß jeder Mitarbeiter eine Chance braucht, den Zusammenhang zwischen Diagnose-Ziel, Hindernis-Maßnahme und dem Zeitetat zu begreifen.

Hier muß der Verkaufsleiter eine Hilfestellung geben. Er wird helfen, die Hindernisse zu konkretisieren – notfalls wird er sie durch gezielte Fragen plastisch herausarbeiten. Er muß helfen, zu den durch den Mitarbeiter erarbeiteten Maßnahmen eine Vielfalt von Alternativen zu finden. Sicher wird er so den Mitarbeiter unter Druck setzen. Aber dieser Druck ist durchaus produktiv und kann vom Mitarbeiter als Wachstumshilfe angenommen werden. Stahl wird härter, wenn er intensiv bearbeitet wird, und Diamanten entstehen nur unter Druck.

Mitarbeiter, die unabhängig von der Problemstellung durch das Hindernis immer wieder ähnliche oder vergleichbare Maßnahmen kreieren, sind leider häufig. In Abbildung 17 finden Sie einige Ansatzpunkte für ein besseres Selbstmanagement dieser Mitarbeiter und Ansatzpunkte dafür, wie diese Mitarbeiter zu einer kreativeren und vielfältigeren Maßnahmenerarbeitung geführt werden können.

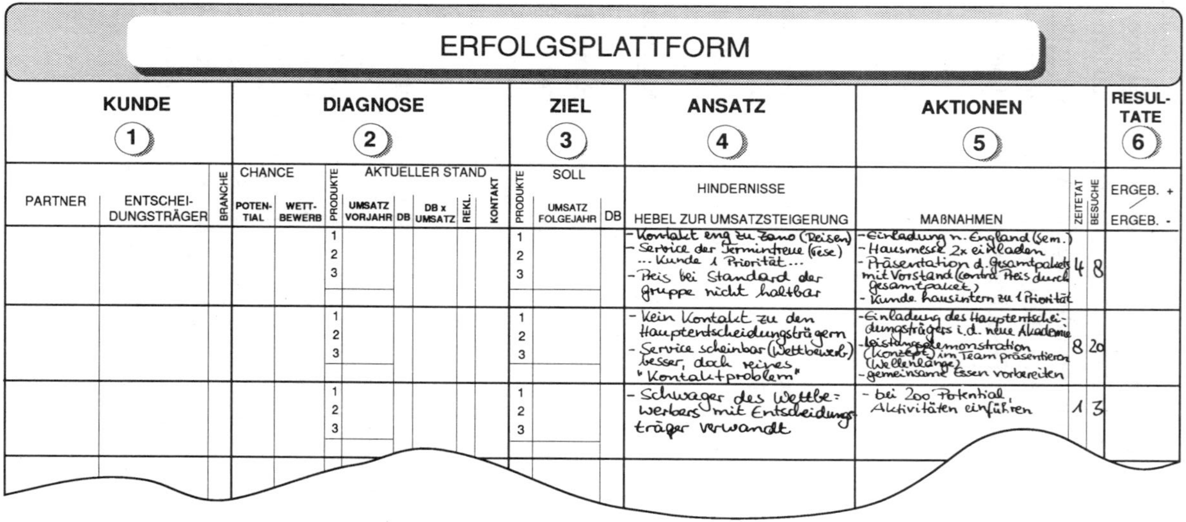

Abb. 17: Maßnahmen/Hindernisse in befriedigender Form

Hier (Abb. 17) sehen Sie, wie es ist, wenn ein Mitarbeiter seinen Kopf nicht nur zum Haareschneiden nutzt, sondern weiß, daß der Kopf rund ist, damit er sich in viele Ecken denken kann. Sicher wird es der Firma, dem Vertriebsleiter, dem Mitarbeiter und nicht zuletzt auch dem Kunden bei einer derartig intelligenten und intensiven Kundenbearbeitung besser gehen.

2. Maßnahmen zweiter Ordnung entstehen aus dem Überblick

Maßnahmen erster Ordnung basieren auf den Möglichkeiten, die ein Außendienstmitarbeiter bzw. ein Innendienstmitarbeiter von sich aus hat, um auf bestimmte Hindernisse zu reagieren. Maßnahmen zweiter Ordnung entstehen auf einer breiteren Basis:

Hier müssen zur Erarbeitung die bei allen Kunden vorhandenen Hindernisse zusammengetragen und verglichen werden. Dann können für bestimmte Kundengruppen Problemlösungen und Antworten gesucht werden. In der Regel geht diese Arbeit über die Einzelarbeit hinaus und verlangt, daß alle Mitarbeiter zum Beispiel in einer Regionalkonferenz oder in einem extra dafür installierten Workshop sitzen.

Zur Erarbeitung Maßnahmen zweiter Ordnung gibt es verschiedene Vorgehensweisen:

Das simpelste ist es wohl, wenn alle Kunden durchgegangen und dabei die Hindernisse Schritt für Schritt aufgeschrieben werden. Anschließend werden vergleichbare Hindernisse zusammengefaßt. Die einzelnen Hindernisgruppen werden nach Prioritäten gewichtet. Jetzt werden für die einzelnen Hindernisgruppen alternative Maßnahmen nach den bekannten Kreativitätstechniken entwickelt. Zuletzt wird über die Gewichtung und Umsetzung der einzelnen Maßnahmen und ihrer Alternativen entschieden.

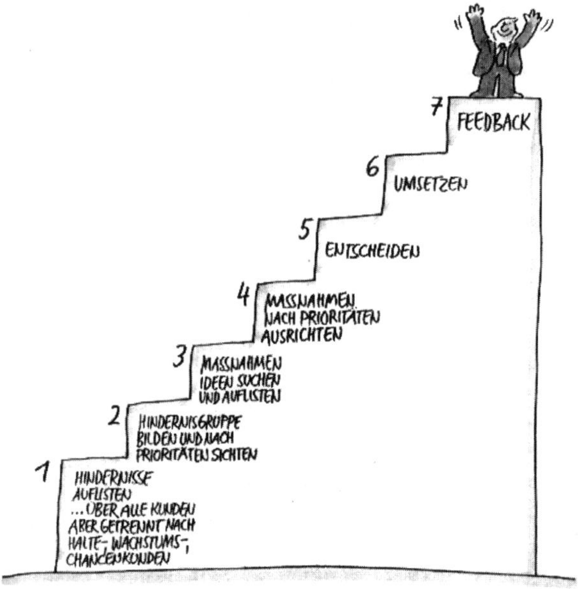

Überblick und spezifische Orientierung sind kein Widerspruch

Dieser recht simple, aber aufwendige Arbeitsansatz kann deutlich verbessert werden, indem man sich an einigen spezifischen Kriterien wie z. B. der Wettbewerbs- oder der Servicesituation orientiert.

Es dürften auch absolut unterschiedliche Arbeitsansätze entstehen, wenn Sie Problemlösungen für Halte-, Wachstums- oder Basiskunden suchen: Ein Haltekunde, bei dem Sie mit Ihrem Erfolg schon lange an der Decke kratzen, verlangt bei den gleichen Hindernissen andere Maßnahmen als z. B. ein Basiskunde. Auch dürfte die Wichtigkeit eines Basiskunden hinter der eines Wachstumskunden zurückstehen. Und so weiter …

Weitere Aspekte werden sich natürlich auch aus den verschiedenen Branchen, aus den verschiedenen Problemen oder den verschiedenen Strukturen der einzelnen Kunden ergeben. Wichtig ist, daß Sie sich immer spezifisch und flexibel an den verschiedensten Situationen orientieren. Im folgenden sollen beispielhaft weitere Möglichkeiten aufgezeigt werden, wie man konkret bei der Erarbeitung von Maßnahmen zweiter Ordnung vorgehen kann:

Beispiel 1: Wettbewerbsorientierte Maßnahmen erarbeiten

Für unser erstes Beispiel nehmen wir hier den erfolgskritischen Bereich der Wachstumskunden. Hier sind Ihre Chancen, mit Ihrem Umsatz zu wachsen, am größten. Nehmen wir also einmal an, wir hätten die Wachstumskunden bei einem konkreten Mitarbeiter identifiziert.

Die einzelnen Wettbewerber werden pro Kunde mit dem Umsatzanteil angeführt, den man vermutet. Bei mehreren Wettbewerbern können es natürlich mehrere Werte sein.

Sodann werden die einzelnen Wettbewerber nach ihren Umsatzschwerpunkten gewichtet (noch genauer wäre eine dekkungsbeitragsorientierte Gewichtung der Wettbewerber.)

Sie kennen die klassischen Wettbewerbsanalysen, die im Analysenteil meist viel Arbeit verursachen, letztendlich aber für das Tagesgeschäft nicht viel bringen. Die hier umgesetzte Überlegung ist nicht nur weniger aufwendig, sondern auch pragmatischer:

Unter Anleitung des Vertriebsleiters werden in einem Brainstorming die Erfolgsfaktoren des Wettbewerbers erarbeitet. Es kommt hier vor allem auf die Erfolgsfaktoren an, die in Zukunft eine Ausweitung des Geschäftes bedingen. Aus diesem Brainstorming würde sich eine Ideenliste ergeben, z. B. Liefergenauigkeit, Problemlösungsfähigkeit, Lieferschnelligkeit, Betreuung vor Ort.

Die im Brainstorming erarbeiteten Erfolgsfaktoren werden nun im Team gewichtet. Nehmen wir an, es ergeben sich zehn Erfolgsfaktoren. Auf der Basis dieser zehn Erfolgsfaktoren können Sie nun die einzelnen Unternehmen des Wettbewerbs vergleichen: Sie fangen z. B. mit dem Wettbewerber an, den wir bereits als wichtigsten aus der Erfolgsplattform identifiziert haben. Abbildung 18 gibt einen beispielhaften Überblick.

Anhand der Wettbewerbs-Verkaufsanalysenübersicht kann man nun verschiedene Fragen stellen.

Die erste Frage: Was sind die Stärken des Wettbewerbers? Wie können wir diesen Stärken rein verkaufstechnisch, argumentativ gegenübertreten?

Die zweite Frage: Was sind die Schwächen des Wettbewerbers? Wie können wir die Schwächen des Wettbewerbers mit entsprechenden Verkaufsargumenten dramatisieren?

Sollten in diesem Chart Felder weiß bleiben – also Fragen nicht beantwortet werden können –, so wäre es ein vernünftiger Schritt, hier die entsprechenden Maßnahmen abzuleiten.

Der nächste Schritt würde in der Zusammenfassung der einzelnen Argumente pro Wettbewerber liegen. Dann können Sie die Kunden heraussuchen, bei denen Sie mit diesen Argumenten arbeiten wollen. Jetzt stellen Sie Überlegungen an, wie man Ihre erarbeiteten Argumente dem Kunden deutlich machen kann und wie man die Argumente in Maßnahmen umsetzt. Das ist konkret funktionierendes Verkaufstraining. Wenn Sie hier in dieser Phase der Entwicklung ein Gesprächstraining einbauen, dann hat jeder Mitarbeiter die Chance, die erarbeiteten Argumente richtig zu transferieren und umzusetzen.

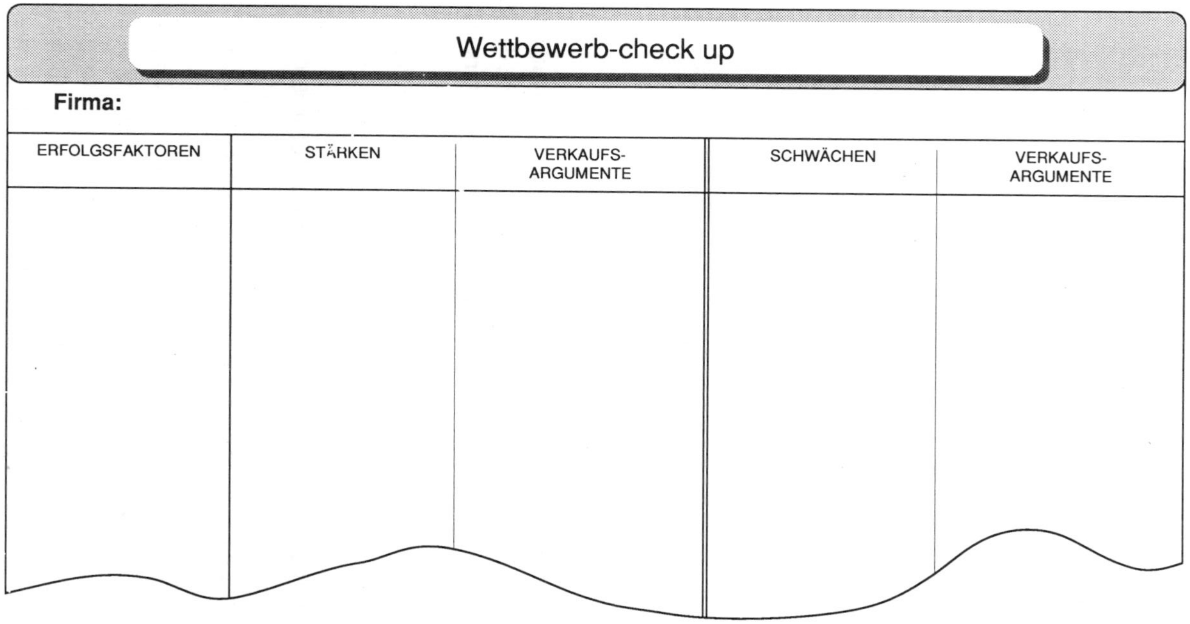

Abb. 18: Gestaltungsvorschlag für einen praxisorientierten Wettbewerbsvergleich

8 Schritte zur wettbewerbsorientierten Maßnahmenerarbeitung

1. Identifizierung der besonders erfolgskritischen Kunden bei den Wachstumskunden.
2. Namentliche Nennung der Wettbewerber pro Kunde.
3. Gewichtung der Wettbewerber mit den angenommenen Potentialwerten.
4. Prioritätsbildung der Wettbewerber nach Umsatzschwerpunkt (DM-Schwerpunkt, andere situationsadäquate Kriterien).
5. Erarbeitung der Erfolgskriterien der eigenen und der Wettbewerbsfirmen gegenüber den Kunden im Markt.
6. Wettbewerbsverkaufsanalyse zur Ermittlung der Stärken und Schwächen und der Ableitung der verkäuferischen Handlungsalternativen.
7. Verkaufstechnische Argumente pro Wettbewerber zusammenfassen, übersichtlich darstellen (evtl. Verkaufstraining).
8. Umsetzung des Wissens pro Mitarbeiter/Kunde mit vertrauensbezogener Ergebnismessung.

Ein Sprung in die Zukunft: Erfolgsmessung und Feedback

Es ist wichtig, daß Sie für jede Maßnahme, die Sie erarbeiten, auch eine Erfolgsmessung durchführen. Wenn Sie sehen, daß die von Ihnen entwickelte Maßnahme funktioniert hat, verstärken Sie sie. Wenn sie nicht funktioniert, untersuchen Sie, woran es liegen kann, und entwickeln Sie eine neue Idee ohne die alten Fehler.

Beispiel 2: Serviceorientierte Maßnahmenerarbeitung

Hier, bei einer am Service festgemachten Verkaufsmaßnahme, muß schon am Anfang eine Warnung stehen:

Achten Sie in der Gesprächsgestaltung darauf, den Namen des Wettbewerbers, mit dessen Service Sie sich vielleicht vergleichen, niemals auszusprechen. Denn wenn Sie Ihren Kunden darauf ansprechen, daß Ihr Service im Verhältnis zum Wettbewerber XY eigentlich besser ist, können Sie ihm das vielleicht beweisen, doch wird er sofort mit seinen Gedanken beim Wettbewerber sein und ihm werden automatisch die Dinge einfallen, die der Wettbewerber auf jeden Fall besser kann. Wenn er dann auch noch den Hauptanteil seines Umsatzes mit diesem Wettbewerber macht, werden Sie automatisch in die Defensive gedrängt. Bei einem Verkaufsgespräch, das sich um das Thema Service dreht, gibt es nur eins: Vergessen Sie, daß ein Wettbewerber irgendeinen Service leistet; Sie müssen dem Kunden Ihren Service so anbieten, daß er begeistert und fasziniert ist! Also: Führen Sie Ihr Gespräch nur über Ihren eigenen konkreten Service!

Im vorigen Beispiel, bei der Entwicklung einer wettbewerbsorientierten Maßnahme, haben wir uns bereits an den Erfolgsfaktoren des Wettbewerbs orientiert. Ein vergleichbares Vorgehen empfiehlt sich auch hier: Stellen Sie fest, welches die 10 erfolgreichsten Serviceleistungen Ihrer Firma sind , und listen Sie Ihre zehn erfolgreichsten Serviceleistungen in der folgenden Tabelle auf:

Serviceleistungen	
1.	
2.	
3.	
4.	
5.	
6.	
7.	
8.	
9.	
10.	

Machen Sie sich klar, aufgrund welcher Serviceleistungen Kunden sich entschließen, bei Ihnen zu kaufen. Versuchen Sie, bei der Definition dieser Serviceleistungen im Kopf Ihrer Kunden zu denken.

Fühlen Sie sich, während Sie die Tabelle ausfüllen, wie ein Zehnkämpfer, denn es geht hier darum, in zehn verschiedenen Servicedisziplinen Hervorragendes zu leisten.

Was nützt Ihr Service dem Kunden?

Formulieren Sie Ihre Serviceleistungen in der Sprache des Kunden. Formulieren Sie Ihre Leistungen in den Nutzen um, den der Kunde durch Sie erfährt. So erkennt der Kunde sich selbst und seine Bedürfnisse wieder und bekommt gleichzeitig eine Antwort auf all die Fragen, die er im Servicebereich vielleicht hat. Tragen Sie in die Auflistung Ihrer zehn erfolgreichsten Serviceleistungen hinter jeder Serviceleistung die Formulierung des Kundennutzens ein. Denn das einzige, was zählt, ist auch im Servicebereich der Profit des Kunden. Und der hängt ab von dem Nutzen, den Sie ihm bieten! Das muß so klar und so deutlich wie möglich gemacht werden.
Tragen Sie bitte jetzt den Nutzen in die Tabelle auf der folgenden Seite ein.

Die Fragebogenidee

Eigentlich sind Fragebögen Instrumente der Marktforschung. In diesem Beispiel möchten wir aber einmal demonstrieren, wie multivariabel ein Fragebogen innerhalb einer serviceorientierten Verkaufsmaßnahme funktionieren kann.

Serviceleistungen	Nutzen

Ein interessantes Verkaufsgespräch mit Dialoggarantie

Fangen wir bei der Begründung der Fragebogenaktion an:

Die Tatsache, daß es ein Servicegespräch auf der Basis eines Fragebogens gibt, kann der Mitarbeiter dadurch erklären, daß der ohnehin schon umfassende und gute Service in Zukunft noch perfekter und noch individueller auf die Bedürfnisse des einzelnen Kunden zugeschnitten werden soll. Dies ist ein Gesprächseinstieg, der jedem Kunden klarmachen wird, daß es hier in erster Linie um seinen Nutzen geht.

Natürlich muß Ihr Mitarbeiter auf jeden Fall begreifen, daß es in der Fragebogenaktion nicht um Marktforschung geht, sondern vielmehr darum, daß sein Kundengespräch auf ein neues Niveau, auf eine für den Kunden interessante Ebene, angehoben wird. Der Kunde bekommt das gesamte Serviceangebot Ihrer Firma deutlich vor Augen geführt und er wird sogar noch dazu aufgefordert, hier seine Meinung abzugeben. Für seine Bewertung steht ihm ein Schulnotensystem von 1 bis 6 zur Verfügung.

Serviceleistungen	Nutzen	+ - 1 2 3 4 5 6

Auf keinen Fall sollte der Fragebogen so gehandhabt werden, daß der Kunde ihn zum Ausfüllen erhält. Das wäre Marktforschung, die hier nicht gefragt ist. Trotzdem ist es wichtig, daß der Kunde zu den Serviceleistungen Stellung nimmt.

Das Gespräch sollte so aufgebaut sein, daß die Kritik, die der Kunde am Serviceprogramm hat, durch den Mitarbeiter deutlich herausgearbeitet wird. Der nächste Schritt setzt dann nämlich in der Bearbeitung dieser Defizite an. Das Ergebnis besteht dann in der Ableitung von Maßnahmen, die mit diesen Defiziten gut umgehen.

Hier die Schritte:

6 Schritte zur serviceorientierten Maßnahmenerarbeitung

1. Erarbeitung der Servicefähigkeiten, die Ihr Unternehmen auszeichnen (Erfolgsfaktoren).
2. Merkfähigkeit der Erfolgsfaktoren durch eine attraktive Metapher (hier: Zehnkämpfer).
3. Umformulierung der Leistungssprache des eigenen Unternehmens in die Nutzensprache des Kunden.
4. Konzipierung eines Fragebogens nach der Klassifizierung des Schulnotensystems.
5. Diskussion des Kunden zur Ermittlung der Service-Leistungen (Nutzen), die zu verbessern sind.
6. Ableiten von konkreten Maßnahmen, zeitbezogen und meßbar.

3. Maßnahmen der dritten Art – oder der große Wurf

Maßnahmen der dritten Art sind unter zwei Aspekten zu sehen: Der genial-kreative Aspekt verlangt die Aktivierung aller intuitiven und kreativen Kräfte der hauseigenen Mitarbeiter, vielleicht sogar die Hilfe externer Berater oder Agenturen. Es geht darum, eine Verkaufsidee zu zaubern, die als großer Wurf bahnbrechend ist. Verlassen Sie den Kreis liebgewonnener Gewohnheiten und sicherer Grenzen. Gehen Sie neue Wege!

Für derartige neue Wege sind Verkaufsaktionen wie Jever-Bingo, Promotion BMW 7er-Reihe, Braun 87er-Aktionen, Commodore-Cup, Continental-CASC – computer aided sales communication, Sony-Trio, Good year-Vector beispielhaft.

Wenn Sie bisher gewohnte Wege gegangen sind, haben Sie sich immer an den Fußspuren, die jemand vor Ihnen im Sand gelassen hat, orientiert. Jetzt müssen Sie sich entscheiden, einen eigenen Weg zu gehen, sich an den Fußspuren vor Ihnen nicht mehr zu orientieren und eine eigene Spur zu hinterlassen.

Nur Mut: Wer vom Weg abkommt, lernt die Gegend kennen! Verkaufsmaßnahmen der dritten Art sprengen die Grenzen der Ihnen bisher vertrauten Maßnahmen. Hier geht es um den großen Wurf, um die geniale Verkaufsidee.

Der zweite Aspekt, durch den sich Maßnahmen der dritten Art auszeichnen, ist die Entwicklung kundenindividueller Einzelkonzepte.

Nehmen wir an, daß gerade in einem speziellen Wachstumskunden eine extrem gute Zukunftschance für Sie liegt. Maßnahmen der 1. und der 2. Ordnung sind für diesen Kunden zu langweilig und auch zu wenig erfolgversprechend. Für diesen Kunden wollen Sie unbedingt ein superkreatives, detailliertes Einzelkonzept entwickeln.

Hier empfiehlt es sich in jedem Fall, von Normalkreativität in ein Kreativitätshoch umzusteigen. Nutzen Sie hierzu jedes kreative Potential, das sich Ihnen bietet: die Kreativität Ihres Teams, Ihre eigene Kreativität und die Kreativität von Spezialisten. Die Teamkreativität mit all den bekannten Kreativitätstechniken dient häufig dazu, den intuitiv begabten Spitzenkreativen ein Briefing und ein breites Spektrum an Basiskreativität zur Verfügung zu stellen.

4. Erfolgsmessung

Welche Maßnahmen Sie auch immer entwickeln, nachdem die Maßnahmen beim Kunden umgesetzt worden sind, kommt es darauf an, zu bewerten, wie erfolgreich sie sind.

Hier zeigt sich die Exzellenz der Erfolgsplattform. Jede für einen Kunden oder eine Kundengruppe entwickelte Maßnahme wird in die Spalte des von Ihr betroffenen Kunden eingetragen und schon nach dem ersten Besuch wissen Sie, ob es funktioniert oder nicht. Und Sie wissen dann höchstwahrscheinlich auch, was zu tun ist, damit es funktioniert. Ein direkteres und schnelleres Selbstmanagementinstrument für den einzelnen Außendienstmitarbeiter oder ein professionelleres Führungssystem für den Verkaufsleiter gibt es nicht.

Wenn Sie ganze Bündel von Maßnahmen für einzelne Kunden oder für Gruppen entwickelt haben, können Sie diese Maßnahmen jetzt mit Hilfe der Erfolgsplattform in ein zeitgesteuertes Kampagnensystem mit harten Feedbackbandagen gießen.

Allerdings muß man davon ausgehen, daß in einigen Unternehmen direkt meßbare Maßnahmen pro Kunde nicht geschätzt werden. Einmal mögen Außendienstmitarbeiter im Rahmen ihres Selbstmanagements den Augenblick der Wahrheit mit einer derartigen Klarheit nicht so sehr. Auch der Verkaufsleiter könnte bei soviel Klarheit einen tüchtigen Ärger fürchten und wieder zurück zum alten Bewährten wollen, wo er Klarheit durch direkte Erfolgskontrolle nicht zu befürchten hatte.

Es gibt eine hochinteressante Umfrage unter Tigern: Käfige ja oder nein? Die Antwort ist überraschend. Die Mehrzahl der Tiger ist gegen Käfige, aber für geregelte Verpflegung!

Irgendwo steht geschrieben, daß die Welt so zu nehmen ist wie sie ist – aber nirgendwo findet man den Satz, daß sie auch so zu lassen ist! Was zählt, sind letztendlich Maßnahmen, die deckungsbeitragorientierte Umsätze steigern und Probleme lösen. Wenn Sie sich in diesem Sinne für die Erfolgsplattform einsetzen oder Sie als Verkaufsleiter im Außen- und Innendienst einsetzen, müssen Sie nicht die vorhandenen Bäume ausreißen, um nachzusehen, ob noch Wurzeln dran sind. Im Anfang gibt es immer den Kompromiß, das Bestehende neben dem Neuen zu lassen. Neue Besen kehren zwar gut, aber alte Besen wissen, wo der Dreck sitzt!

Wie dem auch sei – wenn die Erfolgsplattform und diese hier vermittelten Ansätze zur Maßnahmenerarbeitung ein guter Sack voll Neuigkeiten für Sie sind, denken Sie daran, nicht Wissen ist Macht – Tun ist Macht!

Fünftes Kapitel

Das Gespräch

Gespräche sind das Herz aller Maßnahmen

Nachdem bis hierher die Fragen der Richtung, des Steuerns, der inneren Führung durch das Herz und die Erarbeitung der Maßnahmen geklärt worden sind, konzentriert sich der 3. Pfad auf das Gespräch.

Für das Gespräch scheinen häufig Rhetorik und Präsentation im Vordergrund zu stehen – aber es gibt einen anderen Weg, der all das, was bisher wichtig erschien, zur Farce werden läßt. Lernen Sie diesen Weg kennen: Er baut auf vier Schritten auf.

Das Fundament eines jeden Verkaufserfolges ist das fundierte inhaltliche Wissen eines jeden Mitarbeiters.

Die hohe Kunst des Verkaufens fängt dort an, wo diese Inhalte dem Kunden so vermittelt werden, daß er regelrechte Lust bekommt, die angebotenen Dienstleistungen oder Produkte zu erwerben oder zu nutzen.

Der nächste Schritt zum Erfolg wird getan, wenn der Verkäufer den Kunden aus sich heraus – durch seine Ausstrahlung, durch sein Charisma – begeistern kann. Dazu muß der Verkäufer in sich ruhen und alle seine Ressourcen in den Dienst des Verkaufens stellen. Damit ist gemeint, daß er all seine inneren Kräfte auf einen Punkt fokussiert und das durch sein persönliches Verhalten auch zum Ausdruck bringt. Er ist von seiner Aufgabe begeistert und kann so auch den Kunden begeistern.

Denken Sie einmal darüber nach, wie es ist, wenn Sie schlecht gelaunt sind. Dann wird Ihnen alles zur Pflicht und Ihre Verkaufsgespräche werden zäh und widerspenstig. Ganz anders ist es, wenn Sie in Superlaune ein hervorragendes Gespräch führen: Dann fliegt Ihnen alles zu, geht alles wie von selbst.

Der dritte Schritt zum Erfolg besteht darin, den Kontakt zum Gesprächspartner zu finden. Kontakt finden bedeutet einfach, die richtige Wellenlänge finden – also auf der Wellenlänge senden, die der andere auch empfangen kann.

Erst jetzt, nachdem Sie die richtige Wellenlänge gefunden haben, können Sie den vierten Schritt zum Erfolg tun: Erst jetzt reden wir darüber, was wohl die meisten unter der Führung eines Verkaufsgesprächs verstehen:

Wie ist ein Gespräch aufzubauen?

Was sind die markanten Meilensteine eines erfolgreichen Gesprächs?

Doch auch in diesen Punkten werden Sie, wenn Sie klassische Problemlösungen erwarten, mit Überraschungen rechnen müssen!

1. Kundenorientiertes Wissen

Wissen macht weise – wenn Sie wissen, was Sie wissen müssen!

Der griechische Philosoph Heraklit faßt all sein Wissen in einem einzigen Satz zusammen: Ich weiß, daß ich nichts weiß!

Ob er, um dieses von sich behaupten zu können, sehr viel oder sehr wenig wissen mußte, darüber streitet man sich bis heute.

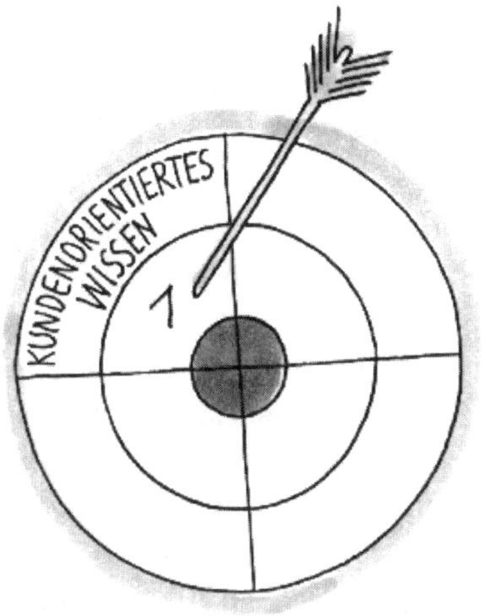

Die Basis des Verkaufserfolges liegt im Wissen: Ob es dabei aber schon ausreicht, über Produkte, Produktleistungen, Produktnutzen und Service Bescheid zu wissen, ist fraglich. Im folgenden werden Sie erfahren, daß das Wissen, das ein sicheres Fundament für den Verkaufserfolg darstellt, wesentlich umfassender ist. Lassen Sie sich überraschen!

Gott sei Dank steckt der Teufel im Detail!

Gott sei Dank leben wir nicht mehr in einer Zeit, in der die Produktvorteile so extrem sind, daß der Verkäufer nur die Aufgabe hat, diese Produktvorteile richtig vorzustellen. Das würde man dann nicht verkaufen, sondern einfach abgeben oder liefern nennen. Das Leben des Verkäufers ist heute viel interessanter geworden, denn die Produkte, die von unterschiedlichen Wettbewerbern angeboten werden, sind fast identisch, und die geringfügigen Vorteile müssen durch Faktoren wie Firmenimage, Service und Sympathie zum Verkäufer verstärkt werden. Man kann sagen, daß ein Verkäufer erst dann ein guter Verkäufer ist, wenn er es versteht, die Produkte und Leistungen seiner Firma durch seine Person zu verkaufen.

Daß in diesem Zusammenhang der Verkaufserfolg auf einem umfassenderen Wissen als nur dem Produktwissen basiert und ein guter Verkäufer über ein wesentlich umfangreicheres, bis in die Psychologie und Kommunikation hineinreichendes Wissen verfügen muß, wird jetzt klar.

Hier sollen zuerst zwei produktnahe Aspekte betrachtet werden: Firma und Service. Der Aspekt Firma beinhaltet Themen wie Forschung, Angliederung an eine große Mutter. Der Aspekt Service bezieht sich auf Liefergenauigkeit, Lieferschnelligkeit usw. Die Frage hier ist, wie man dieses Wissen so aufbereiten kann, daß es für den Mitarbeiter übersichtlich wird und verkaufsorientiert umgesetzt werden kann.

Denken Sie nutzenorientiert!

Nehmen wir aus den vorgestellten Kreisen das Beispiel Service. Fragen Sie einmal Ihre Mitarbeiter, welche Leistungen Ihr Unternehmen im Servicebereich hat. Machen Sie ein Brainstorming und tragen Sie Ihre Serviceleistungen orientiert am folgenden Beispiel in eine Tabelle ein.

1. Schnelle Lieferung
2. Hervorragende Computersysteme
3. Mitarbeiterteam
4. Gute Verpackung
5.
6.
7.

Sicher werden Sie eine Menge von Serviceleistungen auflisten, und allein dieser Prozeß wird für Sie sehr interessant sein, denn hier erfahren Sie, mit welchen Gewichtungen Ihre Mitarbeiter den Service Ihrer Firma sehen. Sie werden in diesem Brainstorming und bei der Erarbeitung der Liste auch sehr schnell erkennen, daß die Verkäufer, die nur wenige Serviceleistungen auflisten, im Kundengespräch auch nur wenige Serviceleistungen präsentieren können.

Der nächste Schritt nach dem Brainstorming und nach der Erarbeitung der Liste Ihrer Serviceleistungen besteht darin, diese Leistungen nach Wichtigkeit zu sortieren.

Bisher wurde nur über Leistungen gesprochen – und ob Sie es glauben oder nicht, dafür interessiert sich der Kunde überhaupt nicht. Der Kunde interessiert sich nur dafür, welchen Nutzen er aus den Leistungen ziehen kann. Ein Verkäufer, der Leistungen aus der Perspektive seiner Firma formuliert, trifft das Herz des Kunden nicht.

Jeder kennt die Hochglanzbroschüren, wo auf der Titelseite ein Foto des Firmengebäudes prangt und dann im übrigen sauber aufgelistet alle Leistungen bis ins kleinste Detail dargestellt werden. Erst ganz spät auf den letzten Seiten kommen dann vielleicht die Punkte, die den Kunden interessieren. Jedem ist klar, daß es genau anders herum sein müßte.

Gehen wir davon aus, daß der Kunde ein ganz anderes Interesse hat – ihn interessiert nur, welchen Nutzen die Leistungen, die Sie ihm präsentieren, für ihn haben!

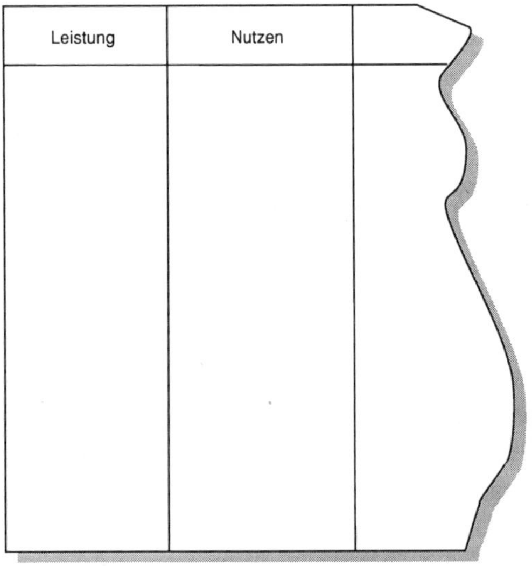

Abb. 19: Leistung-Nutzen-Chart für Ihre persönlichen Aufgaben

Denken Sie einmal daran, wie es ist, wenn Sie ein altes Klassenfoto sehen. Wen sehen Sie auf diesem Foto zuerst? Natürlich sich selber und dann erst die anderen! So denkt auch Ihr Kunde!

Und deshalb kommt es nur darauf an, Ihre Leistungen in die Nutzensprache des Kunden zu übersetzen!

Wie viele Nutzensprachen spricht Ihr Kunde?

Spricht der Verkäufer erst einmal in der Nutzensprache des Kunden, dann ist schon ein gewaltiger Fortschritt gemacht. Dummerweise gibt es aber in jedem Unternehmen einige Entscheidungsträger, jeder Entscheidungsträger hat einen anderen Nutzenbegriff – und spricht so auch eine andere Nutzensprache.

Stellen Sie sich einen Geschäftsführer vor, der alle Entscheidungen mehr oder weniger aus einer gewissen Überfliegerperspektive trifft. Dieser Geschäftsführer muß von einem Gesamtnutzen für das Unternehmen und alle seine Teile überzeugt werden.

Dann gibt es häufig den technisch Orientierten, der das Detail liebt und der vor allem eine technische Sprache bevorzugt. Diesem Entscheidungsträger muß der Nutzen adäquat technisch präsentiert werden.

Und dann gibt es noch den typischen Einkäufer, der alles von der wirtschaftlichen Seite sieht und der in Preisen argumentiert.

Im Sinne des Verkaufserfolges sind Sie gezwungen, Ihre Leistungen in drei verschiedene Nutzensprachen zu übersetzen – und natürlich haben Sie je nach Unternehmen eine ganz andere Typologie und Verteilung der Entscheidungsträger.

Leistung	Nutzen	TYPEN		
		Geschäftsführer	Einkäufer	Techniker

Abb. 20: Leistung-Nutzen-Chart für die Umsetzung der 3 Typologien Ihrer persönlichen Aufgaben

Sinnesspezifische „Dialekte“

Sie haben mit Ihrem Verkaufsteam einen Riesenschritt geschafft. Sie sprechen die Nutzensprache des Kunden, orientiert an den einzelnen Entscheidungsträgertypen. Aber es fehlt noch etwas sehr Wichtiges, wenn es um einen wirklich hundertprozentigen Transfer Ihrer Leistungen in die Nutzensprache des Kunden geht: Jeder Entscheider spricht einen „sinnesspezifischen Dialekt“. Wenn Sie diesen „Dialekt“ herausfinden und auch noch den Nutzen in diesem „Dialekt“ formulieren, werden Sie mitten ins Schwarze treffen.

Hier schnell ein Beispiel, das Ihnen erklären soll, was ein „sinnesspezifischer Dialekt“ ist:

Sie haben bestimmt schon einmal gehört, daß ein Kind, das in der Schule immer hervorragende Leistungen brachte, plötzlich im Zusammenhang mit einem Lehrerwechsel stark in den Leistungen nachläßt. Selbst bei größtem Engagement von Lehrer und Eltern gelingt es erst einmal nicht, die Leistungen wieder zu verbessern. Es stellt sich dann heraus, daß der alte Lehrer es liebte, seine Erklärungen visuell zu demonstrieren, sie an der Tafel aufzuzeichnen oder sie sogar in Beispielen vorzuspielen. Diese Methode hat das Kind als optimal erlebt und mit den entsprechend guten Leistungen darauf reagiert. Der neue Lehrer hat nun in bezug auf seine Vermittlung eine andere Vorliebe. Er liebt es, die Dinge umfangreich und mit sehr guten Beispielen verbal zu erklären, aber er zeichnet kaum auf der Tafel und visualisiert so gut wie gar nicht. Was ist hier geschehen?

Wie Sie wissen, nehmen Menschen ihre Informationen über die verschiedenen Sinne auf.

Wissenschaftler haben nun festgestellt, daß unsere Kommunikation sinnesspezifisch verläuft, daß jeder von uns sowohl für eine Rezeption als auch für seinen Ausdruck ein bestimmtes Lieblingssystem benutzt.

VISUELL	AUDITIV	KINÄSTHETISCH
Ich sehe ganz klar, was Du meinst.	Das hört sich vernünftig an.	Ich habe das Gefühl, ich weiß, was gemeint ist.
Ich möchte, daß Du genau hinschaust.	Ich möchte besonders betonen.	Ich möchte, daß Du es begreifst.
Kannst Du Dir das bildlich vorstellen?	Klingt das gut?	Hast Du es begriffen?
Es gibt keinen Schatten des Zweifelns.	Stimmt Wort für Wort.	Es gibt nichts daran zu rütteln.
Für mich ist das etwas verschwommen.	Das klingt überzeugend.	Ich kann Dir nicht ganz folgen.
Das sind trübe Aussichten für Dich.	Das findet bei mir nicht die kleinste Resonanz.	Damit landest Du nicht bei mir.

In diesem Sinne läßt sich auch das rätselhafte Nachlassen der Schulleistung des Kindes im ersten Beispiel leicht erklären: Das Kind war auf den Sinneskanal Sehen spezialisiert und hatte in dem ersten Lehrer eine gute Entsprechung gefunden. Der Lehrer vermittelte vor allem durch Visualisierung. Das Kind verstand auf diesem Kanal sehr gut und reagierte mit ausgezeichneten Leistungen. Der andere Lehrer, der vor allem verbal und an Beispielen erklärte, wurde von dem Kind, das auf dem auditiven Kanal nicht so begabt war, nur schlecht empfangen – so sind dann die schlechten Leistungen zu erklären.

Wird ein Verkaufsgespräch nun vor allem über den visuellen Kanal – wir sagen hier „visuellen Dialekt“ – geführt, kann der Verkäufer sein Ziel nur erreichen, wenn sein Partner auch eine Vorliebe für diesen „visuellen Dialekt“ hat. Genauso ist es mit dem „auditiven Dialekt“ und mit dem „Gefühlsdialekt“. Es kommt immer darauf an, herauszubekommen, welchen „Dialekt“ der Gesprächspartner spricht und welchen „Dialekt“ er so auch besonders gut verstehen kann. Auf der vorigen Seite finden Sie eine Tabelle mit sinnesspezifischen Worten und Redewendungen, die für die einzelnen Dialekte repräsentativ sind.

Wenn Sie es für den Anfang nicht schaffen, den sinnesspezifischen „Dialekt“ Ihres Gesprächspartners schnell genug zu diagnostizieren, verlegen Sie sich darauf, ihm den Nutzen Ihres Angebotes umfassend in allen drei „Dialekten“ zu formulieren.

Verkaufsgeschichten sind mehr als Produktstories

Häufig werden Sie feststellen, daß gerade ältere Verkäufer exzellente Geschichten erzählen können, um die Leistungen und den Nutzen für die Kunden entsprechend zu dramatisieren. Geschichten, in denen das Produkt eine Hauptrolle spielt, machen einfach deutlicher, um was es geht und welche Rolle der Produktnutzen im praktischen Alltag des Kunden spielen kann. Diese Verkaufsgeschichten sind keine Produktstories, sondern mehr als das; diese Verkaufsgeschichten sind wie Gleichnisse. Sicherlich kennen Sie einen der größten Moderatoren in der Geschichte der Menschheit – es war Jesus Christus. Auch er verstand es in hervorragender Weise, das, was er sagen wollte, durch Geschichten und Gleichnisse auszudrücken. Wenn Sie den „sinnesspezifischen Dialekt“ Ihres Kunden nicht diagnostizieren können und sich so auf ihn auch nicht einstellen können, wird es Ihnen durch eine Geschichte immer gelingen, den Kunden auf den sinnesspezifischen „Dialekt“ der jeweiligen Geschichte einzustimmen. Geschichten werden von allen verstanden, egal welchen „sinnesspezifischen Dialekt“ sie sprechen und verstehen!

Demonstration heißt: Kommunikation auf allen Kanälen!

Immer wieder gibt es die Diskussion darüber, ob das, was eine Marketingabteilung an Unterlagen produziert, vor Ort im Kundengespräch wirklich hilfreich ist. Diese Diskussion ist überflüssig, wenn man den Salesfolder zur Demonstration während des Gespräches benutzen kann. Während Sie sprechen und dem Kunden den Nutzen erklären, muß der Salesfolder den Part der Visualisierung übernehmen können. Und wenn dann im Salesfolder selbst noch taktile Gags eingebaut sind, ist die Demonstration auf allen drei Sinneskanälen perfekt.

Vielleicht ist es aber auch möglich, dem Kunden das Produkt (oder einen bestimmten Teil des Produktes) direkt in die Hand zu geben, um so sein taktiles Kommunikationsbedürfnis zu befriedigen. Sollte das nicht möglich sein und sich die taktile Kommunikation auch nicht über ein Modell herstellen lassen, rundet es das Gespräch immer noch ab, dem Kunden den Salesfolder in die Hand zu geben und ihm dann, wenn so der Körperkontakt zur Demonstration hergestellt ist, aus nächster Nähe zu visualisieren, welchen Nutzen Ihr Produkt für ihn hat. Indem Sie alle drei sinnesspezifischen Kommunikationskanäle ansprechen, können Sie einfach sicher sein, daß Ihr Gesprächspartner Ihre Botschaft wirklich mitbekommt.

Leistung	Nutzen	TYPEN			DIALEKTE		
		Geschäftsführer	Einkäufer	Techniker	auditiver Dialekt	visueller Dialekt	kinästhetischer Dialekt

Abb. 21: Leistung-Nutzen-Chart für die ganzheitliche Umsetzung Ihrer persönlichen Aufgaben

Wenn Sie dem Schrotschuß der Kommunikation auf allen drei sinnesspezifischen Kanälen ein spezifisches Vorgehen, also die gezielte Kommunikation im „sinnesspezifischen Dialekt“ Ihres Gesprächspartners vorziehen, können Sie sich an der Liste der sinnesspezifischen Vokabeln orientieren und dann darauf achten, welchen „Dialekt“ Ihr Partner spricht. Wenn Sie beim genauen Zuhören herausfinden, daß bestimmte Worte gehäuft auftreten, dann liegt die Vermutung nahe, daß Sie den Lieblingskanal Ihres Gesprächspartners gefunden haben. Dann können Sie versuchen, auf diesem Kanal eine gezielte Kommunikation zu installieren, aber denken Sie auch daran, daß die Bevorzugung eines Kanals je nach Situation wechseln kann.

Der Augenblick der Wahrheit

Um den Kommunikationskanal zu diagnostizieren, auf dem Ihr Gesprächspartner gerade ansprechbar ist, gibt es natürlich außer der sinnesspezifischen Sprachanalyse auch noch andere Möglichkeiten. Sie können aus seinen Augenbewegungsmustern oder genauer gesagt aus der Stellung seiner Augen ableiten, in welchem sinnesspezifischen System sein Gehirn gerade arbeitet:

Blickt er nach oben rechts, so hat er eine bildliche Erinnerung an eine bestimmte Situation.

Schaut er nach oben links, so konstruiert er sich gerade ein Bild.

Schaut er zum rechten Ohr, so hört er innerlich bestimmte Worte oder Klänge, die er gerade aus seiner Erinnerung hervorsucht.

Der Blick zum linken Ohr signalisiert, daß er gerade dabei ist, ein Klangereignis, z. B. eine Melodie oder eine Stimme, zu konstruieren.

Der Blick nach unten links verrät Ihnen, daß Ihr Partner auf dem Gefühlskanal ist.

Der Blick nach unten rechts läßt darauf schließen, daß Ihr Partner einen inneren Dialog führt – vielleicht um mit sich zu klären, was mit Ihrem Angebot los ist.

Alle Trümpfe in einer Hand!

Der eine oder andere wird sich nun fragen: Wie kann ich all das, was ich hier über das Verkaufsgespräch gelesen habe, in eine übersichtliche Kurzform bringen?

Wir haben für Sie die wichtigsten Inhalte dieses Buches auf ein Kartenspiel, dessen Karten das Format von Skatkarten haben, übertragen. Dieses Spiel paßt in so gut wie jede Tasche, und Sie können es überall mitnehmen.

Wir haben dieses Spiel so entwickelt, daß wir zusammen mit Ihnen Ihre speziellen Leistungen, umgesetzt in Kundennutzen, noch auf extra dafür vorgesehenen Karten plazieren können. In einem an Ihren speziellen Bedürfnissen und an Ihrer speziellen Situation festgemachten Training können wir jeden gewünschten Inhalt erarbeiten und formulieren, um ihn dann in die allgemeine

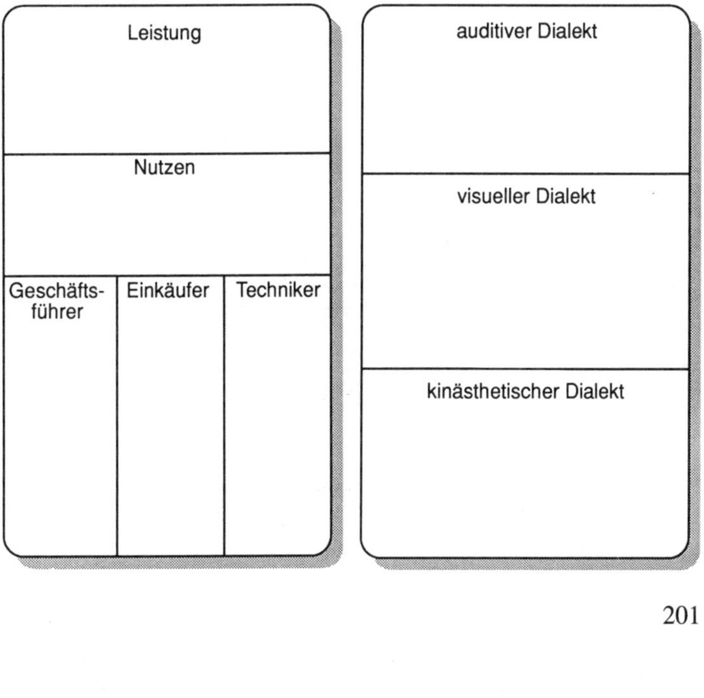

didaktische Form des Spiels und seiner Spielregeln zu füllen. Dieses Fill-in-Konzept führt auch dazu, daß Sie und Ihre Mitarbeiter nach dem initialen Training mit dem Spiel wirklich etwas anfangen können und sich das Training so durch das Medium Kartenspiel selber fortsetzt.

Spielend vom oberflächlichen zum verkaufsaktiven Wissen

Aus Ihrer eigenen Praxis werden Sie wissen, daß es absolut nicht ausreicht, das in Verkaufsseminaren erarbeitete Wissen in Bücher zu packen. Am besten können Sie das einschätzen, wenn Sie Ihr Verhalten nach Seminaren überprüfen. Sie haben einen dicken Ordner mit Unterlagen bekommen. Nach dem Seminar hat kaum jemand noch die Zeit oder die Energie, das im Seminar erarbeitete Wissen zu repetieren und in bezug auf die eigene, spezielle Praxis jemand noch die Zeit oder die Energie, das im Seminar erarbeitete Wissen zu repetieren und in bezug auf die eigene, spezielle Praxis aufzuarbeiten.

In der folgenden Grafik wird unterschieden zwischen oberflächlichem, verkaufsaktivem und vertieftem Wissen.

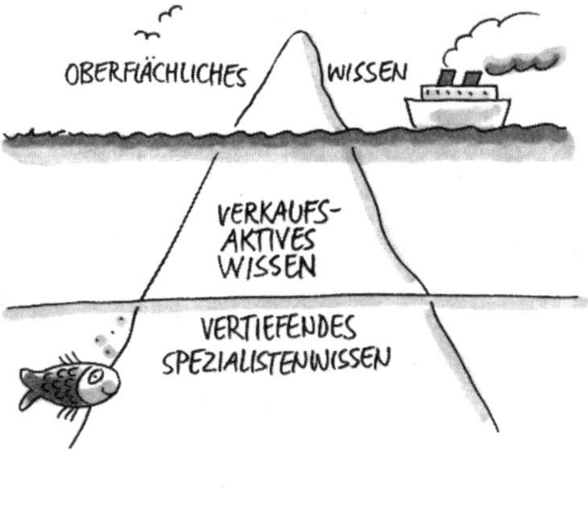

Das in einem Seminar erarbeitete Wissen ist zunächst Oberflächenwissen. Es muß erst an der eigenen Praxis gehärtet und vertieft werden. Durch die Umsetzung auf die eigene Praxis und auf spezielle Situationen – durch die praktische Anwendung wird es dann – wie in der zweiten Schicht der Pyramide gezeigt – zu verkaufsaktivem Wissen. Bei dieser Aktivierung des Oberflächenwissens hilft Ihnen das von uns entwickelte, mit Ihnen gemeinsam zu spezifizierende Kartenspiel. Ihr Mitarbeiter gelangt durch dieses Spiel leicht und spielerisch, aber absolut sicher vom oberflächlichen Wissen zum verkaufsaktiven Wissen.

Der Schritt vom verkaufsaktiven zum vertieften Wissen ist nur für diejenigen notwendig, die vom Speziellen wieder ins Allgemeine abstrahieren müssen, weil sie vielleicht Modelle entwickeln oder als Trainer arbeiten wollen. Auf jeden Fall kommt es auch hier darauf an, das allgemeine Wissen auf eine bestimmte Situation und auf eine bestimmte Praxis anzuwenden.

2. Persönliche Ressourcen

Haben Sie es sich schon einmal überlegt, weshalb Sie all die verrückten Sachen machen? Weshalb Sie regelmäßig arbeiten gehen, verheiratet sind, Kinder haben, Steuern zahlen usw.?

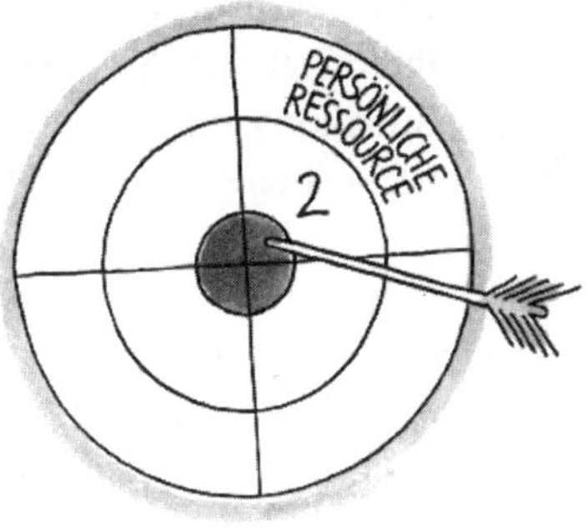

Eigentlich tun Sie all das nicht, um etwas zu haben – … z. B. um eine Ehefrau zu haben, ein Auto zu haben oder viel Geld zu haben …

Sie wollen mit den Dingen, die Sie tun, ein bestimmtes Gefühl produzieren, das angenehm für Sie ist. Sie wollen sich schlicht und ergreifend wohlfühlen! Sie wollen sich kraftvoll fühlen und in Ressource sein! Je mehr Dinge Sie tun können, die Ihnen dieses Gefühl vermitteln, um so besser wird Ihr Leben funktionieren.

Es gibt Situationen, in denen Sie voller Kraft und voller Mut sind und in denen Sie alle Schwierigkeiten leicht meistern. Aber genausogut gibt es Situationen, in denen Sie einfach schlecht drauf sind und aus diesem Gefühl heraus einfach keine gute Leistung bringen können – und oft auch die kleinsten Schwierigkeiten nicht meistern werden.

Zehn Steine in Ihrer Hand …

Zehn Steine in Ihrer Hand stehen als Symbol dafür, daß Sie zu der Situation, in der Sie sich gerade befinden, total ja sagen, daß Sie diese Situation annehmen und daß Sie sich in dieser Situation wohlfühlen. Das schließt nicht aus, daß Sie manchmal in Situationen sind, die einiges von Ihnen fordern und so nicht gerade einfach zu meistern sind. Aber Sie wissen, daß Sie diese Situation gewählt haben, weil das Bestehen in dieser Situation ein wichtiger Schritt zur Erreichung Ihrer Ziele ist. Sie können also auch zu solch einer schwierigen Situation ja sagen. Gerade hier stehen die zehn Steine dafür, daß Sie aus einer Kraftposition heraus agieren.

Natürlich kann man sich auch sehr gut den umgekehrten Fall vorstellen: Sie haben weniger Steine in der Hand, es geht Ihnen nicht so gut. Wie wäre es, wenn Sie für derartige Situationen ein reichhaltiges Repertoire hätten, das Ihnen hilft, die fehlenden Steine jederzeit und nach Bedarf zu erarbeiten? – Darum geht es im folgenden. Denn gerade dann, wenn Sie sich in kritischen Situationen befinden, ist es wichtig für Sie, Ihr Leben – also Ihre Gefühle – so zu managen, daß Sie sich an dem Punkt befinden, wo es Ihnen gut geht und Sie zu der betreffenden Situation ja sagen können.

Lernen Sie jetzt ein paar Ressourcentechniken kennen, die Ihnen die Chance geben, jederzeit gut drauf zu sein. Denn die erste und wichtigste Voraussetzung für Sie als Verkäufer ist es, einfach gut drauf zu sein! Denn es ist Ihre Ausstrahlung, die den Kunden beeinflußt und überzeugt.

Hier nun einige Ressourcentechniken, die es Ihnen ermöglichen, in eine Powersituation zu kommen – auch wenn Sie erst einmal weniger als zehn Steine in der Hand haben.

Der Powerruck

Stellen Sie sicher, daß Sie sich in einem Raum befinden, in dem Sie sich wohlfühlen und in dem Sie nicht gestört werden können. Sie brauchen jetzt mindestens eine Stunde Zeit nur für sich. Vielleicht haben Sie einen Lieblingssessel, in dem Sie besonders bequem sitzen, vielleicht haben Sie eine Musik, die Ihnen besonders angenehm ist und die Sie besonders gut entspannt. Schaffen Sie sich ein Umfeld, in dem Sie sich geborgen und getragen fühlen.

Nachdem Sie ein paar Mal tief durchgeatmet und den ganzen Alltagsstreß hinter sich gelassen haben, denken Sie jetzt an eine Situation in Ihrem Leben, die Sie wirklich begeistert hat. Diese Situation mag in der näheren oder ferneren Vergangenheit liegen. Es kommt nur darauf an, jetzt eine Situation zu finden, von der Sie sagen können, das war eine ganz tolle Situation, das war eine Situation, in der ich mich extrem wohlgefühlt habe und in der ich fast mehr als zehn Steine hatte. – Sie haben jetzt eine derartige Situation gefunden und fangen an, sich immer tiefer in diese

Situation hineinzuversetzen. Sie erleben sie immer tiefer und intensiver. Sie sehen die Bilder dieser Situation und Sie können auch den Raum sehen, in dem sie stattgefunden hat. Sie sehen die Menschen, die an dieser Situation beteiligt waren und Sie können auch sehen, zu welcher Tageszeit diese Situation stattgefunden hat. Sie erinnern sich auch, was Sie gehört haben, welche Geräusche und welche Stimmen im Raum waren. Und Sie spüren in Ihrem Körper noch einmal das Gefühl, das Sie auch in dieser Situation gespürt haben. Sie spüren die Kraft in sich und Sie spüren die Atmosphäre um sich herum. Sie können sich an die Temperatur erinnern und vielleicht gab es da in dieser Situation auch irgendeinen Geruch oder einen Geschmack, an den Sie sich erinnern können.

Jetzt, wenn Ihnen diese Situation ganz sichtbar, ganz hörbar, ganz fühlbar und in allen Qualitäten ganz plastisch ist, geben Sie dieser Situation einen Namen, ballen Sie Ihre rechte Hand zur Faust und bewegen Sie diese Faust genau in den Mittelpunkt Ihrer Empfindungen einmal massiv nach vorne und lassen Sie dann den ganzen Arm zurückfedern. Machen Sie es so wie auf dem folgenden Bild:

Was hier geschieht, ist keine Magie, sondern ganz einfach das Koppeln einer besonders positiven Erinnerung an ein Wort und an eine charakteristische Bewegung. Wenn Sie sich in Zukunft dieses Wort, das Sie der positiven Situation gegeben haben zusammen mit der Körperbewegung wiederholen, werden Sie augenblicklich die positiven Gefühle von damals wiedererleben – Sie werden die Ressource der positiven Situation wieder voll zu Ihrer Verfügung haben.

Das ist kein Hokuspokus, sondern eine in der Funktionsweise unseres Gehirns verankerte Ressourcentechnik, von der schon viele andere vor Ihnen profitiert haben. Wenn Sie die einzelnen Wahrnehmungsqualitäten Ihrer Powersituation in der Erinnerung auch nur einigermaßen genau wiedererleben können und diese Erinnerung an eine Bewegung und ein Wort koppeln, werden Ihnen diese Ressourcen, wann immer Sie wollen, wieder zur Verfügung stehen.

Aber das ist noch nicht alles, bitte suchen Sie sich jetzt zu der ersten Situation noch sechs weitere nach dem gleichen Verfahren aus: Gehen Sie sechs mal in die Entspannung, finden Sie sechs mal heraus, was genau Sie in den jeweiligen anderen Powersituationen gesehen, gehört, gefühlt und vielleicht gerochen oder geschmeckt haben. Benennen Sie jede der sechs anderen Situationen mit einem Wort und koppeln Sie auch diese Situationen an die bereits geübte charakteristische Bewegung. Sie werden sehen, daß Sie so die Ressourcen aus allen sieben Situationen gekoppelt an die charakteristische Handbewegung und die verschiedenen Worte auf einen Schlag zur Verfügung haben werden.

Ab heute haben Sie nun, wenn Ihnen ein paar Steine fehlen, eine Möglichkeit, sich die anderen Steine durch eine ganz einfache Bewegung zu holen. Sie können so aus den Kammern Ihrer Erinnerung Ressourcen mobilisieren, an die Sie im Traum bisher nicht gedacht hätten.

Natürlich sollen Sie auch daran denken, daß es in Ihrem Leben Situationen gibt, in denen es vielleicht richtig und besser ist, statt der 10 Steine nur 7 Steine zu haben. Wichtig, daß Sie sich hier eine Wahlfreiheit einräumen und sich so von Situation zu Situation entscheiden können, welche Zahl der Steine die richtige ist.

Mind Trekking

Auch das Mind Trekking ist eine Technik zur Mobilisierung von Ressourcen, bei der Sie oft den Eindruck haben werden, magische Kräfte seien hier am Werk. Es basiert auf der einfachen Beobachtung unseres Gehirns bei seiner Arbeit. Wenn Sie Ihrem Gehirn irgendeine Frage stellen, wird es diese Frage auf jeden Fall beantworten. Stellen Sie eine negative Frage, wird es Sie durch die Antwort möglicherweise in Depressionen stürzen. Stellen Sie ihm eine positive Frage, wird es Sie möglicherweise in höchste Höhen tragen. Das Gehirn wird Ihnen auf alle Fragen eine Antwort geben, denn das Gehirn gibt auf alles eine Antwort – aber denken Sie daran, daß Sie der Herr im Haus sind, und daß Sie es in der Hand haben, welche Fragen Sie Ihrem Gehirn stellen. Lernen Sie, daß es darauf ankommt, die richtigen Fragen zu stellen, um die richtigen Antworten zu bekommen. Hier nun ein paar Fragen, die so gestellt sind, daß sie Sie schnell in powervolle Zustände versetzen werden:

Denken Sie darüber nach, was Sie in Ihrem Leben begeistert.

Fragen Sie sich, auf welche bisherigen Leistungen Sie in Ihrem Leben stolz sind.

Machen Sie eine Liste von den Leuten, von denen Sie wissen, daß sie Sie lieben.

Erinnern Sie sich daran, mit wem Sie gerne zusammengearbeitet haben.

Malen Sie sich aus, mit wem Sie gerne zusammenarbeiten würden und wie diese Zusammenarbeit aussehen würde.

Erinnern Sie sich an Ihre größten Erfolge.

Wenn Sie Ihr Gehirn mit Fragen dieser Art beschäftigen, werden Sie schnell in einem powervollen Ressourcezustand sein. Es kommt bloß darauf an, daß Sie alle Antworten, die Ihnen Ihr Gehirn gibt, in sinnliche Qualitäten umsetzen. Das bedeutet, daß Sie die inneren Bilder, die in Ihnen hochkommen, genau betrachten, das bedeutet, daß Sie sich die inneren Töne genau anhören, daß Sie Ihren positiven Gefühlen nachgehen usw.

Suchen Sie sich nun aus der Menge der positiven Fragen, die es gibt, die fünf attraktivsten heraus. Nehmen Sie sich ein weißes Blatt Papier und zeichnen Sie auf dieses Papier einen 5-zackigen Stern. Auf die Spitze jedes Zackens schreiben Sie nun eine positive Frage. Fotokopieren Sie sich dieses Blatt und hängen Sie es sich so übers Bett, daß am Morgen Ihr erster Blick darauffällt. Hängen Sie es sich im Badezimmer über den Spiegel. Hängen Sie es sich ins Büro und hängen Sie es sich ins Auto. So gönnen Sie sich und Ihrem Gehirn den ganzen Tag über Fragen mit positiven

Antworten. Nach einer gewissen Zeit werden Sie feststellen, daß Ihnen diese Art Fragen zu stellen in Fleisch und Blut übergegangen ist. Fürchten Sie sich nicht vor Ihrem Glück, versuchen Sie es mit dieser Technik! Schlimmstenfalls funktioniert sie.

Kopf hoch!

Bitten Sie einmal einen Freund, sich aufrecht hinzustellen, und kommandieren Sie ihn dann solange herum, bis er so steht, wie jemand in Ihren Augen stehen würde, der verdammt schlecht drauf ist. Also: Hängende Schultern, heruntergezogene Mundwinkel, trauriger Blick, die Hände hängen schlaff herunter, der Körper ist nach vorne gebeugt usw. Während Ihr Freund das macht, wird er eine Erfahrung machen: Mit dieser Körperstellung wird er gleichzeitig in eine unangenehme Stimmung kommen, denn eine bestimmte Körperhaltung schafft auch eine bestimmte Stimmung.

Seien Sie nun nett zu Ihrem Freund und geben Sie ihm solange weitere Anweisungen, bis er folgendermaßen steht: Kopf hoch! Brust raus! Lächeln! Tief atmen! usw. Sofort wird sich seine schlechte Stimmung in Nichts auflösen, und es wird ihm wieder gut gehen.

Es ist einfach so, daß Sie, wenn Sie lächeln, auch automatisch in eine gute Stimmung kommen. Das weiß auch der Volksmund und jeder kennt den Spruch: Brust raus, Kopf hoch! Sicher wissen Sie auch, daß, wenn Sie unruhig atmen, Sie schlechterer Stimmung sind als wenn Sie tief und gleichmäßig atmen.

Es kann sein, daß Sie diese Technik als zu einfach und zu simpel erleben – darauf kommt es aber nicht an. Wichtig ist, daß sie funktioniert, und wichtig ist, daß Sie sie systematisch einsetzen können. Das dürfte doch reichen, oder?

Zaubern

Weil sie es nicht besser wissen, benutzen die meisten Menschen ihr eigenes Gehirn weder aktiv noch mit Absicht. Ihr Gehirn ist wie eine Maschine ohne Ausschalter. Wenn es nichts zu tun hat, läuft es einfach weiter und weiter, bis es sich langweilt. Und es ist möglich, daß es Ihnen plötzlich aus irgendeinem Archiv regelrechte Horrorbilder vorspielt, so daß Sie zu Tode erschrecken und sich hundsmiserabel fühlen. Oder daß Sie auf bestimmte Menschen und bestimmte Reize immer wieder negativ reagieren und sich so leicht in Panik versetzen lassen. Das ist nicht nötig, und Sie können es ohne weiteres lernen, Ihr eigenes Erleben so zu verändern, daß Sie Kontrolle über das bekommen, was in Ihrem Gehirn tatsächlich passiert:

Stellen Sie sich einen Menschen vor, den Sie innerlich ablehnen und der Sie bei jedem Zusammentreffen in eine negative Stimmung stürzt. Jedesmal, wenn Sie ihn sehen oder wenn Sie ihn treffen, funktionieren bei Ihnen die gleichen negativen Mechanismen.

Bitte denken Sie nicht zu lange an diesen Menschen, sondern denken Sie jetzt ganz schnell und intensiv an einen Menschen, den Sie sehr gerne mögen, stellen Sie sich eine Situation mit diesem Menschen vor und erinnern Sie sich genau an die Bilder dieser Situation, erinnern Sie sich auch an das Gefühl, das Sie in dieser Situation hatten, und an die Töne, die Sie in dieser Situation gehört haben. Vielleicht war es die Stimme dieses Menschen, den Sie sehr gerne mögen, vielleicht war es auch irgendeine Musik oder sonst etwas. Stellen Sie sich diese Situation so genau und so detailliert wie möglich vor. Tun Sie es bitte jetzt!

Sicher werden Sie wahrgenommen haben, wie es Ihnen ging, nachdem Sie erst kurz an den ungeliebten und dann ganz intensiv an den geliebten Menschen gedacht haben. Nachdem es Ihnen erst bei dem Gedanken an den ungeliebten Menschen etwas schlechter ging, veränderte sich Ihre Stimmung bei den intensiven Erinnerungen an den geliebten Menschen sicher wieder zum Positiven.

Sie haben durch dieses einfache Experiment jetzt eine Erfahrung, wie Sie durch bewußtes Lenken Ihrer Erinnerung Ihre Stimmung verändern können.

Stellen Sie sich nun bitte eine geschäftliche Situation vor, in der Sie einem Kunden gegenübersitzen, der Sie immer wieder in eine negative Stimmung stürzt. Sie müssen sich von diesen Menschen nicht derartig beeinflussen lassen! Sie haben die Möglichkeit, während Sie vor ihm stehen oder sitzen, an einen geliebten Menschen zu denken und dabei von sich her Ihre Stimmung aktiv zu verbessern. Sie haben die Möglichkeit, durch den aktiven Einsatz Ihres Gehirns sich in die Stimmung zu versetzen, die Sie für ein erfolgreiches Geschäftsgespräch brauchen. Es ist nicht notwendig, daß Sie sich von einem unangenehmen Kunden immer wieder in die gleiche schlechte Stimmung stürzen lassen.

Bereiten Sie sich auf derartige Termine vor, indem Sie sich schon vorher eine oder mehrere Personen überlegen, an die Sie sich dann im Fall des Falles erinnern wollen, um nicht das Opfer Ihres unangenehmen Kunden zu werden. Sie haben es selbst in der Hand. Bei aktivem Einsatz kann Ihnen Ihr Gehirn die Stimmung zaubern, die Sie haben wollen und die Sie brauchen.

Donald Duck

Stellen Sie sich vor, Sie würden mit jemandem reden, der Sie im übertragenen Sinne kräftig an den Ohren zieht. Dieser Mensch hat eine unangenehme Stimme und er weist Sie zurecht. Sie müssen sich aber nicht zurechtweisen lassen und Sie müssen sich auch durch diesen Menschen nicht die Laune verderben lassen.

Gehen Sie einfach hin und verändern Sie in Ihrem Kopf, in Ihrer Vorstellung seine Stimme. Lassen Sie seine Stimme höher oder tiefer werden. Lassen Sie diese Stimme langsamer oder schneller werden, so ähnlich wie in einem Zeichentrickfilm. Oder ersetzen Sie seine Stimme durch das Pfeifen einer Lokomotive oder durch eine Walzermusik. Sie können so tun, als ob der andere wie Donald Duck spricht. Während Sie das tun, werden Sie ein tolles Erlebnis haben. Die negative Botschaft, die Sie negativ manipulieren soll, funktioniert nicht mehr.

Das gleiche geht natürlich auch, wenn Sie statt der Stimme die Optik Ihres Gesprächspartners verändern. Volkstümlich sagt man ja, daß man sich den anderen in Unterhosen vorstellen soll, wenn man vor jemandem Angst hat. Stellen Sie sich Ihren Gesprächspartner einfach als Donald Duck vor. Sie werden sehen, wie Ihnen diese Veränderung helfen kann.

Sie können sich auch vorstellen, daß Sie Ihr Gegenüber kostümieren: Setzen Sie ihm ein Karnevalshütchen und eine Pappnase auf. Da Sie das ja nur in Gedanken machen, wird der andere sich auf keinen Fall verletzt fühlen. Auf jeden Fall werden Sie sich aber durch Ihr Gegenüber nun nicht mehr so bedroht fühlen und so mit Ihrem „schwierigen Fall" besser zurechtkommen.

Tun Sie, was Sie tun, immer mit 10 Steinen!

Wenn Sie nun in Zukunft in schwierige Situationen kommen, haben Sie ein paar Techniken zur Hand, mit denen Sie Ihre persönlichen Ressourcen mobilisieren können und mit denen Sie eine Distanz zwischen sich und dem Kunden schaffen können, die Ihnen mehr Sicherheit und mehr Souveränität gibt. Sie können so eine Situation, in der Sie vielleicht nur sechs oder sieben Steine zur Verfügung gehabt hätten, in eine Situation mit zehn Steinen umwandeln. Sie haben die Möglichkeiten, alles was Sie tun, mit zehn Steinen, im vollen Besitz Ihrer Kräfte zu tun.

Sie haben jetzt die freie Entscheidung darüber, ob Sie in einem Kundengespräch gut drauf sein wollen oder nicht.

Wenn Sie in Gespräche gehen, die für Sie absolut angenehm sind, brauchen Sie derartige Hilfe natürlich nicht. Interessant wird es aber dann, wenn Sie mit Menschen zusammentreffen, die Sie sonst eigentlich ablehnen. Hier ist es geradezu elementar, daß Sie als Verkäufer, als exzellenter Kommunikator, zehn Steine in der Hand haben.

Nachdem nun gesichert ist, daß Sie eine Menge wissen und all das auch als Leistung und Nutzen formuliert vermitteln können, – entsprechend dem Gesprächspartner auf dem richtigen Empfangskanal senden, und daß Sie auch selbst in einer Powersituation sind, sind wir jetzt am nächsten Punkt angelangt:

Wie schafft man es, mit einem anderen Menschen in Kontakt, auf die gleiche Wellenlänge, zu kommen?

3. Kontakt

Kontakt und Vertrauen entstehen nicht durch Argumente. Kontakt entsteht nur auf der gleichen Wellenlänge, denn die gleiche Wellenlänge ist erforderlich, damit Sender und Empfänger sich verstehen können. Der professionelle Kommunikator stellt sich auf die Wellenlänge seines Kommunikationspartners ein, indem er sie spiegelt. Dazu braucht er alle Informationen, die er über seine Wahrnehmung vom Verhalten seines Partners bekommen kann.

Er achtet auf die Sprache seines Partners und findet dessen Lieblingskanal heraus. Er findet heraus, ob sein Partner einen visuellen, einen auditiven oder eine kinästhetischen „Dialekt“ spricht.

Er überprüft an den Augenbewegungen, ob er von seinem Gesprächspartner empfangen wird.

Er beobachtet Körper und Gestik seines Partners.
Er beobachtet die Atmung.
Er hört auf die Stimmqualität.

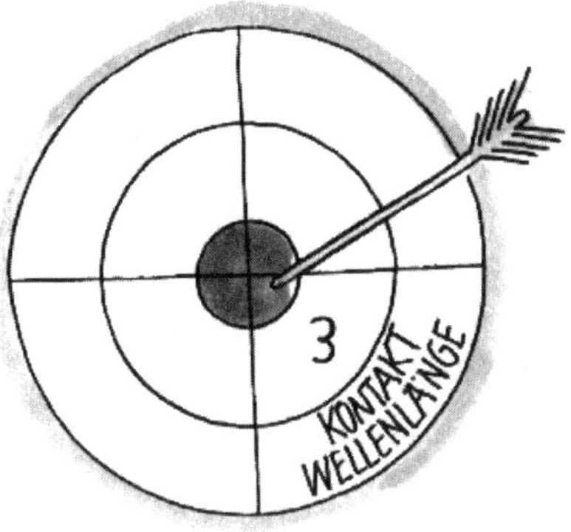

All diese Beobachtungen spiegelt er. Das bedeutet: Er paßt sich in seiner Wortwahl dem Lieblingskanal seines Partners an. Er paßt sich in seiner Körperhaltung und seiner Gestik an. Er paßt sich in seiner Atmung an. Und er paßt sich seiner Stimme an.

Je genauer Sie spiegeln, desto mehr können Sie auch die Physiologie Ihres Partners nachvollziehen. Die Spiegeltechnik ermöglicht es Ihnen, mit Ihrem Partner zu fühlen und sich in ihn hineinzuversetzen.

Einige spiegeln unbewußt, nahezu perfekt. Sie kommen mit jedem zurecht. Andere spiegeln so gut wie gar nicht und haben es dementsprechend schwerer.

Spiegeln ist erlernbar, es kann bewußt gemacht und geübt werden. Allerdings bedarf es dazu intensiver Übungen, man kann es nicht in wenigen Tagen beherrschen. Zunächst werden leichtere Anwendungen, wie das Spiegeln der Körperhaltung und Bewegung, des Sprechtempos und das Spiegeln des Lieblingskanals in der Wortwahl geübt. Bei ausreichender Praxis werden diese Spiegelungen dann so automatisch wie das Autofahren ausgeübt, so daß bald diffizilere Anwendungen angegangen werden können.

Das Spiegeln ist eine schwere Prüfung für das Ego – aber niemand muß Angst davor haben, durch diese Technik seine unverwechselbare Originalität einzubüßen. Jeder kann nur so spiegeln, wie es seiner Eigenheit entspricht. Spiegeln ist nicht Selbstaufgabe, sondern Entgegenkommen und Harmonisierung.

Nun haben wir das Vergnügen, Ihnen Dr. Kassis® vorzustellen, die graue Eminenz, die verantwortlich ist für Kontakt und Vertrauen, für eine Superwellenlänge!

Das Dr.-Kassis®-Modell:
D = Denkstrukturen
R = Repräsentationssysteme
K = Körper, Gestik
A = Atmung, Rhythmus
S = Stimme, Stimmqualität
S = Stimmung, Gefühlslage
I = Inhalt
S = Sprache, Wortwahl

Der Kontakt ist dann hergestellt, wenn Dr. Kassis® komplett gespiegelt wird.

Denkstrukturen

Wenn Sie mit einem anderen Menschen sprechen, werden Sie feststellen, daß er nach ganz bestimmten Denkmustern funktioniert.

Sie kennen alle den Typen, der mögliche Herausforderungen immer grundsätzlich positiv nimmt. Er sieht nicht die Löcher im Käse, sondern er sieht den Käse. Er sieht bei einem halbleeren Glas Wasser, daß eigentlich das Glas halbvoll ist und daß noch eine Menge zu trinken da ist. Genausogut gibt es den anderen Typen, der eher bereit ist, die negative Seite zu sehen.

Der eine will hin zu einem attraktiven Ziel, der andere will vermeiden, daß etwas schiefgeht.

Denken Sie weiter an den Menschen, der bei einer Herausforderung als erstes in Lösungen denkt, Vorschläge macht, Konzeptionen erarbeitet und sich überlegt, mit welcher Handlung er nach vorne kommt. Bei diesem Menschen geht es um die Frage: Wie?

Aber es gibt genauso den anderen Typen, den Problemorientierten. Er formuliert das Problem und analysiert es und will genau herausbekommen, warum es denn so ist. Hier geht es um die Frage: Warum?

Wenn beide Denkstrukturen sich bei der Lösung zu Problemen begegnen und es erfolgt keine Angleichung zu Warum-Warum oder Wie-Wie, dann ist der fehlende Kontakt vorprogrammiert.

Weiterhin gibt es Menschen, die stark zukunftsorientiert denken. Diese Menschen stellen sich vor, wie das in der Zukunft aussehen könnte, was gut daran wäre und wie man es umsetzen könnte.

Dann wieder gibt es Menschen, die stark in der Vergangenheit sind. Sind Dinge der Vergangenheit gut gelaufen? Werden Sie auch in der Zukunft eine Chance haben, gut zu laufen? Aber sehr oft ist es so, daß man aus der Vergangenheit das Negative zitiert und sich daran festhält.

Nun gibt es Menschen, die positiv, lösungsorientiert und zukunftsorientiert denken, und es gibt auch sehr häufig Menschen, die stärker negativ, problemorientiert und vergangenheitsorientiert denken. Es geht hier aber nicht darum, ob das eine gut und das andere weniger gut ist – vielmehr ist es wichtig, daß der Verkäufer erkennt, wie der andere denkt. Stellen Sie sich vor, er macht einen Verkaufsvorschlag und hat einen Gesprächspartner, der, extrem an der Vergangenheit orientiert, Probleme aufzeigt und pessimistisch, sprich: negativ denkt. Würde er nun dem gegenüber positiv, lösungsorientiert und zukunftsorientiert argumentieren, so würden hier zwei Welten aufeinandertreffen. Ob diese beiden Welten in Kontakt kommen könnten, ist eine andere Frage. Auf jeden Fall wäre es hier gut, wenn der Verkäufer auf die Nutzen problemorientierter Vergangenheitssicht eingeht und sie würdigt, entsprechend zuhört und den anderen mit der geschickten Frage „was wäre wenn" auf die Zukunft umpolt und dann die Chance hat, positiv, lösungsorientiert und zukunftsorientiert zu kommunizieren.

Repräsentationssysteme

Über Repräsentationssysteme haben wir in diesem Buch schon gelesen, nämlich bei der Diskussion der Umsetzung von Leistung in Nutzen und dann bei der Übersetzung der Nutzen auf die verschiedenen „Dialekte" der Kanäle Sehen, Hören und Fühlen. Je eher Sie hier in der Lage sind, auf das Repräsentationssystem des Gesprächspartners einzugehen, also den entsprechenden Dialekt zu treffen, um so eher sind Sie in der Lage, sich mit dem anderen zu verständigen und mit ihm auf die gleiche Wellenlänge zu kommen. Denken Sie auch an das Beispiel des Radios, das nur dann auf Empfang gehen kann, wenn der Sender in der entsprechenden Wellenlänge sendet.

Körper

Unbewußtes Spiegeln der Körpersprache, der Gestik und der Gesichtszüge sind alltäglich und laufen bei erfolgreicher Kommunikation ständig ab. Sie bewußt zu machen und einzusetzen bereitet anfänglich nicht selten Schwierigkeiten (Manipulation, Nachäffen, Angst, ertappt zu werden u. ä.). Wo aber ist der Unterschied zum Spiegeln von Inhalten und Sprache? Letzteres sind wir gewohnt, wir haben es gelernt.

Um mit dem Ungewohnten umzugehen und die Einwände zu berücksichtigen, kann der Verkäufer die Haltung und Gestik des Partners tendenziell oder über Kreuz spiegeln. Tendenziell heißt, er übernimmt leichte Bewegungen im Rhythmus, in der Dynamik, die nicht so ausgeprägt ausgeführt werden wie die des Gesprächspartners: Der Verkäufer wird sich nicht in der Nase bohren, weil er den Kunden spiegeln will.

Über Kreuz spiegelt der Verkäufer, indem er Bewegungsmuster (Kopfkratzen) durch ein anderes Reaktionsmuster begleitet (z. B. auf dem Handrücken kratzen). Über Kreuz kann ein Bewegungsrhythmus durch einen Sprachrhythmus, eine Veränderung der Körperhaltung, durch die Veränderung der Stimmlage usw. gespiegelt werden.

Wie lange ist es her, daß Sie ein Liebespaar beobachtet haben? Tun Sie es einmal, Sie werden etwas ganz Tolles feststellen. Ein Liebespaar, daß sich gegenübersitzt, nimmt gegenseitig die gleiche Haltung ein. Manchmal stimmt sie absolut überein. Die Sitzhaltung, die Gestik, die Kopfhaltung, sie stimmen perfekt überein. Überhaupt, wenn Sie Menschen sehen, die sich sehr gut verstehen, stimmt die Körperhaltung ziemlich überein. Beobachten Sie dagegen einmal Menschen, die sich im Konflikt befinden: Hier werden Sie erleben, daß es umgekehrt ist. Hier stimmt überhaupt nichts überein. Also haben Sie über die Körperhaltung einen sehr guten Hinweis, was es heißt, in Kontakt zu sein.

Atmung

Der autonome Rhythmus eines Menschen wird am ehesten durch die Atmung ausgedrückt. Diese zu packen (im Gleichschritt zu gehen) kann sehr effektiv und tiefgreifend sein.

Das Spiegeln der Atmung setzt voraus, daß der Verkäufer Sie hinreichend beobachten kann. Dies ist hinter Arbeitstischen nicht immer möglich. Am ehesten hilft noch die genaue Beobachtung der Bewegung der Schultern. Aber auch wenn es nicht oft machbar ist – in den Fällen, in denen es klappt, kann Atmungsspiegeln sehr wirksam sein.

Hier gibt es eine interessante Anleitung:

Ich erinnere mich, daß ich, während ich Autofahren lernte, auf engen Straßen, wo rechts sehr viele Autos parkten, immer von Auto zu Auto gesehen habe und dadurch sehr stockend gefahren bin. Da kam ein genialer Hinweis des Fahrlehrers: Schauen Sie nicht rechts von Auto zu Auto, sondern schauen Sie geradeaus und erfassen Sie die Autos, die rechts stehen, peripher mit einem peripheren Blick. Das war's dann! So konnte ich von dieser Zeit an einfach und gemächlich durch die Straßen fahren, ohne immer von Auto zu Auto zu schauen. Genausogut ist das mit der Beobachtung des Atems. Wenn Sie in einen gleichen Atemrhythmus gehen wollen wie der andere, mit dem Sie sprechen, so bedeutet das nicht, daß Sie Ihre Hand auf sein Herz legen müssen, um genau herauszubekommen, wie er atmet – erfassen Sie seinen Atem intuitiv mit einem peripheren Blick.

Stimme

Die Ausdrucksformen der Stimme sind ebenso vielfältig wie die Körpersprache. Wesentliche Modalitäten sind Tonlage, Lautstärke, Rhythmus, Tempo usw., die sich situativ verändern können. Das Spiegeln der Stimme wird nur in seltenen Ausnahmen von dem Gespiegelten wahrgenommen. Es müßte dazu schon verstärkt überbetont sein. Am Telefon kann das Spiegeln der Stimme der kritische Weg zum Kontakt sein. Wir haben in Übungen immer wieder festgestellt, daß das Spiegeln der Stimme auch zum Spiegeln von Körperhaltung und Atmung führen kann.

Stimmung

Auf der Basis von beobachtbarem Verhalten (Körperhaltung, Stimme und Aussagen etc.) sind Emotionen erkennbar, insbesondere wenn autonom induzierte Symptome auftreten, wie Veränderung der Hautfarbe, Gänsehaut, Augenfeuchtigkeit. Eine Superstimmung macht keinen Kontakt, wenn z. B. die Betroffenheit des Gesprächspartners dabei übersehen wird.

Mit Stimmung ist also gemeint, daß, wenn Sie jemanden besuchen, der Trauer hat, Sie sich am besten keine Narrenkappe aufsetzen. Es ist einfach wichtig, daß Sie innehalten, die Stimmung des anderen würdigen und in dieser Stimmung mitgehen. Später dann, wenn der andere erkannt hat, daß Sie ihn ernst und wichtig nehmen, können Sie langsam versuchen, seine Stimmung zum Besseren hin zu verändern.

Inhalte spiegeln

Die Kommunikation im Verkaufsgespräch wird allzu oft nur inhaltlich gesehen. Darauf sind wir trainiert. Inhaltliches Spiegeln bewirkt Kontakt, wie jedes andere Spiegeln auch – evtl. aber nicht so effektiv. Ziel für den Verkäufer muß es also sein, gerade bei unterschiedlichen inhaltlichen Positionen die Gemeinsamkeiten zu finden, hinreichende inhaltliche Überlappungen zu suchen.

Sprache

Durch die Wortwahl offenbart es sich, wie der Kunde seine Realität repräsentiert: z. B. visuell durch Bilder (ich sehe), auditiv durch Geräusche oder Stimmen (ich höre), kinästhetisch durch Gefühle oder Körperempfindungen (ich empfinde).

Auf die visuelle Repräsentation: „Ich kann das nicht sehen" trifft die auditive Repräsentation: „Hör doch mal genau hin" nicht zu. Anders die Erklärung „Sieh doch mal genau hin". Sie bewegt sich in derselben Repräsentation.

Umformulierungen der Sprache können Veränderungen sein, auch wenn die sprachlichen Repräsentationen des Senders erhalten bleiben.

Das bedeutet für Sie als Verkäufer: Achten Sie darauf, daß Sie Worte und Schlüsselworte wählen, die der Kunde Ihnen vorgegeben hat, wenn Sie ein Angebot machen. Auch hierbei kommt es wieder darauf an, den anderen nicht nachzuäffen, sondern einfach seine Wellenlänge zu treffen, so daß er sich verstanden fühlt.

Sie werden wissen, daß die Indianer für das Wort Gras 30–40 Begriffe haben, und Sie werden auch wissen, daß die Eskimos für das Wort Eis ebenso viele Begriffe haben. Wir dagegen haben sowohl für Gras als auch für Eis höchstens eine Handvoll Wörter. Für diese beiden Kulturen ist die Qualität des Grases bzw. des Eises einfach lebenswichtig, daher auch so viele Wörter, die verschiedene Qualitäten ausdrücken. Wenn Sie sich also mit einem Indianer oder einem Eskimo unterhalten würden, müßten Sie einfach dieses Sprachverständnis besitzen. Sicher können Sie sich vorstellen, wie dieses Beispiel auf Ihre spezifischen Kunden und deren Bedürfnisse anzuwenden ist.

4. Dialog

Verkaufsgespräche führen heißt führen!

Die Voraussetzung für eine klare Gesprächsführung – also eine Führung des Kunden zum beabsichtigten Ziel – setzt voraus, daß das Ziel klar ist. Für jeden Kunden und für jedes Gespräch sollte vor dem Beginn des Gesprächs das Ziel klar sein. Klare Ziele sind die Voraussetzung für jeden Erfolg, und klare Ziele ermöglichen auch eine Erfolgsmessung am Ende des Gesprächs.

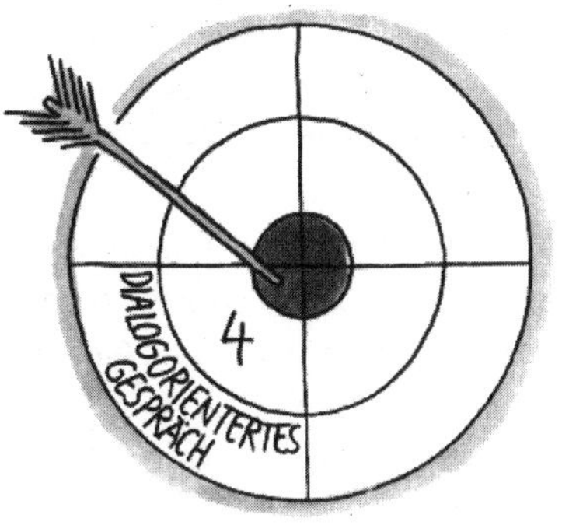

Das dürfte aber kein Problem sein, denn die generelle Zielsetzung ist durch die Erfolgsplattform vorgegeben. In einem „door check" ist dann mit Hilfe der Erfolgsplattform die aktuelle Tageszielsetzung und somit auch der Verlauf des Gesprächs noch einmal vor Augen zu führen, bevor man sich mit aller Kraft und mit jeder Faser dieser Existenz in das Gespräch stürzt.

Im folgenden wollen wir 5 Fragen behandeln:

- Wie ist ein exzellenter Gesprächsaufbau, eine exzellente Gesprächsstruktur zu gestalten?
- Wie sieht ein erfolgreicher Gesprächsstart aus?

- Wie kann professionell ermittelt werden, was für den Kunden wichtig ist?
- Wie ist der Kunde von der Leistung (dem Nutzen) des Produktes oder der Dienstleistung zu überzeugen?
- Wie führt der Verkäufer den Kunden zum Ja?

Gibt es ein Rezept für alle Gespräche?

Die Gretchenfrage nach dem einheitlichen Rezept aller Gespräche könnte mit „Jein", genausogut auch mit „Ja, aber", am besten aber mit „Ja so dürfen Sie diese Frage nicht stellen" beantwortet werden.

Es gibt einen immer wiederkehrenden, durchaus in Phasen zu unterteilenden Gesprächsablauf, aber der Weisheit letzter Schluß liegt sicher in dem Satz, daß Ausnahmen die Regel bestätigen.

Ansonsten aber gilt: Wenn ein Verkaufsprofi ein Gespräch führt, so hängt die Struktur des Gesprächs nicht vom Kunden ab, sondern immer von demjenigen, der das Gespräch führt und der ein bestimmtes Ziel erreichen will.

Ein Gespräch zu führen heißt führen, den Kunden führen – und das verlangt Führungsqualitäten.

Bevor Sie nun weiterlesen, nutzen Sie den gerahmten freien Platz für eine Skizze Ihrer persönlich bevorzugten Gesprächsstruktur. Sie können gespannt darauf sein, inwieweit diese Struktur mit den Vorschlägen, die Sie sich in diesem Buch erarbeiten werden, übereinstimmt.

Was beeinflußt den Gesprächsablauf?

Nachdem Sie nun Ihren Gesprächsablauf in Phasen skizziert haben, schauen Sie bitte auf die Faktorenliste auf dieser Seite und prüfen Sie, welche der angeführten Faktoren einen Gesprächsablauf mehr oder weniger stark beeinflussen können.

1. Stammkunde oder Neukunde
2. Stammkunde mit hohem Lieferanteil oder Stammkunde mit niedrigem Lieferanteil
3. Die Tageszeit, zu der das Gespräch geführt wird
4. Das Produkt
5. Die Mentalität des Kunden (aufbrausend, ruhig ...)
6. Die geographische Region (Bayern oder Ostfriesland)
7. Die eigene Tagesform
8. Das Alter des Kunden
9. Das Alter des Verkäufers
10. Raumstruktur und Sitzordnung
11. Männlicher oder weiblicher Gesprächspartner
12. Das Wetter, ein regnerischer oder sonniger Tag
13. Ein kleiner oder ein großer Kunde (Potentialdefinition)

Bitte kennzeichnen Sie die sechs Faktoren, die Ihrer Meinung nach den stärksten Einfluß auf die Phasenstruktur und den Ablauf eines Gesprächs haben.

80 Prozent Verlust sind die Regel!

Bevor wir nun das Geheimnis über die Phasenstruktur eines Verkaufsgesprächs lüften, noch einige Einblicke in die Grundgesetze der Kommunikation:

Sicherlich kennen Sie aus Ihrer Kindheit noch das Spiel „Stille Post". Hier geht es darum, daß eine Botschaft über eine Kette von Leuten durch Flüstern transportiert werden soll. Sicherlich erinnern Sie sich daran, wie völlig entstellt und verunstaltet jede

Botschaft, die die Kette der Mitspieler passiert hat, am Ende wieder herauskommt. Ähnliche Mechanismen des Nichtverstehens und des Falschhörens finden sich auch in der Kommunikation eines Verkaufsgesprächs.

Ein anderes Kommunikationsspiel, das sogenannte Sokrates-Spiel, zeigt, wie die Kommunikation zwischen zwei Menschen läuft:

Zwei Spieler sitzen sich gegenüber. Der eine hat eine Pro-Rolle und der andere eine Kontra-Rolle zu spielen. Nehmen wir an, es geht hier um das Thema Rauchen. Derjenige, der die Pro-Rolle spielt, soll nun seinen Kontrahenten argumentativ vom Rauchen überzeugen. Wichtig dabei ist, daß der Kontra-Part nur zuhören, aber nicht unterbrechen darf. In der Regel werden Sie erleben, daß der Pro-Part bestimmt 15–20 gute Argumente für das Rauchen findet, und der Kontra-Part ist nun, nachdem er ein wahres Bombardement an Pro-Argumenten über sich hat ergehen lassen müssen, begierig, seine eigenen Kontra-Argumente vorzubringen. Das Spiel nimmt nun eine überraschende Wendung, denn der Kontra-Part wird nicht um die Präsentation seiner Argumente gebeten, sondern er wird schlicht und einfach gefragt, was er denn von den Argumenten, die gerade auf ihn niedergegangen sind, behalten und verstanden hat.

Das Ergebnis ist meist folgendes: Der Kontra-Part kann nur sehr wenige Argumente wiederholen, und er kann diese Argumente meist auch nur verändert, also in seiner eigenen Sprache, darstellen.

Die Quintessenz dieser Spielerfahrung ist: Wenn zu viele Argumente auf einmal eingesetzt werden, ist der Zuhörer so überfordert, daß er abschaltet und seinen eigenen Gedanken nachhängt, daß er sich z. B. anstatt hinzuhören schon auf eine Entgegnung vorbereitet. Auf jeden Fall ist festzustellen, daß in dieser frontalen Kommunikationsform, in der Form einer Präsentation, nur sehr wenig transportiert werden kann und noch viel weniger hängenbleibt.

Ein gutes Beispiel für die in der Kommunikation eines Verkaufsgesprächs zu erwartenden Schwierigkeiten gibt auch die folgende Geschichte:

Befehl des Obersten an den diensttuenden Offizier:

Morgen abend gegen 20 Uhr ist von hier aus der Halleysche Komet sichtbar. Dieses Ereignis tritt nur alle 75 Jahre ein. Veranlassen Sie, daß sich die Leute auf dem Kasernenplatz in Drillichanzügen einfinden. Ich werde ihnen dann diese seltene Erscheinung erklären. Wenn es regnet, sollen sich die Leute im Kasernenkino einfinden. Ich werde ihnen dann Filme dieser Erscheinung zeigen.

Befehl des diensttuenden Offiziers an seine Kompaniechefs:

Auf Befehl des Herrn Obersten wird morgen um 20 Uhr der Halleysche Komet hier erscheinen. Lassen Sie die Leute bei Regen in Drillichanzügen antreten und marschieren Sie zum Kino, wo diese seltene Erscheinung stattfinden wird, die nur alle 75 Jahre eintritt.

Befehl eines Kompaniechefs an seine Leutnants:

Auf Befehl des Herrn Oberst ist morgen um 20 Uhr Dienst im Drillichanzug. Der berühmte Halleysche Komet wird im Kino erscheinen. Falls es regnet, wird der Herr Oberst einen anderen Befehl erteilen, etwas, das nur alle 75 Jahre eintritt.

Befehl eines Leutnants an seine Feldwebel:

Morgen um 20 Uhr wird der Herr Oberst im Kino zusammen mit dem Halleyschen Kometen auftreten. Dieses Ereignis tritt nur alle 75 Jahre ein. Falls es regnet, wird der Herr Oberst dem Kometen die Anweisung geben, hier bei uns zu erscheinen.

Befehl eines Feldwebels an seine Unteroffiziere:

Wenn es morgen um 20 Uhr regnet, wird der berühmte 75 Jahre alte General Halley im Drillichanzug und in Begleitung des Herrn Oberst seinen Kometen durch unser Kasernenkino fahren lassen.

Befehl eines Unteroffiziers an seine Mannschaften:

Stillgestanden! Wenn es morgen um 20 Uhr regnet, wird der 75jährige General Halley in Begleitung des Herrn Oberst einen Kometen fahren lassen. Ich bitte mir respektvolles Benehmen aus. Wegtreten!

20 Prozent Verlust durch undeutliche Artikulation des Senders!

In der Kegelgrafik, die Sie auf den folgenden Seiten noch ein paar Mal sehen werden, wollen wir nun eine Buchhaltung des Kommunikationsverlustes installieren. Auch wenn es kaum jemand wahrhaben will, muß man davon ausgehen, daß es schon durch undeutliche Artikulation des Senders zu einem Kommunikationsverlust von mindestens 20 Prozent kommt. Wenn jemand 100 Prozent sagen möchte, aber nicht in der Lage ist, deutlich und verständlich zu sprechen, so muß er mit einem Kommunikationsverlust von 20 Prozent rechnen, auch wenn der Empfänger ganz aufmerksam und konzentriert zuhört.

KOMMUNIKATIONS-KEGEL

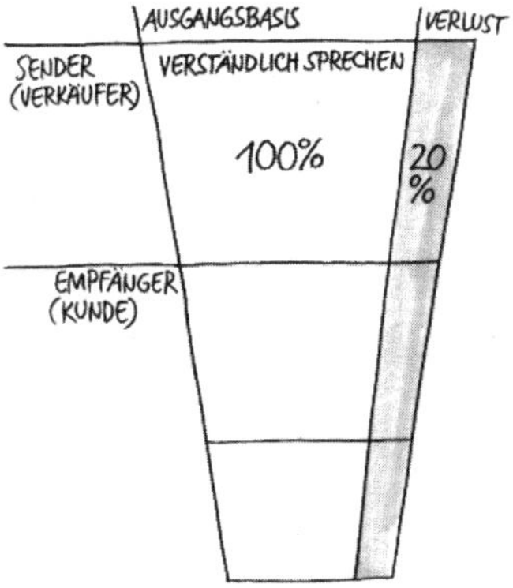

Der nächste Kommunikationsverlust tritt ein, wenn der Sender beginnt, die bei Ihm angekommene Botschaft zu interpretieren. Bitte lassen Sie sich hier zur Verdeutlichung auf das folgende Spiel ein:

Nehmen Sie ein Blatt Papier und zeichnen Sie auf dieses Blatt Papier eine diagonale Linie. Schreiben Sie auf diese diagonale Linie: irgend etwas.

Nehmen Sie ein anderes Blatt Papier und zeichnen Sie darauf eine Linie von ca. 7cm Länge. Schreiben Sie dann an den Anfang und das Ende dieser Linie den Anfangs- und den Endbuchstaben Ihres Nachnamens.

Wenn Sie sich jetzt auf zwei drei kleine Spiele eingelassen haben, dürfen Sie darauf gespannt sein, ob Sie alles richtig gemacht haben. Bitte blättern Sie um und schauen Sie auf der nächsten Seite nach.

20–30 Prozent Verlust durch die Wahrnehmung des Empfängers!

Was immer Sie auch als Lösung in unseren zwei kleinen Kommunikationsspielen herausbekommen haben, gehen Sie davon aus, daß, wenn Sie zu falschen Lösungen gekommen sind, es in erster Linie an einer falschen Wahrnehmung der Aufgaben liegt. Hier sind die richtigen Lösungen:

In der 1. Aufgabe sollten Sie das Wort „irgend etwas“ auf eine Diagonale schreiben.

In der 2. Aufgabe müßten Sie, falls Sie z. B. Müller heißen, die Buchstaben M und R jeweils an den Anfang und das Ende der Linie geschrieben haben. An jedem Ende der Linie müssen also zwei Buchstaben stehen:

MR ------------ MR

Hier will Sie bestimmt niemand auf den Arm nehmen, aber es wird Ihnen klar geworden sein, daß in der Kommunikation auch mit Verlusten durch eine andere Wahrnehmung des Empfängers zu rechnen ist.

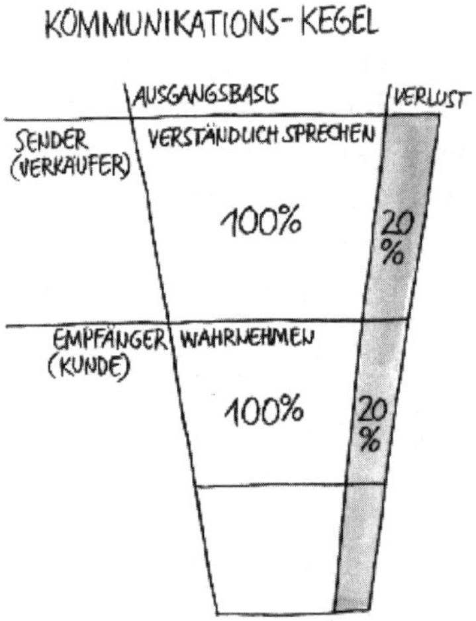

Wenn wir davon ausgehen, daß der Sender so deutlich und klar gesprochen hat, daß 100 Prozent der Botschaft beim Empfänger angekommen sind, ist dort durch eine „fehlerhafte" Wahrnehmung immer noch mit einem Kommunikationsverlust von 20–30 Prozent zu rechnen.

40 Prozent Verlust durch die Interpretation des Empfängers!

Lassen Sie sich nun auf ein weiteres Experiment ein und sehen Sie sich die nächste Zeichnung an. Schreiben Sie für sich auf einen Zettel, was dort Ihrer Meinung nach dargestellt wird, und fragen Sie mindestens noch zwei andere Personen, was sie auf dieser Zeichnung sehen.

In den folgenden zwei Assoziationstests geht es wieder um Worte und Sprache:

Sicherlich sind Sie überzeugt davon, daß es sich lohnt, in dieser Welt zu leben. Schreiben Sie doch bitte einmal auf, was Sie mit dem Wort Welt assoziieren. Stellen Sie die gleiche Frage noch mindestens zwei anderen Personen.

Nehmen Sie ein Ihnen bekanntes Produkt und schreiben Sie drei Assoziationen, die Sie zu diesem Produkt haben, auf. Stellen Sie die gleiche Aufgabe noch mindestens zwei weiteren Personen.

SCHLANGE, SCHWAN ODER ELEFANT?

Wenn Sie nun die Ergebnisse dieser Testreihe vergleichen, werden Sie feststellen, daß, obwohl das Bild in der Aufgabe 1, das Wort in der Aufgabe 2 und das Produkt in der Aufgabe 3 gleich waren, jeder eine andere Interpretation vorgenommen hat. Wir müssen also davon ausgehen, daß, selbst wenn der Sender absolut fehlerfrei sendet und der Empfänger absolut fehlerfrei empfängt, es zu einem Kommunikationsverlust durch Interpretation kommen muß. Dieser Kommunikationsverlust durch Interpretation ist bei weitem höher anzusetzen als die Kommunikationsverluste durch fehlerhafte Sendung und fehlerhaften Empfang.

Der Kommunikationsverlust durch Interpretation beträgt in der Regel mindestens 40 Prozent. Wenn Sie nun bisher im Kopf nicht mitgerechnet haben, dürfen Sie gespannt sein, auf welchen Kommunikationsverlust wir summa summarum kommen.

Kommunikationsverlust summa summarum 80–90 Prozent!

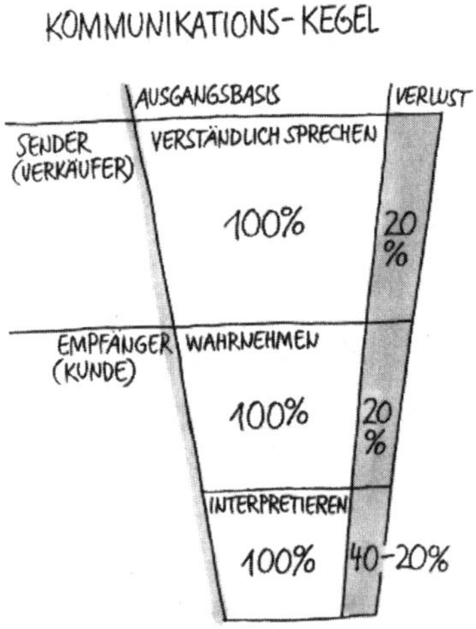

In der täglichen Praxis und auch bei Tests in Seminaren haben wir immer wieder erfahren, daß die Prozentsätze, die Sie hier in unseren Kommunikationskegel sehen, im Grunde zu niedrig sind. Aber das dürfte egal sein, denn ein Kommunikationsverlust zwischen 80 und 90 Prozent – und damit muß in jedem Verkaufsgespräch gerechnet werden – ist sicher dramatisch genug! Für einen Verkäufer, der sehr viel spricht, ist das eine ganz bittere Botschaft!

Wie retten Sie den Rest?

Nachdem nun aus alltäglichen Mechanismen heraus 80–90 Prozent Ihrer Kommunikation auf der Strecke geblieben sind, stellt sich die Frage, wie retten Sie die Restkommunikation von 10–20 Prozent?

Dale Carnegie sagte von sich, daß er am liebsten Erdbeeren mit Schlagsahne esse, daß er aber niemals auf die Idee kommen würde, deshalb beim Angeln Erdbeeren an den Haken zu hängen, sondern immer nur solche Köder verwenden würde, von denen er wüßte, daß die Fische sie auch mögen.

Im folgenden können Sie zwei Kommunikationsspiele kennenlernen, die das in anderer Weise noch einmal verdeutlichen.

Setzen Sie zwei Personen Rücken an Rücken und legen Sie vor jede der beiden Personen einen Kugelschreiber, der sich nur durch seine Farbe vom anderen unterscheidet. Fordern Sie nun die beiden Personen auf, zu kommunizieren und sich das mitzuteilen, was jeder sieht. Wenn beide Personen davon ausgehen, den gleichen Kugelschreiber vor sich zu haben, werden Sie sich sehr schnell darüber streiten, welche Farbe der Kugelschreiber hat. Letztendlich wird ein richtiger Konflikt entstehen. Dieser Konflikt läßt sich nur dann auflösen, wenn einer der beiden bereit ist, die Position des anderen einzunehmen, denn erst in dieser Position kann er die Realität des anderen erblicken und sie mit seiner

Situation vergleichen. Das ist die einzige Möglichkeit, den Konflikt auszuräumen.

In dem anderen Spiel setzen Sie drei Teilnehmer nebeneinander. Jeder der drei soll nun nacheinander in einer festgelegten Reihenfolge nur ein Wort sagen. Die Aufgabe besteht hier darin, daß aus den einzelnen Worten ganze Sätze gebildet werden sollen, die eine zuvor gestellte Frage beantworten müssen. Dies erfordert ein hohes Einfühlungsvermögen der Partner untereinander. In den meisten Fällen wird es nicht gelingen, die gestellte Frage zu beantworten.

Um im Verkaufsgespräch überhaupt kommunizieren zu können und um die verbleibenden 10–20 Prozent Restkommunikation zu gewährleisten, kommt es für den Verkäufer darauf an, sich einzufühlen, im Kopf des Kunden zu denken und herauszubekommen, was den Kunden überhaupt interessiert.

In jedem Verkaufsgespräch kommt es zuerst darauf an, festzustellen, wo das Problem des Kunden ist und wie durch die Nutzendarstellung des Produktes eine Problemlösung formuliert werden kann.

Bevor wir das Geheimnis um die Phasenstruktur des Gespräches lüften, zwei Merksätze, ohne die alle strategischen und strukturierenden Überlegungen sinnlos sind:

1. Vom gesprochenen Wort eines Verkäufers bleiben nur 10–20 Prozent übrig.
2. Der wichtigste Aspekt eines Gespräches besteht im Erkennen des Bedarfs des Gesprächspartners.

Ohne diese beiden Grundsätze ist jede Rhetorik und jede Gesprächsstrategie sinnlos!

Natürlich hat jedes Gespräch einen Anfang und ein Ende – entscheidend ist aber die Mitte!

Sicher wäre es eine unvorstellbare Absurdität, wenn ein Gespräch keinen Anfang und kein Ende hätte – aber sagen wir statt des Wortes Anfang einfach Einstieg und statt des Wortes Ende einfach Ausstieg. Dann stellen sich nämlich die Fragen: Wie steigt man ein, und wie steigt man aus? Mit Einstieg ist gemeint, daß hier die entsprechende Begrüßung stattfindet, daß Zeit für Smalltalk ist, daß der Kunde neugierig gemacht wird auf den Kern des Gesprächs und daß Sie sich auf die Wellenlänge des Kunden einstellen können.

Die Crux des Gesprächs, der Kern, der den Erfolg ausmacht, liegt direkt nach dem Einstieg in der sogenannten Bedarfsphase. Die Bedarfsphase macht mindestens 50–60 Prozent des Gesprächs aus und dient der Definition des Kundenbedarfs, dem Erkennen der Kaufmotivation des Kunden und der Formulierung des Ziels, das der Kunde in seinen Überlegungen anvisiert. Die Bedarfsphase, in der folgenden Grafik mit einem Stern gekennzeichnet, ist einfach so elementar und wichtig, daß alle wesentlichen anderen Schritte durch sie beeinflußt werden. Der Kern eines jeden Verkaufsgesprächs liegt in der Bedarfsphase – hier wird über Erfolg oder Mißerfolg entschieden! Die Beweisphase läuft dann wie von selbst.

Beim Ausstieg geht es dann um die Fixierung der nächsten Schritte. Wenn das Gespräch eine Vorstufe zum Vertragsabschluß ist, geht es um die inhaltliche und terminliche Festlegung des nächsten Gesprächs. Die Phase des Gesprächsabschlusses wird besser mit dem Wort Commitment umschrieben, denn das Wort Commitment sagt sehr treffend, daß es hier um eine Vereinbarung geht.

In dieser Grafik enthüllt sich nun die Phasenstruktur des Verkaufsgesprächs. Sie zeigt Ihnen die wichtigsten Schritte in Ihrer logischen Verkettung. Bis auf einige kleine Details, die allerdings wichtig sind, haben Sie hier das Geheimnis eines jeden Verkaufserfolges auf einen Blick vor sich. Sie sehen, es gibt kein Geheimnis! Es sei denn, Sie wußten bisher noch nicht, daß Verkaufen bedeutet, sich völlig normal zu verhalten!

Verkäufer schreibt man mit fünf F!

Verkäufer sind friedliche Krieger – aber immer auf dem Kriegspfad! Für sie gelten zwei indianische Weisheiten:

1. Den Pfad des Erfolges kann nur derjenige gehen, der in die Mokassins des Kunden steigt!
2. Ein guter Verkäufer ist schweigsam. Wenn er viel spricht, verhindert er einfach, daß er eine Menge erfährt. Er läßt den Kunden sprechen, um zu ergründen, was diesen nun wirklich interessiert.

Wir wollen den Wilden Westen, das Land der unbegrenzten Verkaufsmöglichkeiten, noch nicht verlassen und stellen Ihnen im folgenden die Phasenstruktur des Verkaufsgesprächs noch einmal unter einem anderen Aspekt vor:

Jeder Phase des Verkaufsgesprächs ist hier ein indianisches Totemtier zugeordnet, um Ihnen klar zu machen, mit welcher Energie Sie die einzelnen Phasen des Verkaufsgesprächs führen müssen.

Am Anfang, im Einstieg, werden Sie Ihr Gespräch mit der Energie eines Fuchses führen. Der Fuchs ist jemand, der in cleverer Vorüberlegung den Gesprächsfaden aufnimmt und dabei wachsam Ausschau nach seiner Chance hält.

Die 2. Phase des Gesprächs führen Sie mit der Energie des Falken. Hier geht es darum, sehr ruhig das, was wichtig ist, auszumachen und einzukreisen. Das ist eine ideale Beschreibung der Bedarfsphase, denn hier geht es um das Erkennen des Kundenbedarfs, um das Erkennen der Punkte, an denen man den Kunden packen kann. Der Falke behält hier die Ruhe und den Überblick, er ist geduldig und kreist seine Beute sicher ein, bevor er zupackt.

In der 3. Phase, der Beweis- und Präsentationsphase, brauchen Sie die Energie des Pfauen. Gerade der Pfau versteht es wie kein anderer, den Betrachter durch sein prächtiges Federwerk zu beeindrucken. Er zeigt es nicht permanent, sondern nur dann, wenn es angemessen ist und er eben entsprechend viel damit erreichen kann.

Die 4. Phase ist die Phase des Wolfes. Die Energie des Wolfes zeichnet sich durch eine große Zähigkeit aus. Ist er einmal an einem Thema dran, bleibt er an diesem Thema dran! Das sind genau die Eigenschaften, die in der Abschluß- oder Commitmentphase gefordert sind.

Die 5. Phase braucht die leichte Energie eines Schmetterlings. Denn genauso wie dem davonflatternden Falter sieht man einem exzellenten Verkäufer gerne hinterher.

Wenn Sie sich nun die fünf Phasen eines Verkaufsgesprächs merken wollen, brauchen Sie sich bloß an die fünf F zu erinnern:

das F des	Fuchses
das F des	Falken
das F des	Pfauen
das F des	Wolfes
und das F des	Falters.

Sicher werden Sie es jetzt verstehen, warum es wichtig ist, Verkäufer mit fünf F zu schreiben.

5. Die fünf Phasen des Verkaufsgesprächs im Detail

Die 1. Phase: Die Schlauheit des Fuchses

Das Ziel des Fuchses ist es, in der Einstiegsphase, nachdem er sich auf die Wellenlänge des Kunden eingestellt hat, die ersten inhaltlichen Ansätze zu finden und den Schwerpunkt des Gespräches herauszukristallisieren. Über das Einstellen auf die Wellenlänge des Kunden ist bereits ausführlich berichtet worden. Im folgenden geht es um die Details, durch die der Fuchs auf die inhaltliche Fährte zum Schwerpunkt des Gesprächs kommt.

Besuchen Sie einen Kunden, den Sie noch nicht so gut kennen und der noch nicht so lange in Ihrem Stammkundensegment ist, so ist es wichtig für Sie und ihn, daß Sie Ihre Firma präsentieren. Die Präsentation der Firma sollte in aller Kürze erfolgen, denn eine zu lange Vorstellung langweilt den Kunden. Die Firma über Hochglanzprospekte ausführlich darzustellen, würde Ihnen die Energie für das Wesentliche rauben und Zeit verschwenden. Sie können dem Kunden aber kurz und knapp sagen, was die Firma beinhaltet, und darauf hinweisen, das es einen Firmenprospekt gibt, in dem er alles ganz genau nachlesen kann.

Im normalen Stammkundengespräch ist die Vorstellung kein Thema.

Wie wichtig ein guter Kontakt zum Kunden ist, wurde bereits gesagt – und hier gibt es ja auch zur Herstellung des Kontaktes die bereits an anderer Stelle ausführlich behandelte Dr. Kassis-Kontakt-Technik.

Wenn Sie bei einer näheren Bekanntschaft mit dem Kunden auch private Dinge streifen, kennzeichnet das einfach die Qualität Ihres Kontaktes zum Kunden.

Im Bereich des Smalltalk sollten Sie nur dann ein Thema aufgreifen, wenn es von Herzen kommt. Es ist absolut tödlich, Smalltalk mit dem Gedanken zu betreiben, ihn im Sinne des Verkaufens zu benutzen. Das ist Anbiederung – und das merkt der Kunde.

Sicher wissen Sie, daß ein anderes Wort für Zeit das Wort Priorität ist. Wenn ein Kunde Ihnen also sagt, daß er keine Zeit hat, meint er eigentlich, daß Sie für ihn keine Priorität haben. Somit ist es eine wichtige Aufgabe, den Kunden im Einstieg auf das neugierig zu machen, was Sie sagen, tun und vorstellen werden. Dazu sollten Sie grundsätzlich immer eine gute Idee in petto haben. Bei Stammkunden ist man leicht dazu verleitet, sich in diesem Punkt keine Mühe mehr zu geben. Gerade wenn Sie Produkte von hohem Wert wie z. B. Maschinen verkaufen, ist es wichtig, im Einstieg immer eine Idee parat zu haben, die dem Kunden hilft, Ihnen sein Interesse und somit auch seine Zeit zu schenken.

Nachdem Sie die Ziele der ersten Phase erreicht haben – also nachdem Sie sich auf die Wellenlänge des Kunden eingestellt haben und nachdem Sie die ersten inhaltlichen Hinweise auf den Bedarf des Kunden erspürt haben –, brauchen Sie einen Changer, um in die nächste Phase zu wechseln. Um von der einen Phase in die andere zu wechseln, sind Sätze wie der folgende von unschätzbarem Wert: „Damit ich Ihr Problem richtig verstehe, erlauben Sie mir bitte ein paar Fragen."

Bei Wachstumskunden, die ja eigentlich die Neukunden im Stammkundenbereich sind, sind derartige Übergangsfragen ganz besonders wichtig. Durch einen derartig formulierten Changer holen Sie sich auf jeden Fall auch die Erlaubnis, den Kunden in der nächsten Phase viele Fragen zu stellen.

Die 2. Phase: Der Scharfblick des Falken

In der Bedarfsphase haben Sie die Aufgabe, das Ziel des Kunden herauszufinden, um dann zu prüfen, ob Sie Argumente und Angebote haben, die diesen Zielen des Kunden gerecht werden und seinen Bedarf befriedigen. Haben Sie einmal die Argumente gefunden, die den Zielen des Kunden gerecht werden, dürfte es leicht sein, in der Beweisphase entsprechend zu präsentieren. Arbeiten Sie aber in der Bedarfsphase nicht sauber, dann kann man Verkaufen eher mit Roulette vergleichen. Dann wird Ihr Verkaufsgespräch zu einem Trial- and Error-Spiel. In die Bedarfsphase sollten Sie 60 Prozent Ihrer Energie und 60 Prozent Ihrer gesamten Aufmerksamkeit investieren. Wenn es in der

Bedarfsphase funktioniert, sind die anderen Phasen leicht zu meistern.

Übrigens ist es für einen Verkäufer selbstverständlich, sich immer wieder aufs neue in den Kunden hineinzudenken. Das gilt besonders für Haltekunden, die man arroganterweise ja schon ganz genau kennt.

Wenn Sie in der Bedarfsphase richtig gearbeitet haben, werden Sie es schon oft erlebt haben, daß der Gesprächspartner Ihnen nachher bescheinigt, er habe mit Ihnen einen ganz hervorragenden Dialog geführt, obwohl Sie derjenige waren, der 90 Prozent der Zeit zugehört hat.

Im folgenden kommen wir zu den einzelnen Techniken, die diese Phase auszeichnen. Fangen wir mit der einfachsten und wohl bekanntesten, der Fragetechnik, an:

Da es hierzu schon eine Menge Literatur gibt, können wir uns kurz fassen und darauf hinweisen, daß vor allem die Fragen sinnvoll sind, die mit W anfangen und den Kunden dazu führen, ausführlich zu berichten.

Fragen, die dem Kunden erlauben, mit einem Ja oder Nein zu antworten, sind in dieser Phase ungeeignet. Wenn Sie W-Fragen einsetzen, können Sie jedes Gespräch extrem gut steuern. Wichtig ist aber auf jeden Fall, daß Sie die konkreten Fragen, die Sie stellen möchten, gründlich vorbereiten und erarbeiten.

Allgemeine und spezielle Fragen, immer verbunden mit der W-Technik, führen den Kunden genau auf die Punkte, die Sie für Ihre Argumentation in der nächsten Phase brauchen.

Sie sollten einen Fundus von mindestens 30 Fragen haben!

Denken Sie an die Vielfalt der möglichen Argumente für Ihre Firma, für Ihr Produkt und für Ihren Service. Damit Sie diese Argumente auch wirklich einsetzen können, ist es für Sie entscheidend, in der Bedarfsphase dem Kunden auf diese Argumente abzielende Fragen zu stellen. Jeder Mitarbeiter sollte für ein Verkaufsgespräch 30 Fragen vorbereitet haben. Wenn diese Fragen individuell erarbeitet und gut durchdacht worden sind, kann eigentlich nichts mehr schiefgehen.

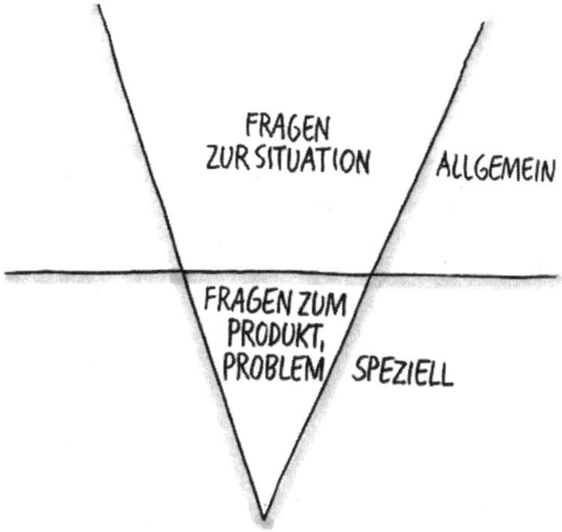

Jede Ihrer W-Fragen führt dazu, daß der Kunde spricht, Sie zuhören und erfahren, welche Ihrer Argumente Sie in der folgenden Phase einsetzen können.

Je präziser Ihre Fragen sind, desto mehr erfahren Sie!

Wenn Ihnen der Kunde auf Ihre Fragen bewußt oder unbewußt ausweichende Antworten gibt, können Sie durch Präzisierungsfragen nachsetzen.

Sagt Ihr Kunde z. B. der Service der Konkurrenz sei schneller und effizienter, so können Sie sich genau erklären lassen, in welchen Punkten der Service schneller und effizienter ist und im Vergleich wozu dieser Service schneller und effizienter ist.

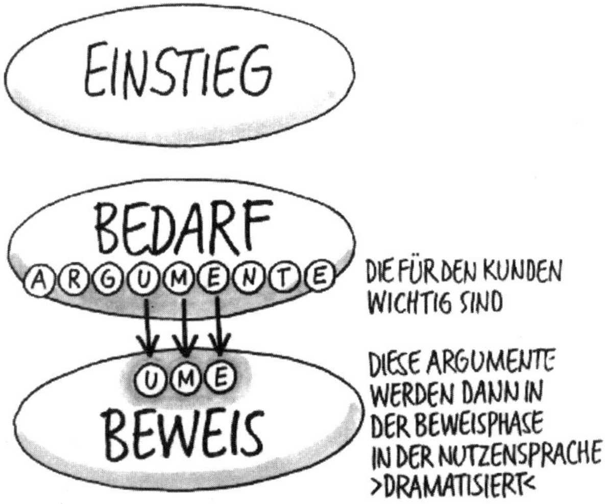

Wenn Ihr Kunde sagt: das haben wir schon versucht, das geht nicht usw., dann fragen Sie Ihn: Was würde passieren, wenn es doch ginge? Was wäre, wenn der Einsatz dieses neuen Produktes einen extremen Vorteil für Sie bringen würde?

Sie erreichen durch dieses Nachfragen, daß Ihr Kunde sich mit der von Ihnen angebotenen positiven Alternative auseinandersetzen muß, anstatt immer nur in negativen Möglichkeiten zu denken.

Spricht der Kunde in generalisierenden Formulierungen wie: „immer" oder „nie", so versuchen Sie zu den Generalisierungen Ausnahmen zu finden und ihm diese Ausnahmen anzubieten.

Einwände wie „zu teuer" oder „zu lange Lieferzeit", verlangen die Frage: Im Vergleich wozu zu teuer? Erst wenn hier ein Vergleichsrahmen geschaffen ist, können Sie reagieren und fachgerecht argumentieren.

Was tun, wenn die Beziehungsebene mitdiskutiert?

Häufig kommt es vor, daß zwischen Ihnen und dem Kunden eine Störung auf der Beziehungsebene vorliegt und daß diese Störung durch den Kunden recht unprofessionell auf der inhaltlichen, der Argumentationsebene, ausgetragen wird. Wenn Sie dem Kunden richtig zuhören, wird es Ihnen gelingen herauszufinden, daß hier eine Störung auf der Beziehungsebene mitdiskutiert.

Sie können nun versuchen, durch Spiegeln, wie es in den Kontakttechniken auf Seite 216 beschrieben wird, die Situation zu verbessern. Wenn Sie keinen besseren Kontakt herstellen können und die Beziehungsebene weiter mitdiskutiert, ist es am besten, Ihren Gesprächspartner direkt auf die Störung anzusprechen. Tun Sie es aber bitte nicht, indem Sie eine Du-Botschaft formulieren – also sagen, was Ihnen an Ihrem Gesprächspartner nicht gefällt –, sondern drehen Sie das Ganze um und formulieren Sie, wie Sie sich in dieser Situation fühlen. Wenn Sie sagen, wie Sie sich fühlen, kann der Kunde nie argumentieren, daß es nicht so ist. In der Regel kann er auf diese höchstpersönliche Argumentation von Ihrer Seite nur eingehen.

Würden Sie argumentieren, wie der Kunde sich fühlt, würde er das garantiert ablehnen, denn die Fähigkeit des Gedankenlesens wird er Ihnen garantiert nicht zubilligen.

Die Technik: Zwei Fliegen mit einer Klappe

Die nächsten Techniken sind besondere Spiegeltechniken, bei denen Sie zwei Fliegen mit einer Klappe schlagen können.

Zeigen Sie Ihrem Kunden, daß Sie ihn wirklich akzeptieren, und wiederholden Sie ab und zu das, was er sagt. Auf diese Art und Weise spiegeln Sie nicht nur Ihren Kunden und verbessern so den Kontakt, sondern Sie sichern so auch ab, daß Sie Ihren Gesprächspartner auch wirklich verstanden haben. Natürlich können Sie nicht wortwörtlich und andauernd wie ein Papagei die

Worte des Kunden wiederholen. Zeigen Sie Ihrem Kunden, daß Sie ihn wirklich akzeptieren, und wiederholen Sie ab und zu das, was er sagt. Auf diese Art und Weise spiegeln Sie nicht nur Ihren Kunden und verbessern so den Kontakt, sondern Sie sichern so auch ab, daß Sie Ihren Gesprächspartner wirklich verstanden haben. Natürlich können Sie nicht wortwörtlich und andauernd wie ein Papagei die Worte des Kunden wiederholen – aber wenn Sie die Schwerpunkte in den Ausführungen des Kunden erkennen, können Sie diese wiederholen und so die Kommunikation in doppelter Hinsicht verbessern.

Eine weitere wichtige Technik, die auf den gleichen Mechanismen funktioniert wie die Wiederholungstechnik, ist die Technik des Mitschreibens. Mitschreiben heißt, daß Sie bei einem Kunden alles das genau mitschreiben, was er sagt. Das hat nicht nur den Vorteil, daß Sie nichts vergessen und nichts übersehen – es hat auch den Vorteil, daß sich Ihr Gesprächspartner sehr intensiv wahrgenommen fühlt. So kommt es zu einer Aufwertung des Kunden, denn schließlich hat es jeder gern, daß seine Worte von einem anderen wichtig genommen werden. Genau das signalisiert das Mitschreiben.

In der Grafik zeigt Ihnen der Keil den Weg von allgemeinen zu speziellen Fragen. Dieser Weg geht über die vier für die Bedarfsphase wichtigen Techniken:

- Die Technik der W-Fragen
- Zuhören
- Das Wiederholen
- und das Mitschreiben.

Dieses Vorgehen führt dazu, daß Sie bei Ihrem Kunden das herausfiltern, was für ihn wirklich wichtig ist und was ihn wirklich interessiert. Häufig formuliert der Kunde das, was für ihn wichtig ist, als ein aktuelles Problem, ein Hindernis, eine Schwierigkeit oder als einen unbefriedigenden Zustand. Für jeden Verkäufer ist das Musik in den Ohren, denn er kann nun seine Chance wahrnehmen und seine Nutzenformulierung auf die Problemformulierung, auf die Bedarfsformulierung des Kunden setzen. Wenn Sie im ersten Schritt soweit gekommen sind und das Kundenproblem sauber ermittelt haben, dann können Sie im zweiten Schritt dieses Problem unter die Lupe nehmen, es so wachsen lassen, um dem Kunden zu zeigen, was passiert und welchen Preis er zahlen müßte, wenn nichts geschieht. Wenn nichts geschieht, wird sich das für ihn in steigenden Kosten, in entgangenem Gewinn, in laufendem qualitativen Mehraufwand und in sich verringernder Wettbewerbsfähigkeit ausdrücken.

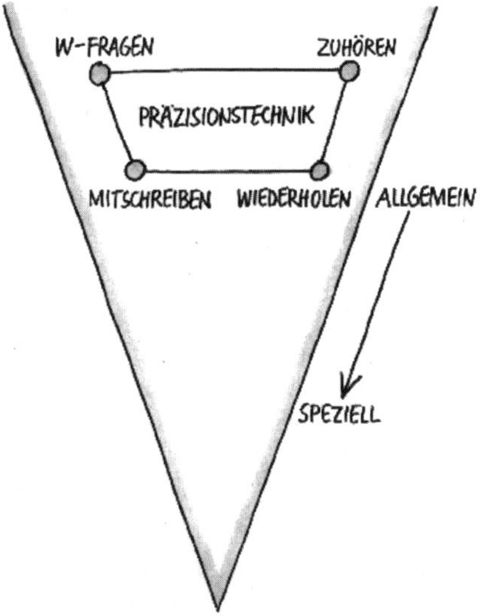

Um ihm sein Problem auch wirklich deutlich zu machen, ist es sinnvoll, es auf einer Zeitachse in der Zukunft zu vergrößern. Dramatisieren Sie das Problem, indem Sie sich mit Ihrem Kunden quasi in eine Zeitmaschine setzen und ihm aufzeigen, was es ihn in Zukunft kosten wird, wenn er sein Problem nicht löst. Ja, wie es letztendlich sogar seine eigene Position gefährdet, hier passiv zu bleiben. So wird der kleine Problem-Punkt im Kopf des Kunden zu einem großen Problempunkt. Dann formulieren Sie, indem Sie zurück in die Gegenwart gehen, daß genau jetzt eine Lösung zu finden ist.

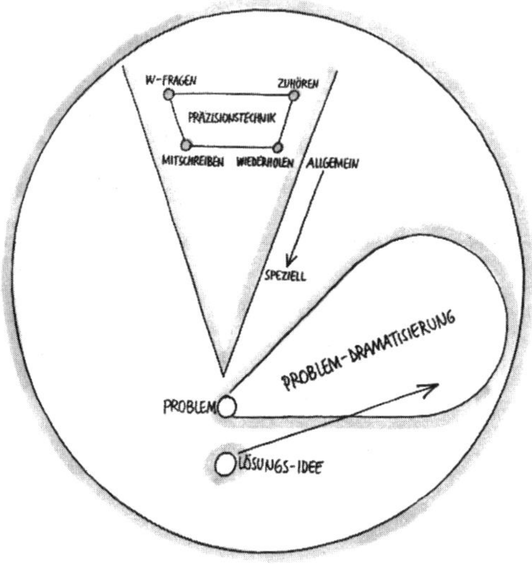

Wenn Sie Ihrem Kunden sein Problem derart hautnah aufgezeigt haben, wird es Zeit, den Schritt in die nächste Phase zu tun.

Vorher machen Sie dem Kunden aber Mut und skizzieren ihm einen groben Lösungsweg. Aber Geduld, wenn er nun schon auf Ihre Lösung, also auf den Übergang in die nächste Phase gespannt ist, erhöhen Sie seine Spannung noch einmal, indem Sie zum Auftakt der Beweisphase eine Zusammenfassung machen. Greifen Sie einfach die Punkte auf, die die Zustimmung des Kunden gefunden haben, machen Sie nochmals deutlich, fassen Sie zusammen und unterstützen Sie möglicherweise auch visuell. Jetzt wird der Kunde Ihnen zustimmen und Sie befinden sich durch diese Zusammenfassung auf der Ja-Straße – und jetzt endlich, genau in diesem Moment, können Sie in die nächste Phase, in die Beweisphase, übergehen.

Die 3. Phase: Der Pfau schlägt sein Rad!

Natürlich steht in dieser Phase die Präsentation des Nutzen im Vordergrund. Die Umsetzung Ihrer Produktvorteile und Ihrer Problemlösungsleistungen in Kundennutzen wurde bereits ausführlich behandelt, so daß Sie sich hier nur daran erinnern müssen (siehe Abbildung 22).

Aber es geht in dieser Phase nicht nur um die Präsentation des Nutzens, sondern vor allem darum, bestimmte gewünschte Reaktionen des Kunden zu provozieren und aufzufangen.

Leistung	Nutzen	TYPEN			DIALEKTE		
		Geschäftsführer	Einkäufer	Techniker	auditiver Dialekt	visueller Dialekt	kinästhetischer Dialekt

Abb. 22: Leistung-Nutzen-Chart in der ganzheitlichen Umsetzung

Überlegen Sie einmal, welche Probleme bei einem Kunden dadurch entstehen können, daß er von Ihnen ein Produkt kauft:

1. Problem: Die versprochenen Produktleistungen treten in dem erwarteten Umfang nicht ein.
2. Problem: Die Mengenversprechungen werden nicht eingehalten.
3. Problem: Eine zu starke Bindung an einen neuen Lieferanten schafft eine gewisse Abhängigkeit.
4. Problem: Die Konditionen stellen sich später doch ungünstiger als die des Wettbewerbers heraus.
5. Problem: Möglicherweise oponiert die Technik später gegen die Entscheidung des Einkäufers.
6. Problem: Es gab einseitige Informationen durch den Verkäufer.
7. Problem: Versprechen, die gegeben worden sind, werden nicht eingehalten.
8. Problem: Extreme Reklamationen treten auf.
9. Problem: Sich zu entscheiden, ist an sich immer sehr schwierig!

Sie können diese Problemliste beliebig verlängern und Sie müssen sich eingestehen, daß Kunden, die Entscheidungen getroffen haben, natürlich auch unliebsame Erfahrungen gemacht haben, und daß es in diesem Zusammenhang eine normale Reaktion ist, wenn sich im Moment der Entscheidung diese und andere Probleme im Kopf des Kunden drängen. Das führt zu Einwänden.

Wenn er Einwände hat, werten Sie diese Einwände für sich und erkennen Sie, daß er diese Einwände nur hat, weil er sich bereits entschlossen hat, ja zu sagen. Behandeln Sie die Einwände Ihres Kunden liebevoll, sorgen Sie dafür, daß es in diesem Geschäft, wie auch in jedem anderen guten Geschäft, zwei Gewinner gibt.

Ein Samenkorn, das in der Erde liegt, muß, bevor es sich voll entfalten kann, erst den Erdwiderstand überwinden. Ein Küken muß die Eischale durchbrechen, um auf die Welt zu kommen. Ein Sportler trainiert seine Kraft am Widerstand. Eine Rakete muß die Erdanziehungskraft überwinden, um in den freien Weltraum zu gelangen. Heranwachsende setzen sich gegen den Widerstand der Älteren durch und werden dadurch erwachsen ... usw., usw.

Einwände sind also eine ganz natürliche Reaktion, wenn ein Kunde kurz vor der Entscheidung für einen Kauf steht.

Einwände führen zum Erfolg!

Das Wort Einwand sagt es. Ein Einwand stellt Sie vor eine Wand und es kommt nun darauf an, wie Sie mit dem Einwand umgehen. Im folgenden ein paar Beispiele für normale Einwände:

- Wir brauchen z. Zt. keinen anderen Lieferanten, wir sind eigentlich voll zufrieden.
- Die Umstellung auf ein neues Produkt nimmt zu viel Zeit in Anspruch.
- Ihre Produkte sind von der Technik nicht freigegeben.
- Was sollen wir mit unseren alten Lagerbeständen machen, wenn wir Ihre Produkte einführen?
- Wir sind skeptisch wegen Ihrer Lieferzeit, Liefertreue und Liefersicherheit.
- Ihr Angebot ist unklar.
- Die Kataloge und Preislisten sind unklar.

Gehen Sie bitte davon aus, daß all diese Einwände natürliche Reaktionen sind, weil ja der Kunde sich mit einer Kaufentscheidung auseinandersetzt. Indem er das tut, fallen ihm auch die Konsequenzen ein und indem ihm die Konsequenzen einfallen, wird er diesen Konsequenzen in einem inneren Dialog mit sich selbst diskutieren. Je offener und ehrlicher er ist, desto klarer wird er seine Bedenken Ihnen gegenüber aussprechen.

Nun gibt es verschiedene Möglichkeiten, wie Sie von Ihrer Seite mit den Einwänden umgehen können:

Sie hören den Einwand und denken sofort darüber nach, wie Sie mit diesem Einwand professionell umgehen können. Das schafft Distanz.

1. Sie wiederholen den Einwand, das schafft Luft und gibt Ihnen die Chance zum Verstehen. Außerdem werten Sie den Kunden auf.
2. Sie präzisieren den Einwand, Sie gehen genau auf den konkreten Fall ein und zwingen den Kunden so in der Formulierung seines Einwandes zur Klarheit.
3. Sie suchen zusammen mit dem Kunden nach einer Lösung.
4. Sie schlagen Alternativen vor und überprüfen die Machbarkeit der Alternativen mit dem Kunden.
5. Sie bieten dem Kunden an, etwas zu tun und diskutieren mit ihm die einzelnen Schritte, die von Ihrer Seite zu übernehmen sind, um den Einwand abzubauen.

Ein Verkaufsprofi ist auf jeden Einwand vorbereitet.

Einwände sind normal – nicht normal ist, wenn Sie auf die Einwände nicht vorbereitet sind!

Sie sollten zur Sicherheit eine konkrete Liste haben, in der die häufigsten Einwände der Kunden vermerkt sind. Zu jedem in dieser Liste vermerkten Einwand werden Sie dann auch schon eine Lösungsstrategie haben. Um den Einwand zu parieren, stehen Ihnen fünf bis sieben Alternativen offen, damit Sie so auch dem einzelnen Kundentypen gerecht werden können.

Um es durch eine Wiederholung noch einmal zu verdeutlichen: Der erste Schritt der Einwandbehandlung ist der wichtigste, denn in der Sekunde, in der Sie darüber nachdenken, in welcher Form Sie einem Einwand begegnen können, in dieser Sekunde gewinnen Sie Distanz zu dem konkreten Einwand Ihres Kunden. Das ist zu vergleichen mit dem Blick durch eine Fotokamera. Wenn Sie bei irgendeinem Ereignis durch eine Fotokamera blicken, gewinnen Sie automatisch Distanz und sind nicht mehr direkt am Geschehen beteiligt – Sie werden zum Beobachter. Genau das passiert hier, wenn Sie im ersten Moment daran denken, daß ein Einwand in einer ganz bestimmten Art und Weise behandelt werden muß.

Das Wiederholen des Einwandes gibt Ihnen dann noch einmal die zusätzliche Möglichkeit, über den Einwand nachzudenken. Sie gewinnen Zeit und Luft.

Wenn Sie den Einwand präzisieren, hilft das dem Kunden, genau auf seine eigenen Punkte zu kommen.

Daß Sie mit dem Kunden die Lösung durchdiskutieren, ist bei weitem besser, als wenn Sie von sich her Lösungsvorschläge machen. Beteiligen Sie den Kunden an möglichen Lösungen.

Dann sollten Sie auch prüfen, ob die gemachten Lösungen wirklich erfolgreich durchgeführt werden können. Das geht einfach, indem man eine fiktive Situation in der Zukunft schafft, in der man die möglichen behandelten Einwände durchdiskutiert.

Der letzte Schritt besteht darin, genau abzustimmen, was zu tun ist.

Ein Vorwand ist kein Einwand!

Ab und zu treffen Sie auf Einwände, bei denen der Kunde Sie nicht auffordert, die Wand einzureißen. Er beharrt sogar auf Argumenten, die Sie davon abhalten sollen, die Sache mit ihm überhaupt zu diskutieren. Diese Einwände sind keine Einwände, sondern Vorwände. Vorwände sind unsichtbare Wände, Hinweise dafür, daß der Kunde im Moment Ihrem Vorschlag keine Priorität beimißt. Vorwände sind Abwehrtechniken. Es ist wichtig zu wissen, daß, wenn Sie auf einen Vorwand so eingehen wie auf einen Einwand, Sie dann richtig schief liegen!

Eine Einwandbehandlung funktioniert nur dann, wenn man davon ausgehen kann, daß die Oberflächenstruktur mit der Tiefenstruktur in Einklang ist. Wenn der Kunde aus seiner Oberflächenstruktur heraus sagt, er habe keine Zeit, in seiner Tiefenstruktur aber meint, daß er keine Lust habe, dann versagt jede Einwandbehandlung.

Bei einem Vorwand kommt es darauf an, herauszuarbeiten, was in der Tiefenstruktur wirklich gemeint und gewollt ist. Hierbei hilft die Frage, „was wäre, wenn" weiter. Wenn Sie wie in unserem Beispiel fragen, *was wäre, wenn Sie jetzt Zeit hätten,* dann gibt es zwei Möglichkeiten: Entweder, Sie machen einen neuen Termin, – dann ist der Vorwand ein Einwand und stimmt, oder Sie erfahren den wahren Grund. Oft kann es unangenehm sein, den Vorwand zu ergründen – doch dann wissen Sie zumindest, woran Sie sind.

Im folgenden Kasten zu Ihrer Anregung noch zwei Beispiele, die Sie aus Ihrer Erfahrung erweitern sollten:

> Keine Zeit – was wäre, wenn Sie Zeit hätten?
>
> Kein Bedarf – was wäre, wenn Sie Bedarf hätten?
>
> Wir haben schon einen Lieferanten – was wäre, wenn Ihnen ein neuer Lieferant viele Vorteile bieten würde?

Fragen, die mit den Worten „Was wäre, wenn", beginnen, ermöglichen Ihnen zu überprüfen, ob es sich um einen Einwand oder um einen Vorwand handelt. In der Regel decken Sie durch derartige Fragen den Vorwand auf.

Sie können natürlich auch mit Überraschungen und „Kopfdrehern“ arbeiten, die den Vorwand so umpolen, daß der Kunde nicht weiter mit Ihnen darüber diskutiert. Überraschungseffekte und „Kopfdreher“ sollten aber nur dann angewandt werden, wenn Sie den Kunden gut kennen und wenn Sie sich bei ihm eine etwas flapsige Art leisten können. Im folgenden Kasten finden Sie wieder einige Beispiele, die Sie auch Ihrer Erfahrung ergänzen können:

Keine Zeit – das ist der Grund, weswegen ich zu Ihnen komme.

Wir haben schon einen Lieferanten – nun, Sie sind sicherlich trotzdem als guter Kaufmann an neuen Informationen und Vergleichen interessiert.

Auf jeden Fall ist es entscheidend, daß Sie auf Vorwände nicht konkret eingehen, sondern den Vorwand erst einmal nach dem Fragemuster „Was wäre, wenn“ überprüfen. Wenn sich dann herausstellt, daß es sich doch um einen Einwand handelt, können Sie ihn mit einer Einwandtechnik behandeln.

Auf der nächsten Seite kommen wir nun zu dem beliebtesten Einwand, dem Preis!

Der beliebteste Einwand: Der Preis!

Im folgenden Chart sehen Sie das Ergebnis einer Befragung bei jeweils tausend Verkäufern:

A) um 15 % gesenkt würde	Wesentlich mehr	40
	Mehr	20
	Dasselbe	30
	Weniger	10
B) um 15 % steigen würde	Wesentlich weniger	35
	Weniger	40
	Dasselbe	35
	Mehr	0
C) um 15 % steigen würde und eine zusätzliche Prämie gezahlt wird	Wesentlich weniger	10
	Weniger	30
	Dasselbe	50
	Mehr	20

Das Interessante an dieser Untersuchung ist, daß sich eine Preissteigerung aus der Sicht der Verkäufer durch eine Leistungsprämie für die Verkäufer ohne weiteres relativieren läßt. Diese Untersuchung ist vielleicht nicht repräsentativ, sie zeigt aber sehr deutlich, daß der Preis zumindest zu 50 Prozent ein mentales Problem des Verkäufers und kein reales Produktproblem ist.

Der entscheidende strategische Gedanke im Umgang mit dem Thema Preis besteht darin, daß der Kunde erst nachdem er den tatsächlichen Nutzen des Produktes kennt, also ein Preis-/Leistungsverhältnis darstellbar ist, auch einen Preis als angemessen akzeptieren kann. Wenn ein Kunde nicht bereit ist, ein Produkt zu einem bestimmten Preis zu kaufen, ist es dem Verkäufer nicht gelungen, den Produktnutzen, den Service und die Firma entsprechend zu verkaufen!

Für einen Verkaufsprofi ist es langweilig, ein Produkt zu verkaufen, das einen deutlichen Produktvorteil gegenüber allen an-

deren Produkten hat – genauso langweilig ist es, ein Produkt zu verkaufen, das deutlich preisgünstiger als die Konkurrenz ist. Spannend wird es erst dann, wenn Produkt und Preis im Vergleich zu anderen Produkten und Preisen der Wettbewerber ähnlich oder gleich sind. Dann kommt es nämlich darauf an, daß der Verkäufer sich selbst, die Kultur, den Stil und den Service seiner Firma verkaufen kann.

Freuen Sie sich auf die Preisdiskussion!

Daß ein Kunde das Thema Preis mit Ihnen diskutiert, ist absolut selbstverständlich. Der Preis ist das Element im Rahmen eines Vertrages, das am leichtesten zu verändern ist und wo die Investition eines kurzen Gespräches einen guten Gewinn erbringen kann. Sind Sie also gespannt und freuen Sie sich auf die Preisdiskussion. Denn die Preisdiskussion drückt letztendlich auch aus, daß der Kunde ein Interesse an Ihrem Produkt hat.

Sollte der Kunde allerdings das Thema Preis bereits in der Einstiegs- oder in der Bedarfphase mit Ihnen diskutieren wollen, so müssen Sie diese Diskussion unbedingt in die Beweisphase schieben. Denn am Anfang eines Gespräches kann der Kunde Ihre Leistung noch nicht beurteilen. Das gilt auch für einen Stammkunden, den Sie schon seit 20 Jahren betreuen. Sie müssen immer wieder bestrebt sein, die Leistungen des Produktes und Ihrer Firma deutlich zu machen, bevor der Preis diskutiert wird. Sollte der Kunde sich auf eine Verschiebung der Preisdiskussion nicht einlassen wollen, gibt es eine einfache, aber geniale Lösung: Schreiben Sie das Wort Preis auf einen Zettel, legen Sie diesen Zettel in das Sichtfeld des Kunden und sagen Sie ihm, daß Sie zum richtigen Zeitpunkt auf jeden Fall auf dieses Thema zurückkommen werden.

Natürlich ist es auch entscheidend, wie Sie persönlich an das Thema Preis herangehen. Häufig ist es so, daß Mitarbeiter, die Preisprobleme beim Kunden haben, diese Probleme durch Ihr eigenes Verhalten verursacht haben, z. B. dadurch, daß Sie bei Kunden, die sie schon sehr lange betreuen, der Meinung sind, der Kunde würde alles wissen und es wäre nicht nötig, in der Beweisphase eine nachdrückliche Nutzendarstellung zu präsentieren.

Wenn Sie einen Preis nennen, sollten Sie ihn sprachlich immer „einpacken". Das bedeutet, daß Sie ein Leistungsargument formulieren, den Preis sagen und dann direkt dahinter noch einmal den Nutzen formulieren. So assoziiert der Gesprächspartner zu dem Preis immer die Produkt-, Leistungs- und Nutzenvorteile, die ihre Differenz zum Wettbewerb ausmachen.

Wenn Ihr Kunde in der Preisdiskussion seinen Einwand mit den Worten: „Zu teuer!" formuliert, müssen Sie diesen Einwand so behandeln, daß Sie herausbekommen, im Vergleich wozu der Kunde Ihren Preis als zu teuer erlebt. Erst dann können Sie auf der Leistungs- und Nutzenebene sachlich argumentieren. Im folgenden Kasten finden Sie auf den Einwand „zu teuer" einige gute Fragen. Bitte ergänzen Sie diese Fragen aus Ihrer Erfahrung.

„Zu teuer!“

Im Vergleich wozu?

Macht Sie ein niedriger Preis nicht nachdenklich?

Richtig … interessiert es Sie, warum dieser Preis so formuliert ist?

Preistechniken, mit denen Sie Preise gewinnen

Im folgenden noch drei Preistechniken, die häufig erfolgreich angewandt werden.

1. Die Differenztechnik

Bieten Sie ein Produtk zu 500 DM an und Ihr Kunde ist bereit 450 DM zu zahlen, dann konzentrieren Sie sich nur auf die Preisdifferenz von 50 DM und setzen Sie gegen diese 50 DM all Ihre Leistungs- und Nutzenvorteile.

2. Die Zersplitterungstechnik

Diskutieren Sie nicht den Gesamtauftrag, sondern bilden Sie immer kleinste Einheiten und sprechen Sie dann über diese kleinsten Einheiten. Also, wenn der Gesamtauftrag 80 000 wäre und sich in 160 Positionen à 500 DM aufteilen würde, diskutieren Sie immer nur über diese 500 DM.

3. Die Zug-um-Zug-Technik

Sie haben bereits zwei Nachlässe eingeräumt und der Kunde verlangt einen dritten. Trotzdem möchten Sie diesen Auftrag, aus welchen Gründen auch immer, mitnehmen. Nun ist es wichtig, nicht das Gesicht zu verlieren, indem Sie einen dritten Preisnachlaß geben. Machen Sie Ihren Kunden darauf aufmerksam, daß bei einem erneuten Preisnachlaß sich auch Ihr Leistungsrahmen verkleindert. Sollte Ihnen diese Argumentation nicht möglich sein, bitten Sie den Kunden um einen Gefallen, den er für Sie tun kann. Egal, was auch immer Ihnen einfallen sollte, Sie dürfen niemals einen Preisnachlaß geben, ohne dafür auch einen Gegenwert zu verlangen. Der Gegenwert muß nicht genau dem Preisnachlaß entsprechen.

Denken Sie auf jeden Fall daran, daß Henry Ford einmal gesagt hat: „Wenn wir jeden Kunden gewinnen, sind wir zu preiswert!“ Und denken Sie auch daran, was es für Sie bedeuten würde, wenn Sie jeden Auftrag gewinnen würden, weil Ihr Preis mit dem des Wettbewerbes gleich wäre.

Der Start in die Abschlußphase

Den Start in die Abschluß- oder Commitmentphase leiten Sie ein, indem Sie noch einmal alle Punkte, die die vollste Übereinstimmung des Kunden gefunden haben, zusammenfassen. Diese positive Zusammenfassung führt den Kunden weiter auf der Ja-Straße und Sie haben so eine gute Basis, um in die Abschlußphase einzusteigen. Es gibt eine Menge Signale, die Ihnen Hinweise darauf geben, daß Ihr Kunde reif ist für die Abschlußphase:

Positive Abschlußsignale

- Es kommen keine neuen Einwände mehr.
- Ihre Argumente rufen ein deutliches Kopfnicken hervor.
- Der Kunde fragt gezielt nach Einzelheiten.
- Es werden technische Details diskutiert.
- Abwicklungsfragen werden behandelt.
- Sicherheitsfragen werden gestellt (Referenz, Pünktlichkeit usw.).
- Risiken werden durch intensive Fragen abgedeckt.
- Der Kunde setzt das Produkt gedanklich schon in der Zukunft ein.
- Der Kunde befaßt sich damit, wie er dieses Produkt oder diese Kaufentscheidung politisch in der Hierarchie seines Unternehmens unterbringt.
- Der Kunde betrachtet begeistert das Produkt und nimmt es, wenn möglich, in die Hand.
- Der Kunde gibt Ihnen Informationen, wie Sie die weiteren Entscheidungsträger am besten für dieses Projekt gewinnen können.

Tun Sie von Anfang an so als ob!

Bevor nun die Abschlußtechniken der Abschlußphase diskutiert werden, möchten wir Ihnen hier eine Abschlußtechnik vorstellen, die bereits am Start des Gespräches greift.

Kinder spielen sehr oft das Spiel: „So als ob." Tun Sie schon am Start des Gesprächs so, als ob Sie den positiven Abschluß bereits in der Tasche hätten. Stellen Sie sich einfach vor, daß dieses Gespräch nur mit einem positiven Abschluß ausgehen kann. Wenn Sie ein Gespräch auf dieser Basis führen, haben Sie eine ganz andere Ausstrahlung und Ihre Rede hat eine ganz andere Überzeugungskraft, als wenn Sie es in Frage stellen würden, ob dieser Auftrag zu gewinnen ist. Wenn Sie so tun als ob, soll das aber nicht heißen, daß Sie ein oberflächliches oder arrogantes Gespräch führen. Wenn Sie von Anfang an so tun als ob, geht es hier um die grundsätzliche Einstellung, die grundsätzliche Geisteshaltung, mit der Sie ein solches Gespräch führen.

Die 4. Phase: Die Zähigkeit des Wolfes

Auch in der Abschlußphase sollten Sie Ihren Kunden, wenn es um den Auftrag geht, nie nach einem klaren Ja oder Nein fragen. Wenn Sie diese Frage so klar stellen und der Kunde dann Nein sagt, dürften Sie schlechte Karten haben. Es ist so gut wie unmöglich, dieses Nein in ein Ja umzuwandeln. Gehen Sie deshalb anders vor:

Tun Sie so, als ob es eine Linie gäbe und diese Linie würde dafür stehen, daß der Auftrag erteilt wäre. Stellen Sie sich nun vor, daß der Auftrag erteilt ist und klären Sie mit Ihrem Kunden die notwendigen Abwicklungsfragen:

Klären Sie die Fragen der Lieferzeit, der Wartung, der Fracht usw. Wenn es so ist, daß Ihr Kunde Lust hat, mit Ihnen über diese

Fragen zu reden und diese Punkte abzuklären, dann können Sie sicher sein, daß er innerlich bereits ja gesagt hat.

Je mehr Abwicklungsfragen Sie klären, um so klarer und deutlicher wird dieses Ja. Haben Sie alle Abwicklungsfragen geklärt, haben Sie den Auftrag. Der Rest ist dann eine reine Formalität.

Ist es nun aber so, daß Sie auf einen Kunden treffen, der noch sehr unentschlossen ist und eigentlich ein Nein in seinem Innern trägt, wird dieser kaum bereit sein, mit Ihnen auch nur irgendeine Abwicklungsfrage zu diskutieren. Wenn Sie das spüren, ziehen Sie Ihre Abwicklungsfragen schnell wieder zurück und springen Sie in die Bedarfs- oder in die Beweisphase. Irgendwo ist hier etwas noch nicht klar. Irgend etwas läßt den Kunden noch zweifeln, so daß er nicht bereit ist, in die Abschlußebene hineinzugehen.

Eine andere Strategie, zu der Sie wirklich die zähe Energie des Wolfes brauchen, ist die Isolations- oder Einkreisestrategie. Wenn Sie diese Strategie anwenden, fragen Sie den Kunden frontal, was ihn von der Klärung der noch offenen Abwicklungspunkte abhält. Wir unterstellen hier, daß ihn etwas abhält, und der Kunde wird dann sagen, was ihn abhält. Vielleicht sind es ein oder zwei oder drei Argumente; hat der Kunde Ihnen diese Argumente genannt, dann fragen Sie weiter, was ihn außerdem noch abhält. Vielleicht hat er dann noch ein Argument. Doch in der Regel haben Sie, wenn Sie die Frage nach dem, was ihn zurückhält, ein paar Mal gestellt haben, schnell alle negativen Argumente zusammen.

Der nächste Schritt besteht darin, ihn zu fragen: Was wäre, wenn wir diese von Ihnen gerade formulierten Probleme lösen würden? Wären für Sie dann alle Fragen geklärt? Antwortet der Kunde jetzt mit einem Ja, besteht der nächste Schritt darin zu formulieren, welche Maßnahmen und Aktivitäten Sie veranlassen werden, um seine Probleme zu lösen. Wenn er dann wieder mit einem Ja antwortet, haben Sie den Auftrag eigentlich schon abgeschlossen.

Kein einziges Gespräch, das Sie führen, sollte ohne den Einsatz dieser Einkreisungs- und Isolationstechnik beendet werden.

Ansonsten kann es Ihnen passieren, daß Sie am Ende des Gesprächs nicht exakt wissen, was zu tun ist. Die Einkreisungs- und Isolationsstrategie hilft Ihnen dabei, genau herauszuarbeiten, welche Fragen offen sind und was getan werden muß.

Eine Variante dieser Isolationsstrategie ist die visuelle Umsetzung des Gesprächsstandes auf einer Skala von 0 bis 100. Zeichnen Sie eine Linie auf, setzen Sie an die Endpunkte dieser Linie einmal 0 und einmal 100 und fragen Sie den Kunden, wieviel Prozent für ihn noch unklar sind. Sollte er angeben, daß 80 Prozent für ihn klar sind, so ist es für Sie leicht zu klären, worin die restlichen 20 Prozent bestehen. Für diese 20 Prozent können Sie dann Maßnahmen formulieren und so die vorhandenen Probleme lösen.

Sollten Sie ein Gespräch mit einem Nichtentscheidungsträger haben, so können Sie ihn anhand der Skala zwischen 0 und 100 fragen, wie er denn entscheiden würde, wenn er könnte. Sie wissen dann, wie er Sie nach diesem Gespräch weiterempfiehlt.

Die visualisierte Form der Isolationsstrategie empfiehlt sich immer dann, wenn Sie es mit einem Gremium von Entscheidungsträgern zu tun haben. Wenn Sie mit einer Person aus diesem Entscheidungsträgergremium sprechen, sollten Sie sich Klarheit darüber verschaffen, wie er Sie nach dem Gespräch weiterempfehlen wird. Sollten Sie hierbei auf Prozentzahlen unter 50 kommen, dann sollte das für Sie ein Hinweis sein, daß hier etwas nicht funktioniert hat. Sie müssen dann das Gespräch entweder von der Kontaktseite oder von der inhaltlichen Seite her von der Bedarfsphase an noch einmal neu aufrollen.

Wenn Sie mit einer Gruppe von Entscheidungsträgern an einem Tisch sitzen und mit der visuellen Form der Einkreisungsstrategie arbeiten, fragen Sie zuerst den Entscheidungsträger, der Ihnen am ehesten zustimmen wird. Hierbei ist es natürlich auch wichtig, daß die Zustimmung durch eine entsprechende Position in der Hierarchie abgesichert ist. Sollten Sie von einem Hauptentscheidungsträger 80 Prozent Zustimmung bekommen und geklärt haben, wie die restlichen Probleme zu lösen sind, fragen Sie auch die anderen Entscheidungsträger, damit Sie einen Spiegel davon bekommen, wo Sie stehen und welche Aktivitäten und Maßnahmen nach Verlassen des Kunden einzuleiten sind.

Sieben weitere Abschlußtechniken zu Ihrer Auswahl

1. Die Technik der Wahlfreiheit

Sie bieten dem Kunden mehrere unterschiedliche Alternativen an. Die Entscheidung über die Alternativen liegt beim Kunden. Der psychologisch wichtige Aspekt ist, daß der Kunde die Wahlfreiheit hat.

2. Die Zwei-Alternativen-Technik

Sie nennen dem Kunden zwei Alternativen, von denen eine attraktiv und eine weniger attraktiv ist. Sie sollten hierbei aber auch eine Empfehlung für die attraktivere Alternative abgeben.

3. Die Seriös-Technik

Wenn mehrere Abschlußmöglichkeiten zur Diskussion stehen, der Kunde sogar eine höhere preisliche Gestaltung akzeptieren würde (die gar nicht notwendig ist), raten Sie ihm zu einer preislich niedrigeren Alternative. Auf die Dauer gewinnt nicht der, der immer alles bis zur Grenze auspokert, sondern der, der wirklich das Optimale für den Kunden anzubieten versteht.

4. Die Plus-Minus-Technik

Hier stellen Sie dem Kunden die Vorteile vor, die bei Vertragsabschluß zu erwarten wären. Diesen Vorteilen stellen Sie die Nachteile gegenüber, die er in Kauf nehmen muß, wenn er sich nicht entscheidet.

5. Die Beschleunigungstechnik

Sie machen deutlich, daß diese Konditionen in dieser günstigen Form nicht mehr zu Verfügung stehen werden, wenn jetzt eine Entscheidung nicht getroffen wird.

6. Die Offenhalte-Technik

Achten Sie bei der Angebotsabgabe darauf, daß immer ein bis zwei Punkte offengehalten sind, so daß es sich um ein nicht endgültiges Angebot handelt. Sie haben dann immer die Möglichkeit, das Angebot neu zu gestalten.

7. Die Technik der Vertrauensfrage

Hier verlassen Sie die inhaltliche Ebene und gehen auf die Beziehungsebene. Sie fragen Ihren Gesprächspartner, ob es an Ihnen liegt, daß die notwendig zu diskutierenden Abwicklungsfragen noch nicht zu klären sind.

Natürlich gibt es auch noch andere Abschlußtechniken. Diese Techniken unterschieden sich aber kaum von den hier aufgeführten und tragen auf jeden Fall Elemente der hier erwähnten Techniken in sich. Denken Sie immer daran, daß die zwei entscheidenden Techniken die So-als-ob-Technik (in Abwicklung denken) und die Isolationsstrategie sind.

Die 5. Phase: Die Leichtigkeit des Falters

Die letzte Phase ist kurz zu charakterisieren. Hier gibt es vor allem zwei Themen:

1. Was sind die nächsten Schritte und
2. wer ist dafür verantwortlich, diese Schritte zu tun und wann?

Wenn Sie diese Fragen im Ausstieg geklärt haben, werden Sie immer einen zufriedenen Kunden zurücklassen. Der Kunde kann Ihnen mit einem guten Gefühl hinterherschauen und dem nächsten Termin mit Ihnen in gespannter Freude entgegensehen.

Hier noch einmal alle Phasen des Gesprächs im Überblick:

Ein zusammenfassendes Feedback

Damit Sie sich selber nach jedem Gespräch ein Feedback geben können, haben wir das folgende Top Flow für Sie entwickelt. Im Top Flow sehen Sie die Umsetzung der gesamten Gesprächsstruktur in Fragebogenform. Tragen Sie Ihre Gesprächseinschätzung – Ihr Feedback – nach dem Schulnotensystem von 1–6 in diesen Fragebogen ein.

TOP FLOW		
Phasen	**Phasen im Detail**	**Eigenbewertung** **1 2 3 4 5 6**
Einstieg Fuchs	Begrüßen Vorstellen Small-Talk Kontakt/Wellenlänge Neugierig machen Changer: Frageerlaubnis	
Bedarf Falke	W-Fragen, allgemein zu speziell Zuhören Wiederholen Mitschreiben Präzisionstechnik Problemdramatisierung Changer: Zusammenfassen	
Beweis Pfau	Leistung in Nutzen Einwand Vorwand Preis Changer: Zusammenfassen	
Abschluß Vereinbarung Wolf	So als ob In Abwicklung denken Einweisen Changer: Zusammenfassen	
Ausstieg Schmetterling	Nächste Schritte Folgetermine Verabschieden	

Abb. 23: Top Flow als Praxis-Beispiel

Epilog

Herzlichen Glückwunsch!

Sie haben dieses Buch bis zum Ende gelesen und wollen nun das Wissen, das Sie gerade erworben haben, selbstverständlich auch in der täglichen Praxis Ihrer Firma anwenden. Machen Sie sich dabei auf einiges gefaßt:

Das erste, was Sie zu hören bekommen werden, ist AGABU – alles ganz anders bei uns!

Deshalb schonen Sie sich und Ihr neuerworbenes Wissen erst einmal und warten Sie auf ein SOS-Signal. Erst wenn jemand „save our success" funkt, ergreifen Sie mit Elan die Gelegenheit.

Machen Sie klar, daß die Situation nur mit Biß zu ändern ist. Alles muß besser, intensiver, smarter und schneller werden!

Aber denken Sie daran, daß Ihr erstes Ziel immer wieder MECCA sein wird: My every customer comes again!

Wenn Sie sich intern darüber einig sind, wird man EMMA zu Ihnen sagen: Erzähl mir mal alles!

Dann wird die NATO aktuell für Sie – No Action, Talk Only.

Denken Sie dann daran, alles mit soviel KISS wie möglich zu erklären, denn das Konzept ist simpel und super!

Wir wünschen Ihnen das Beste für Ihren Erfolg. Als Vorschußlorbeeren in Anlage schon mal diese ROSE für Ihren resultate-orientierten Sofort-Einsatz.

Ab in die Zukunft!

Wenn Sie die in den einzelnen Pfaden erarbeiteten Techniken mit Klaviertasten vergleichen, werden Sie möglicherweise die Frage haben, wer auf diesen Klaviertasten spielt und wie man auf ihnen spielt.

Die Antwort ist einfach: Es ist wichtig, wer auf ihnen spielt und wie man auf ihnen spielt – und man muß so auf ihnen spielen, daß für das entsprechende Unternehmen immer die richtige Musik dabei herauskommt. Im großen ganzen sind hier zwei Fähigkeiten gefordert:

1. Die Fähigkeit des Projektmanagers, der inhaltlich die richtigen Klaviertasten herausfinden muß.
2. Die Fähigkeit des Prozeßcoach, der dann das ganze Stück arrangiert.

Natürlich können sich die Funktionen des Projektmanagers und des Prozeßcoach auch in einer Person vereinen; das wäre dann der Projektcoach. Bevor wir nun aber zu der Wunschkreuzung zwischen Projektmanager und Prozeßcoach, also zum Projektcoach, kommen, erst einmal die Funktion des Projektmanagers.

Der Projektmanager ist verantwortlich für den Zielfindungsprozeß, für die Formulierung des inhaltlichen Weges zur Zielerreichung, für die Resultate und für das Feedback.

Sind die Ziele klar und verständlich formuliert, sind die Probleme deutlich herausgearbeitet, dann entscheidet der Projektmanager darüber, welche Maßnahmen zu ergreifen sind.

In intensiven Gesprächen mit allen Beteiligten erarbeitet der Projektmanager die Maßnahmen, die für eine erfolgreiche Realisierung des Projektes wichtig sind. In der gesamten Arbeit und in allen Diskussionen liegt die Betonung auf Zielorientierung, nicht auf Problemorientierung. Bei einer zielorientierten Denkweise wird der Projektmanager sein Team so schnell wie möglich aus der Problemsituation herausführen, indem dieses auf die Ziele eingeschworen wird. Die entscheidende Brücke zwischen Ziel- und Problemorientierung ist dabei die Definition des Problems als Chance, als Herausforderung. So wird das Ziel lebendig und plastisch. Diese zielorientierte Arbeitsweise unterscheidet sich elementar vom problemorientierten Ansatz: Sie ist zukunfts-, lösungs- und handlungsorientiert. Alle Ressourcen werden auf das Ziel fokussiert. Der problemorientierte Ansatz fragt warum, betreibt Ursachenanalytik und führt in die Vergangenheit – so wird das Problem verstärkt und das Aktivieren von Ressourcen erschwert.

Der Prozeßcoach ist dafür verantwortlich, dauerhafte Leistungen zu verbessern und die vorhandenen Potentiale so gut wie möglich auszuschöpfen und zu entwickeln. Denken Sie an ein Coaching im Leistungssport. Der Prozeßcoach fungiert primär als Trainer und Moderator. Der Prozeßcoach wird besonders aktiv in den Zusammenhängen, die hier im zweiten Pfad, im Pfad des Herzens, dargestellt wurden. Er erarbeitet erst mit dem einzelnen und dann mit dem gesamten Team ein gemeinsames, geschäftliches und privates Ziel. Der Prozeßcoach wird aus der Position des Beobachters das Delta zwischen Ist und Soll überbrücken. Sein Vorteil und seine Möglichkeit liegt in seiner Beobachterposition. Er steht außerhalb der Inhalte und der Sachprobleme und kann sich so zielorientiert auf die Prozeßsteuerung konzentrieren. Die Unternehmensziele und die Ergebniserwartungen sind das Soll, an dem seine Arbeit gemessen wird. Die Erfolgskontrolle zeigt, ob diese Ziele erreicht sind oder nicht. Die Arbeit des Prozeßcoach ist erfolgreich beendet, wenn seine Interventionen zu dem gewünschten Ergebnis geführt haben, so daß das Delta zwischen Soll und Ist verschwunden ist.

Externer Berater als Projektcoach?

Die Kombination des Projektmanagers und des Prozeßcoach ergibt das Idealbild des Projektcoach.

Der Projektcoach muß einmal die inhaltliche Rolle des Projektmanagers und zum anderen die methodische Rolle des Prozeßcoach ausfüllen. Diese Anforderungen erfüllt in der Regel ein externer Berater besser als ein interner. Das schließt auf keinen Fall die Zusammenarbeit mit den Trainings- und Prozeßabteilungen des Unternehmens aus. Im Gegenteil, gerade diese Zusammenarbeit ist zwingend notwendig! Ein externer Berater hat aber immer den Vorteil, daß absolut keine politischen Abhängigkeiten vorhanden sind. Vorsicht ist nur dann geboten, wenn externe Vertriebsprogramme oder Trainings angeboten werden, „die sich schon überall bewährt haben" und zu den sogenannten Standards gehören. Die Resultate derartiger Trainingsprogramme sind meist nicht überzeugend, denn Standardprogramme, die bereits auf dem Markt etabliert sind, machen Teams nicht verantwortlich. Es ist besser, ein Programm spezifisch selbst zu entwickeln und so auch neben der Eigenständigkeit ein gewisses Selbstbewußtsein im Team zu etablieren. Das hat zur Folge, daß die Verantwortlichkeit nicht extern ausgelagert ist, sondern intern verankert wird.

Ein Projektcoach sollte also absolut unabhängig vom Unternehmen selbst sein, auf dem Boden des aktuellsten Wissens stehen und in seinen Fähigkeiten eine Balance zwischen Prozeßcoaching und Projektmanagement repräsentieren.

Story über Berater

Wenn ein Berater die Aufgabe erhält, die Uhrzeit festzustellen, läßt er sich eine Uhr geben, liest die Uhrzeit ab und schreibt darüber einen Bericht. Dann bekommt er ein Honorar und behält die Uhr.

Diese Geschichte sagt viel und hat sicher auch ihre Berechtigung – trotzdem ist zu bedenken, daß der Arzt, der den Herzinfarkt kuriert, nicht selbst permanent von Herzattacken geplagt werden muß. Oder, daß der Kunstprofessor, der einen Rembrandt beurteilt, selber kein Rembrandt sein muß, um die Qualität zu beurteilen. Die Leistungen von Beratern sind immer dann skeptisch zu beurteilen, wenn sie Standards abladen, anstatt mit dem Unternehmen situationsbezogen neue kreative Wege zu entwickeln.

Dieses Buch ist aus einer mehr als zehnjährigen praktischen Erfahrung entstanden, es vermittelt lebendiges, immer wieder an den Bedingungen des Marktes überprüftes Wissen. Wenn sich die Situation des Marktes ändert, wird es notwendig sein, dieses Buch neu zu überarbeiten. In diesem Zusammenhang sind Sie herzlich eingeladen, ein Feedback zu geben, sich mit Ihrer eigenen praktischen Erfahrung einzubringen und so bei der Geburt einer neuen Generation von Verkaufsgenies mitzuhelfen!

Danke

Danke an meine Intensivsozialpartnerin Kathi und Tochter Lara, die mir ein großes Stück vom Kuchen ihrer Zeit geschenkt haben, und dem Neufundländer Olfi (der die Rohfassung dieses Buches wohl als erster zerrissen hat).

Danke an all die Seminarteilnehmer, die durch ihren Einsatz mir die Chance gaben zu wachsen und dieses Buch entstehen ließen. Das Buch repräsentiert 90 Prozent Projekt-Praxis und 10 Prozent Literaturstudium. Im Detail: 811 Ein- und Zwei-Tagesseminare mit ca. 11 354 Teilnehmern (pro Seminar ca. 14 Teilnehmer) in 356 zielorientierten Projekten vom 1. 1. 1984 bis 1. 5. 1992.

Danke an die Kunden, die mich als Projektleiter – für Projekte in Strategie, Führung, Kommunikation, Konflikt-, Verkaufs-Management und Verkauf – ertragen haben.

Danke an die ehemaligen Partner der Firmen Team/BBDO, Mercuri Goldmann und Institut für angewandte Kreativität: Giesela Bäcker, Wolfgang Bußmann, Rainer Cornelius, Edgar Geffroy, Heinz Goldmann, Dr. Dirk Herbert, Peter Herrmann, Dieter Huerkamp, Dieter Lange, Christo Quiske, Stefan Skirl, Dr. Dieter Weiler, Rainer Wetz, Vilim Vasata.

Danke an die Partner der Winner's Edge – Gesellschaft für Führungs-, Strategie- und Verkaufscoaching mbH und der Deutschen Gesellschaft für Neurolinguistisches Programmieren – Communication & Coaching GmbH:
Dr. Dietrich Buchner, Dr. Gerhard Fries, Roland Gruber, Hans-Jürgen Grundmann, Andreas Heidbüchel, Dr. Jürgen Leistikow, Erhard Peters, Franz Stowasser.

Danke an die beiden Zeichner Klaus Koch und Jeanette Broderick.

Danke an Nicole Springer, Ulrike Beume, Detlef Geißler, Dr. Walter Haberling, Ulrike M. Vetter und Claus von Kutzschenbach, I. D., die dieses Werk koordiniert, verbessert und mit viel Liebe betreut haben.

Literaturverzeichnis

BADDELEY, Alan: So denkt der Mensch, München 1986 (Droemer)
BAGLEY, Dan S.; REESE, Edward J.: Beyond Selling, California 1987 (Meta Publications)
BANDLER, Richard; MC DONALD, Will: Der feine Unterschied, Paderborn 1990 (Junfermann)
BARNETT, Michael: Handbuch für die Kunst des Springens, Zürich 1987 (CEC)
BLANCHARD, Kenneth; JOHNSON, Spencer: Der Minuten Manager, Reinbek bei Hamburg, 1983 und 1990 (Rowohlt)
BORGEEST, Claus: Verkaufsgespräche, Wiesbaden 1987 (Forkel)
BUZAN, Tony: Use your head, London 1979 (BBC Books)
CAMERON-BANDLER, Leslie: Wieder zusammenfinden, Paderborn 1983 (Junfermann)
CAMERON-BANDLER, Leslie; LEBEAU, Michael: Die Intelligenz der Gefühle, Paderborn 1990 (Junfermann)
CAPRA, Fritjof: Das Neue Denken, Bern; München; Wien 1987 (Scherz)
CARNEGIE, Dale: Wie man Freunde gewinnt, Berlin; München; Wien 1988 (Scherz)
CARSE, James P.: Endliche und unendliche Spiele: Die Chancen des Lebens, Stuttgart 1987 (Klett)
COHN, Ruth C.: Von der Psychoanalyse zur themenzentrierten Interaktion, Stuttgart 1986 (Klett-Cotta)
DANE, Les: Neue Kunden leicht gefunden, Hamburg 1986 (REIDAR)
DE BONO, Edward: Laterales Denken für Führungskräfte, Hamburg 1986 (Mc Graw-Hill)
DE BONO, Edward: Chancen, Düsseldorf; Wien; New York 1989 (ECON)
DE ROPP, Robert S.: Das Meisterspiel, München 1978 (Droemer)
DETROY, Erich-Norbert: Sich durchsetzen in Preisgesprächen und Preisverhandlungen, Zürich 1977 (Moderne Industrie)
DIAMOND, Harvey; DIAMOND, Marilyn: Fit fürs Leben, Ritterhude 1990 (Waldthausen)
DITFURTH, Hoimar V.: Der Geist fiel nicht vom Himmel, München 1980 (dtv)
DÖRNER, Dietrich: Die Logik des Mißlingens, Reinbek bei Hamburg 1989 (Rowohlt)

EDWARDS, Betty. Garantiert zeichnen lernen, Reinbek bei Hamburg 1989 (Rowohlt)
EGGETSBERGER, Gerhard H.; EDER, Karl-Heinz: Das neue Kopftraining der Sieger, Wien 1991 (Orac)
FRANKL, Viktor E.: Der Mensch vor der Frage nach dem Sinn, München 1985 (Piper)
FREITAG, Erhard F.: Kraftzentrale Unterbewußtsein, München 1983 (Goldmann)
FRITZ, Robert: The Path Of Least Resistance, New York 1989 (Fawcett Columbine)
GEFFROY, Edgar K.: Verkaufserfolge auf Abruf, Landsberg am Lech 1987 (Moderne Industrie)
GOLDMANN, Heinz: Wie man Kunden gewinnt, Essen 1980 (Girardet)
GROSSMANN, Gustav: Sich selbst rationalisieren, München 1988 (Ratio Treu Grossmann)
HELMRICH, Hermann E.: Kyballion, Heidelberg 1981 (Arkana)
HINKEL, Manfred: Zeitgemäßes Verkaufsmanagement, Landsberg am Lech 1986 (Moderne Industrie)
HINZE, Oscar Marcel: Tantra Vidya, Freiburg im Breisgau 1983 (Aurum)
HOLZHEU, Harry: Die 100 Gesetze des Verkaufs im Außendienst, Frankfurt; Berlin 1991 (Ullstein)
HOPKINS, Tom: How to master the art of SELLING, New York 1982 (Warner Books)
HUTCHINSON, Michael: Megabrain, München 1990 (Sphinx Medien)
JACOBI, Nisha: Das Meister Stück, Bielefeld 1988 (Context)
LASKO, Wolf W.; BUCHNER, Dietrich; GRUNDMANN, Hans-Jürgen: Ihr persönliches Erfolgsprogramm, Düsseldorf; Wien 1991.
MADERTHANER, Wolfgang: Der Kundenmanager, 2. Auflage, Wiesbaden 1991 (Gabler)
MEADS, Chip: People Growth, New York 1977 (American Association of Advertising Agencies
MENGES, Günter: Grundmodelle wirtschaftlicher Entscheidungen, Düsseldorf 1969 und 1974 (Westdeutscher Verlag)
MILLER, Robert B.; HEIMAN, Stephen E.: Strategisches Verkaufen, Landsberg am Lech 1988 (Moderne Industrie)
MINOR, Marianne: Coaching and Counseling, USA 1989 (Crisp Publications)
NED, Herrmann: Kreativität und Kompetenz – Das einmalige Gehirn, Fulda 1991 (Paidia)

OGILVY, David: Ogilvy über Werbung, Düsseldorf; Wien 1984 (ECON)
OGILVIE, Robert G.: Strategische Marketingplanung im Investitionsgüterbereich, Landsberg am Lech 1987 (Moderne Industrie)
OUSPENSKY, P. D.: Der vierte Weg, Basel 1983 (Sphinx)
OUSPENSKY, P. D.: Tertium Organum, Bern; München 1980 (Barth)
OUSPENSKY, P. D.: Bewußtsein und Gewissen, Basel 1982 (Sphinx)
OUSPENSKY, P. D.: Ein neues Modell des Universums, Basel 1986 (Sphinx)
PETERS, Thomas J.; WATERMAN, Robert H.: Auf der Suche nach Spitzenleistungen, Landsberg am Lech 1982 (Moderne Industrie)
PFEIFFER, Herbert: Der Verkaufsfall, Wien 1989 (Ueberreuter)
PORTER, Kay; FOSTER, Judy: Mentales Training, München; Wien; Zürich 1987 (BLV)
POWELL, Tag; POWELL, Judith: Die Silva-Mind-Mehode schnell trainiert, Landsberg am Lech 1988 (mvg)
RADEMACHER, Peter: Die besten Werbekampagnen, Landsberg am Lech1987 (Moderne Industrie)
RAVEN, Jobst D. v.: Täglich Okay, Zürich 1986 (Oesch)
RHINEHART, Luke: Das Buch EST, München 1983 (Hugendubel)
RHINEHART, Luke: Der Würfler, Rastatt 1971 (Moewig)
ROBBINS, Anthony: Unlimited Power, New York 1986 (Fawcett Columbine)
ROGERS, Carl R.: Entwicklung der Persönlichkeit, Stuttgart 1985 (Klett-Cotta)
RUEDE-WISSMAN, Wolf: Super-Selling, München 1989 (Langen Müller/Herbig)
SILVA, Rose; Miele, Philip: Silva Mind Control, Argenbühl-Eglofstal 1983 (Schwab)
SCHUTZ, Will: The Truth Option, Berkeley-California 1984 (Ten Speed Press)
SCHWALBE, Heinz; ZANDER, Ernst: Verkaufsplanung und Verkaufssteuerung, Freiburg im Breisgau 1988 (Haufe)
SCHWARTZ, David J.: Die Wunderwirkung großzügigen Denkens, Genf 1983 (Ariston)
SMOTHERMON, Ron: Drehbuch für Meisterschaft im Leben, Bielefeld 1986 (Context)
STOEBE, Guntram H.: Gezielte Verhaltensänderung, Heidelberg 1979 (Sauer)
VESTER, Frederic: Denken, Lernen, Vergessen, München 1978 (dtv)

WACHENFELD, Harald: Freizeitverhalten und Marketing, Heidelberg 1987 (Physica)
WATZLAWICK, Paul: Anleitung zum Unglücklichsein, München 1983 (Piper)
WATZLAWICK, Paul; BEAVIN, Janet H.; JACKSON, Don D.: Menschliche Kommunikation, Bern; Stuttgart; Wien 1980 (Huber)
WEBER, Divo Helche: Alta major Energie, München 1987 (Erd)
WEINREB, Friedrich: Der göttliche Bauplan der Welt, Bern 1987 (Origo)
WOLFF, Katja: Salomos Kunst, München 1990 (Droemer-Knaur)
WOLFF, Katja: Der kabalistische Spiegel, München 1989 (Droemer-Knaur)
YOGANANDA, Paramahansa: Autobiographie eines Yogi, 1974 (Barth)
YOUNG, Arthur: Der kreative Kosmos, München 1976 (Kösel)
ZIGLAR, Zig: Der totale Verkaufserfolg, Zürich 1989 (Oesch)

Stichwortverzeichnis

Z

Management-Literatur von GABLER: konkret und gewinnbringend im Einzelfall, fast verwirrend facettenreich in der Gesamtschau des Angebots.

Aber das ist es ja. Die Aufgaben, die Manager und Führungskräfte heute zu erfüllen haben, sind nun mal facettenreich.

Zwei Wissenschaftler veranschaulichen das in einem Management-Lehrbuch für Studenten auf ihre Weise: „Man kann sich das Management als eine komplexe Verknüpfungsaktivität vorstellen, die den Leistungserstellungsprozeß gleichsam netzartig überlagert und in alle Sachfunktionen steuernd eindringt." (Zitat aus Steinmann/Schreyögg, Management)

Was im Lehrbuch Dozenten ihren Studenten vermitteln wollen, zeigt das GABLER-Management-Programm in seiner tatsächlichen Ausprägung.

Da stehen Titel wie "Familienunternehmen", "Kundenmanager", "Innovation" scheinbar willkürlich nebeneinander, da werden "13 Leitbilder eines Managers von morgen" gegen das "Management von Joint Ventures" geklappt, da stützt das "Total Quality Management" die "Computer-Dimensionen" (oder umgekehrt), da hat man eine schwache Andeutung des "CI-Dilemmas" und muß schließlich erkennen, daß "Vernetztes Denken", "Konfliktmanagement" und "Management der Hochleistungs-Organisation" nur Voraussetzung (oder Ergebnis?) von "Management-Effizienz" ist. Wer dann noch "Vom Sinn zum Gewinn" denken kann und seine "Organisationskultur" danach ausrichtet, der braucht sich kaum noch mit "Intrapreneuring" oder Führungsfragen zu beschäftigen.
Oder doch und gerade?

Wie auch immer, die Zahl der Titel wächst weiter. Ganz gezielt, mit Umsicht ausgewählt und kompetent betreut. Denn auch die Aufgaben im Management wachsen, ständig gibt es neue Problemlösungen, eröffnen sich ungeahnte Perspektiven.

Die die hier darüber schreiben, sind weder Romanautoren, noch zum Publizieren verpflichtete Wissenschaftler. Es sind Frauen und Männer, die das harte und spannungsreiche Geschäft des Managements von innen heraus kennen,

Gilbert J. B. Probst/Peter Gomez (Hrsg.)
VERNETZTES DENKEN
UNTERNEHMEN GANZHEITLICH FÜHREN
GABLER
Adriani/Cornelius/Lasko/Wetz HURRA, EIN PROBLEM!
MANAGEMENT IM ZEITALTER DER STRATEGISCHEN FÜHRUNG
MANAGEMENT DER GESCHÄFTE VON MORGEN
MANAGEMENT DES GEORDNETEN WANDELS
Rode DER WEG ZUM NEUEN KONSUMENTEN
CORPORATE IDENTITY
Mayer-Hentschel ERFOLGREICHE ANZEIGEN
Pinchot INTRAPRENEURING
Ohmae MACHT DER TRIADE
BESSER FÜHREN MIT TRANSAKTIONS-ANALYSE
MENSCHEN FÜHREN MENSCHEN
SPIELREGELN FÜR DEN UMGANG MIT CHEFS
DIENSTLEISTUNGSMANAGEMENT
Walter Böckmann
VOM SINN ZUM GEWINN
Eine Denkschule für Manager
GABLER MANAGEMENT PERSPEKTIVEN
Arthur D Little
MANAGEMENT DER HOCHLEISTUNGS ORGANISATION
Scholz/Hofbauer
ORGANISATIONS KULTUR
Die vier Erfolgsprinzipien
GABLER MANAGEMENT PERSPEKTIVEN
11.
Besprechungen, nicht Sitzungen
GABLER MANAGEMENT PERSPEKTIVEN